Kai J. Jonas
Rupert Graf Strachwitz (Hrsg.)

Lebenssinn und Erbe

Maecenata Schriften

herausgegeben von
Rupert Graf Strachwitz und Christian Schreier

Band 12

Kai J. Jonas,
Rupert Graf Strachwitz (Hrsg.)

Lebenssinn und Erbe

Lucius & Lucius · Stuttgart · 2015

Bibliografische Information der Deutschen Nationalbibliothek

Die Deutsche Nationalbibliothek verzeichnet diese Publikation in der
Deutschen Nationalbibliografie; detaillierte bibliografische Daten sind im Internet über
http://dnb.d-nb.de abrufbar

ISSN 1866-122X
ISBN 978-3-8282-0622-9

© Lucius & Lucius Verlagsgesellschaft mbH Stuttgart 2015
Gerokstraße 51 · D-70184 Stuttgart
www.luciusverlag.com

Layout: Claudia Rupp, Stuttgart
Umschlaggestaltung: I. Devaux, Stuttgart
Druck und Bindung: Rosch-Buch, Scheßlitz

Inhaltsverzeichnis

Vorwort VII

Wie gebe ich weiter? Ein Bericht zum Symposium
von Victoria Strachwitz 1

Weiterleben nach dem Tod – Theologische Aspekte des Vererbens
von Anselm Bilgri 5

Lebenssinn und Erbe: Der philanthropische Impuls
von Rupert Graf Strachwitz 15

Ein Leben mit dem Erbe: Chancen und Dilemmata zwischen
Erwartungsdruck, Verantwortung, Handlungsstarre und
Entscheidungsangst
von Kai J. Jonas 39

Streit ums Erbe – eine Herausforderung für Familienbeziehungen
von Christiane Wempe 47

Reichtum und Philanthropie als Vermächtnis
von Miriam Ströing 67

Verwaltung von Stiftungsvermögen in Zeiten der
finanziellen Repression
von Thomas Landwehr 91

Erben und Vererben: Praxisbezogene Anmerkungen zu
relevanten Beratungskompetenzen
von Hubertus A. Jonas 101

Ererbter Lebenssinn: Weitergabe von ideellem Vermögen
in Unternehmensdynastien
von Beatrice Rodenstock und Felix-Michael Weber 117

Unternehmertum als Lebenssinn am Beispiel der
Nachfolgeregelungen in Familienunternehmen
von Andrea Müller und Kuno Ledergerber 135

Relevanz von Familienstiftungen als Unternehmensnachfolgemodell
für landwirtschaftliche Betriebe
von Georg Block-Grupe 151

Autorinnen und Autoren 171

Vorwort

Über 3 Billionen (3.000 Milliarden) Euro stehen im nächsten Jahrzehnt allein in Deutschland zur Vererbung an. Betriebsvermögen sind in dieser Zahl noch nicht einmal erfasst. Dies ist deutlicher Ausdruck davon, dass in den modernen Gesellschaften des Westens Erbschaft, das Übertragen von materiellen und immateriellen Gütern, einen prominenten Stellenwert im gesellschaftlichen wie im individuellen Leben einnimmt. Im internationalen Vergleich erlebt Deutschland diese Situation erst wieder seit einiger Zeit, nach einem Jahrhundert der Vernichtung von Vermögenswerten durch Kriege, Inflation, wirtschaftlichen Niedergang und Enteignungen. Nach einer neuen Studie der weltweit zu Reichtum forschenden Gesellschaft *wealth-x* weist Deutschland nach den USA, China und Großbritannien weltweit die meisten Milliardäre auf. Sie sind im Durchschnitt 65 Jahre alt und sind überwiegend unternehmerisch tätig. Dieser und anderer Wohlstand, durchaus nicht nur der von Milliardären, wird in naher Zukunft im großen Stil vererbt. Zugleich sieht sich die Gesellschaft des 21. Jahrhunderts einem fundamental entgegengesetzten Trend gegenüber: Das Leben in geschichtlicher Kontinuität steht auf dem Prüfstand. Jede neue Generation ist mehr denn je aufgerufen, sich ihre Welt selbst und neu zu schaffen. Fragen nach dem Zusammenhang zwischen Lebenssinn, der eigenen Lebensgestaltung einerseits und der Weitergabe von Werten andererseits gewinnen an Aktualität. Disruptive Innovation ist zu einem Schlagwort sozialwissenschaftlicher Debatten geworden. In ihrem 2015 erschienenen Buch ‚Wir Erben – Was Geld mit Menschen macht' plädiert beispielsweise die Autorin Julia Friedrichs für eine stärkere steuerliche Belastung von Ererbtem gegenüber dem Erarbeiteten, nicht zuletzt deshalb, weil die Vererbung von Vermögenswerten Innovation behindere und zudem die soziale Ungleichheit befördere. Erben, so sagt sie, neigten nicht dazu, ihr Vermögen, sei es unternehmerisch, sei es philanthropisch, für die Gesellschaft nutzbar zu machen. Angesichts der Zahlen, einer solchen, in allen Tageszeitungen rezensierten Veröffentlichung und einer durch Gerichtsentscheidungen angestoßenen politischen Diskussion um das richtige Maß der Besteuerung von Erbschaften ist es kaum verwunderlich, dass Debatten zum Generationenübergang schnell auf diese Aspekte reduziert werden. Sie greifen damit jedoch zu kurz. Das „Schaffen einer neuen, eigenen Welt" von Beschränkungen in der Übertragbarkeit von Vermögen abhängig zu machen, überschätzt nicht nur die Wirkung solcher Anreizsysteme. Es blendet auch eine ganze Palette von Facetten aus, die aus der Wirklichkeit der – durchaus manchmal konfliktreichen – Rezeption des Ererbten, der Gestaltung des eigenen Lebensentwurfs und der Weitergabe von ideellen und materiellen Werten nicht wegzudenken sind. Andere Länder, beispielsweise die USA und die Niederlande, praktizieren seit Jahren ein Steuerrecht mit geringen Freibeträgen. Die Erfahrungen aus und der Vergleich mit diesen Ländern zeigen, dass nur mit Besteuerung dem Gesamtproblem nicht beizukommen ist.

Insbesondere drängt sich dem Menschen immer wieder eine Auseinandersetzung mit der Frage auf, was Lebenssinn und Vererbung miteinander zu tun haben. So einfach, wie es auf den ersten Blick erscheinen mag, ist dies nicht abzuhandeln. Nicht nur lebt durchaus noch die Erinnerung an Lebensentwürfe, die die Verwaltung des übernommenen Erbes für die nächste Generation in den Mittelpunkt stellten. Der in Zeiten der Monarchie, die selbst ein Stück weit davon geprägt war, im Wesentlichen dem Adel vorbehaltene Fideikommiss erscheint in der modernen Republik nicht mehr als sinnvolle Vermögensordnung, wenngleich in der Schweiz, einer der ältesten Demokratien, noch heute Fideikommisse bestehen. Wenn Vertreter adeliger Familien öffentlich von der Verpflichtung sprechen, Traditionen zu erhalten oder eine Verantwortung gegenüber der Geschichte der Familie artikulieren, mag dies manchen heute als skurriles Relikt erscheinen. Und doch entstehen daraus gültige Lebensentwürfe. Einschlägige Untersuchungen zeigen, dass über Generationen planende Familienunternehmen nicht nur wirtschaftlich besonders erfolgreich sind, sondern auch ihre Verantwortung gegenüber ihren Mitarbeitern ernster nehmen als nur auf Quartalszahlen (und ihre eigenen Bonuszahlungen) blickende Manager. Unter der Überschrift Resilienz (Beständigkeit) oder Nachhaltigkeit, anderen Modeworten der aktuellen Debatten, scheint also auch einiges für generationenübergreifende Kontinuität zu sprechen. Eine übermäßige Besteuerung von Betriebsvermögen im Erbgang hätte daher beispielsweise vielleicht ungeachtet aller demokratietheoretischen Überlegungen negative Folgen für den Wirtschaftsstandort Deutschland, für Arbeitsplätze und damit für den Wohlstand von viel mehr Menschen als durch eine einschneidende Besteuerung direkt erfasst werden. Schon aus diesem Grund gilt es, sorgfältig abzuwägen. Auch gebietet der demokratische Respekt vor anderen Denkmustern, diese nicht einfach vom Tisch zu wischen.

Darüber hinaus behauptet die schon erwähnte Studie von *wealth-x*, 84% der deutschen Milliardäre seien aktive Philanthropen, was auf einen Zusammenhang zwischen Verantwortung und Sinnsuche einerseits und Vermögen andererseits hindeuten könnte. Aber auch auf der breiteren privaten Ebene ist eine Beschränkung der Übertragbarkeit schon deswegen nicht unbedingt die Lösung der Wahl, weil bürgerschaftliches Engagement, das Spenden von Empathie, Ideen, Reputation, Zeit und Vermögenswerten zugunsten des allgemeinen Wohls inzwischen als Gelingensbedingungen einer modernen, offenen Gesellschaft erkannt ist.

Eine breiter angelegte Diskussion in der Gesellschaft erscheint, so lässt sich folgern, unbedingt notwendig. Angesichts offenkundiger Befunde des demographischen Wandels und der nachgewiesenen deutlichen Zunahme der Suche nach Sinnstiftung ist dies von zusätzlicher Bedeutung und Aktualität. In der Folge dieses Spannungsfelds führen moderne, individuelle Lebensentwürfe und Veränderungen in der Lebenserwartung dazu, dass klassisches Vererben und Erben nicht mehr selbstverständlich erscheint. Auf der anderen Seite kann der Wunsch, immaterielle und materielle Werte auf die nächste Generation zu übertragen, als anthropologische Grundkonstante definiert werden, die nicht einfach auf dem Verordnungswege außer Kraft gesetzt werden kann. Vielmehr gilt es, das Ererbte auch unter veränderten Bedingungen und auch unter Hinzufügung von Kritik und Veränderung zu verarbeiten, weiter zu entwickeln und wo sinnvoll und möglich weiterzugeben. Die Frage nach dem Weg und der Form, mittels derer dies geschehen kann, muss neu gestellt und vermutlich auch neu beantwortet werden.

Das 2011 begonnene Projekt Lebenssinn & Erbe ist ein interdisziplinäres Forschungs- und Publikationsprojekt, dessen Ziel es ist, sich der Komplexität des Themas diskursiv zu nähern. Es wird von der Universität von Amsterdam und dem Maecenata Institut für Philanthropie und Zivilgesellschaft, Berlin, getragen. Der hier vorgelegte Band ist das vorläufige Ergebnis dieses Projekts. Es geht darin nicht um die Besteuerung, schon gar nicht um deren rechtes Maß. Und wenn auch ökonomische und fiskalische Fragestellungen keineswegs außer Acht gelassen wurden, wurde doch versucht, diese in einen größeren Zusammenhang einzuordnen. Zu dem Kernteam gehörten daher von Anfang an neben zwei Ökonomen ein Psychologe, ein Theologe und ein Politikwissenschaftler. Vertreter weiterer Disziplinen wurden im Laufe der Projektarbeit beteiligt. Zu den Besonderheiten der Bearbeitung gehörte neben der Interdisziplinarität auch die zweifach verwirklichte Intergenerationalität innerhalb des Bearbeiter-Teams: Vater und Sohn, und Vater und Tochter bzw. Schwiegersohn tragen verschiedene Perspektiven bei.

Ausgangspunkt des Projekts war die Erkenntnis, dass regelmäßig erst in der dritten Lebensphase die Planung der Übergabe des großen oder kleinen Vermögens, des Unternehmens, der aufgebauten Lebensleistung usw. an die nächste Generation einsetzt, während doch unausgesprochen die Suche nach und Vermittlung von Sinn und Werten viel früher eingesetzt hat, ohne dass dies regelmäßig mit der Vererbungsthematik in einen Zusammenhang gestellt wird. Arbeitshypothese ist, dass die zu späte bewusste Befassung mit dem Generationenübergang vielfach eine für alle Beteiligten befriedigende Lösung verhindert oder zumindest erschwert. Lernen, Leben und Weitergeben, dies wurde immer deutlicher, müssen als integrierter, kontinuierlicher und lebenslanger Prozess in den Blick genommen werden. Inhalt des Projekts war daher die Erforschung der Zusammenhänge zwischen selbständiger Lebensgestaltung und der generationenübergreifenden Weitergabe immaterieller und materieller Werte. Beispielhaft werden mehrfach der Unternehmer und seine Gedankenwelt angeleuchtet. Es geht aber nicht ausschließlich um Unternehmer im klassischen Sinn oder um Eliten, sondern letztlich um alle Bürgerinnen und Bürger.

Nachdem sich am 27. und 28. Mai 2013 die Bearbeiter im Rahmen eines Symposiums erstmals der Diskussion in einem größeren Kreis von Interessenten gestellt haben, soll nun ein wissenschaftlicher, interdisziplinär angelegter Sammelband die Thematik einem größeren Publikum zugänglich machen. Wissenschaftlicher Anspruch und allgemeine Lesbarkeit sollten, so der Wunsch der Herausgeber, in Übereinstimmung gebracht werden.

Der Band wird eingeleitet durch einen knappen Bericht der Journalistin *Victoria Strachwitz* über die Tagung im Mai 2013. Es folgt ein Blick des Theologen *Anselm Bilgri* auf den ethisch-religiösen Hintergrund der Verantwortung auch über das eigene Leben hinaus. *Rupert Graf Strachwitz*, der sich als Politikwissenschaftler seit langem mit dem Phänomen der Philanthropie beschäftigt, setzt sich mit dem Schenken, ebenfalls einer anthropologischen Konstante, auseinander und leitet daraus Anmerkungen zur philanthropischen Komponente von Lebenssinn und Erbe ab. *Kai J. Jonas*, Sozialpsychologe, geht motivationalen Überlegungen zum eigenen Lebensentwurf nach, die sich dem Erblasser ebenso wie dem Erben selbst stellen und weist auf die Herausforderung hin, diese in einem modernen Umfeld angemessen zu beantworten. *Christiane Wempe*, ebenfalls Psychologin, beleuchtet die Chancen und Risiken von Erbvorgängen für Familienbeziehungen und stellt sie in den Zusammenhang einer lebenslangen Auseinandersetzung mit diesem Problem. Die Soziologin *Miriam Ströing*, ausgewiesen im Feld der Vermögenden- und Vermögensforschung, geht dem Verhältnis zwischen Reichtum und Philanthropie im Einzelnen nach. Der Vermögensberater *Thomas Landwehr* macht auf das Dilemma aufmerksam, dass verwaltetes Vermögen kaum Renditen erwirtschaftet, woraus ein Antrieb zu einer unternehmerischen Aktivität erwächst, die sich auf wirtschaftliche ebenso wie auf philanthropische Tätigkeit erstrecken kann. *Hubertus A. Jonas*, langjährig erfahrener Berater wirbt für das Hinzuziehen von Beraterkompetenz und einen langfristigen, strategischen Ansatz bei der Bewältigung des Generationenübergangs. *Beatrice Rodenstock* und *Felix-Michael Weber*, beide Experten für Familienunternehmen, widmen sich der Frage, inwieweit es in Unternehmerdynastien nicht nur um steuerliche erfassbare Vererbungsvorgänge geht, sondern vor allem um spezifische kulturelle Traditionen und ideelle Werte, die in Familienunternehmen von Generation zu Generation weitergereicht werden. *Andrea Müller* und *Kuno Ledergerber* greifen interdisziplinär den Zusammenhang zwischen Lebenssinn und Erbe nochmals auf und betonen die Lebensaufgabe, die dem Unternehmerdasein Sinn verleiht. Der Agrarwissenschaftler *Georg Block-Grupe* blickt auf eine spezielle Form des Familienunternehmens, den landwirtschaftlichen Betrieb, und diskutiert Modelle des Erbübergangs.

Durch den interdisziplinären Ansatz lassen sich gewisse Inkongruenzen und Unterschiede in der Begrifflichkeit nicht vermeiden. Um die Authentizität der einzelnen Ansätze und Darlegungen zu erhalten, ist auf Versuche der Einebnung dieser Unterschiede weitgehend verzichtet worden. Auch ist den Herausgebern wohl bewusst, dass in dem vorliegenden Band - ebenso wenig wie in dem Projekt insgesamt - keineswegs die ganze Breite und Tiefe der Thematik abgebildet werden konnte. Es musste vielmehr im Kern darum gehen, wichtige Aspekte und Sichtweisen paradigmatisch herauszugreifen, dadurch die Vielschichtigkeit der Thematik zu verdeutlichen und zu mehr Reflexion darüber anzuregen.

Den Herausgebern ist es abschließend ein besonderes Anliegen, Dank zu sagen: Den weiteren Mitgliedern des Projektteams Anselm Bilgri, Hubertus A. Jonas, Victoria Strachwitz und Felix-Michael Weber, der Carl-Friedrich-von-Siemens-Stiftung, München, für die großzügige Einladung, das Symposium in ihren Räumen abzuhalten, den Referentinnen und Referenten und anderen Teilnehmerinnen und Teilnehmern für ihre Mitwirkung an diesem spannenden Symposium, Marius Mühlhausen und Lucie Kretschmer für Lektorat, Betreuung und Finalisierung des Manuskripts sowie Thomas Landwehr für die nachhaltige Unterstützung des Projekts.

Amsterdam/Berlin, im September 2015

Kai J. Jonas
Rupert Graf Strachwitz

Wie gebe ich weiter? Ein Bericht zum Symposium

von Victoria Strachwitz

Tod, Erbe, Lebenssinn und Verantwortungsbewusstsein waren die Themen, mit denen sich rund 30 Teilnehmerinnen und Teilnehmer des inter-disziplinären Symposiums „Lebenssinn und Erbe" am 27. und 28. Mai 2013 in den Räumen der Carl Friedrich von Siemens Stiftung in München befassten. Sie folgten einer Einladung der Universität von Amsterdam und des Maecenata Instituts für Philanthropie und Zivilgesellschaft an der Humboldt-Universität zu Berlin. Und das war, wie sich herausstellte, höchste Zeit. Tod und Erbe sind Themen, die wieder Platz im Leben finden müssen, die wieder ohne Umschweife angesprochen gehören. Die Tabuisierung der Endlichkeit des Lebens muss überwunden werden, so das Fazit des Symposiums. Das liegt im Sinne jedes Einzelnen, aber auch im Interesse von Rechtsanwälten, Steuer- und Vermögensberatern sowie von Stiftungen.

Bis 2020 werden in Deutschland rund 2,6 Billionen Euro vererbt werden. Alleine im Jahr 2013 sollen es geschätzte 254 Milliarden Euro sein, referierte der Berater Hubertus A. Jonas. Und das sind nur die materiellen Werte. Das Thema Weitergeben müsse daher dringend angegangen werden, unterstrich auch Diplomsoziologin Christina Rahn von der Goethe-Universität Frankfurt am Main.

Derzeit befassen sich die Menschen in Deutschland, wenn überhaupt, erst in der dritten Phase ihres Lebens mit der Weitergabe ihres ideellen und materiellen Vermögens. Zu spät, meinen Dr. Kai Jonas, Professor für Psychologie an der Universität Amsterdam, und Dr. Rupert Graf Strachwitz, Leiter des Maecenata Instituts, die vor zwei Jahren „Lebenssinn und Erbe" als interdisziplinäres Forschungs- und Publikationsprojekt zusammen mit einem Unternehmensberater, einem Unternehmer und einem Theologen konzipierten. Jetzt stellten die BearbeiterInnen ihre Arbeitsthesen erstmals zur Diskussion. Wichtig war ihnen der interdisziplinäre und übergreifende Ansatz. So waren dann auch die Teilnehmerinnen und Teilnehmer des Symposiums in unterschiedlichen Disziplinen beheimatet: Juristen, Soziologen, Psychologen, Unternehmer, Vermögensverwalter, Politikwissenschaftler und Theologen zählten zu den TagungsteilnehmerInnen.

In einer Sache waren sich alle einig: Das Thema Weitergeben sollte auch außerhalb der Räume der Carl Friedrich von Siemens Stiftung mehr Beachtung finden. Dies gilt auch für die Wissenschaft. Interessanterweise ist Erben und Vererben schon in der Bibel ein Thema, doch in München stellten Theologen wie Anselm Bilgri aus München und Psychologen wie Dr. Christiane Wempe von der Universität Mannheim fest, dass es in ihren Wissenschaftszweigen kaum behandelt wird.

Die Vertreter der verschiedenen Disziplinen näherten sich dem Thema aus unterschiedlichen Perspektiven. Zunächst galt es, eine Frage zu klären: Stirbt die Familie aus? Die steigenden Scheidungsraten sprächen beispielsweise für eine sinkende Bedeutung der Familie. „Kinder aus Scheidungsfamilien haben eine viermal so hohe Wahrscheinlichkeit, sich selbst scheiden zu lassen", erklärte Dr. Peter Kaiser, Professor für Psychologie an der Hochschule Vechta. Dies würde das Problem des Weitergebens künftig noch verschärfen. Dem widersprach Dr. Christiane Wempe. „Man kann nicht vom Untergang der Familie sprechen", zeigte sich die Psychologin überzeugt. Das Kinderkriegen sei nach wie vor ein Wunsch junger Leute und zudem ein Schutzfaktor, was die Scheidung einer Ehe betreffe. Die Familie sterbe nicht aus, sie sei heute nur oft anders ausgestaltet. Dabei erinnerte Wempe an die Regenbogenfamilie, die heute viel häufiger vorkomme als früher. „In Erbsituationen ist das hoch problematisch", stellte sie fest. Diesem Trend folgend sollten Erblasser sich besser zeitig mit dem Thema Weitergeben befassen und ihr Testament gestalten. Wempe erklärte den erstaunten Tagungsteilnehmern weiter, dass aktuell nur ein Viertel der Deutschen ein Testament verfasse und das meist erst im Alter zwischen 50 und 60 Jahren. „Bei jeder sechsten Erbschaft gibt es Streit, meist unter Geschwistern", sagte sie. Dies erklärt den dringenden Handlungsbedarf.

Spannend vor allem für Vermögensverwalter, Fundraiser und Stiftungsvertreter wurde es, als Dr. Kai Jonas sein jüngstes Forschungsergebnis vortrug. Seine Untersuchung mit Studenten der Universität von Amsterdam hatte ergeben, dass je entfernter der Verwandtschaftsgrad zwischen Erblasser und Erbe ist, desto risikoreicher der Empfänger mit dem Ererbten umgeht. Das Erbe wird dann als weniger wertvoll betrachtet, quasi als Spielgeld. Jonas ist der Meinung, die Frage, woher das Geld kommt, könnte als Marketinginstrument zum Verbraucherschutz oder zur Optimierung von Anlagestrategien und Bankprodukten eingesetzt werden. Auch für Stiftungen sieht er Chancen. Augenzwinkernd gab er den Anwesenden mit auf den Weg: „Wenn Sie Geld erben, bedenken Sie, von wem Sie es erhalten haben, bevor Sie es investieren." Am Ende gehe man sonst risikoreicher mit dem Erbe um, als man sollte.

Erblasser sollten sich Gedanken machen, wie sie ihr Lebenswerk weitergeben wollen. Und zwar umfassend. Berater Hubertus Jonas, übrigens der Vater von Dr. Kai Jonas, prangerte an, dass bei der Beratung von Erblassern meist nur Steuer- und Rechtsthemen eine Rolle spielten. Die Maxime sei vor allem, beim Vererben Geld zu sparen. Der Sinn des Lebens und die Werte, die auch weitergegeben werden sollen, rückten damit meist in den Hintergrund. Jonas stellte fest, dass Rechtsanwälte, Steuer- und Bankberater oftmals gar nicht in der Lage seien, mit ihren Mandanten umfassend über den Tod zu sprechen. Sie scheuten das Thema. So böten sie meist hastig Produkte an, mit denen den Erblassern nur vordergründig geholfen sei. Gemeinsam mit seinem Sohn hat Jonas zu diesem Thema aktuell das Handbuch Konfliktfrei vererben: Ein Ratgeber für eine verantwortungsbewusste Erbgestaltung beim Hogrefe Verlag veröffentlicht.

Um was aber handelt es sich bei dem Lebenssinn, der künftig auch in Beratungs-gesprächen mehr zum Tragen kommen sollte? Diesem Thema widmete sich der zweite Tag des Symposiums.

Ist der Sinn des Lebens ein Dreiklang von Lernen, Leben, Weitergeben? Hat das Leben darin heute eine weitaus höhere Bedeutung als das Weitergeben, wie Dr. Rupert Graf Strachwitz bedauerte? Kann Philanthropie ein Weg sein, diesen Drei-klang wiederherzustellen? Ist der Sinn des Lebens, das eigene Leben anzunehmen, wie Theologe und Berater Anselm Bilgri vorschlug? In der Bibel heißt es: „Seid fruchtbar und mehret Euch." Dies sei auch auf den menschlichen Geist anzuwen-den, denn so führe man ein sinnvolles Leben, meinte Bilgri.

Miriam Ströing, Doktorandin an der Universität Potsdam, stellte in München ihre aktuelle Studie zum Thema Reichtum und gesellschaftliche Verantwortung vor. Ihr Vortrag brachte die Sache mit der Bemerkung auf den Punkt, beim Sinn des Lebens gehe es um Verantwortungsbewusstsein. Vor allem Kinderlose scheinen sich Gedanken zu machen, wie sie ihrem Erbe und damit ihrem Leben Sinn ge-ben können. Ströings Ergebnisse zeigen, dass Kinderlose im Erbe noch immer zu 80 Prozent die Familie bedenken. Wer aber annimmt, dass Familien mit Kindern ausschließlich die Nachkommen bedenken, der irrt. Der Wunsch nach gesell-schaftlicher Mitverantwortung steigt, fand Ströing heraus. So ließen auch Fami-lien mit Kindern gemeinnützige Organisationen an ihrem Erbe teilhaben. Grund-sätzlich lasse sich sagen, dass höhere Bildung, höheres Alter, Kinderlosigkeit und ausgeprägte Religiosität ein Engagement über den Tod hinaus wahrscheinlicher machen, so die Doktorandin. „Philanthropie als Vermächtnis ist keine Ausnah-me", sagte sie. 40 Prozent der von ihr Befragten planten, über den Tod hinaus gemeinnützig tätig zu sein.

Ein Schwerpunkt der Tagung in München lag auf den Familienunternehmen. Zum einen sind 95 Prozent der Unternehmen in Deutschland in Familienhand. Zum anderen – und das ist in diesem Zusammenhang wichtig – sind dort Lebenssinn, Werte und Vermögen oft sehr eng aneinander gekoppelt. Das Weitergeben eines Familienunternehmens will besonders gut vorbereitet sein. Der Unternehmer Dr. Felix-Michael Weber ging der Frage nach, weshalb die Post-Gründergeneration ein Unternehmen oftmals weiterführt, obgleich es auch eine Last darstellen kann. Die Verantwortung sei groß, das Vermögen gebunden und nicht diversifiziert. Die Erben müssen also einen Sinn darin sehen, das Erbe anzutreten. In seiner Untersuchung dazu war er auf vier Gründe gestoßen, warum Nachkommen ein Unternehmen übernehmen: Das Vermögen der Familie könne gebündelt besser verwaltet werden, der Zusammenhalt der Familie werde durch die Weiterführung der Firma gesichert, das Unternehmen biete der Familie die Gelegenheit zum Aus-tausch und die Erben sehen eine Verpflichtung gegenüber den Mitarbeitern und dem sozialen Umfeld.

Dr. Andrea Müller von der Zürcher Hochschule für Angewandte Wissenschaften wies darauf hin, dass sich bei der Art und Weise, wie Unternehmen an die nächste Generation übergeben werden, schon einiges getan habe. Als Negativbeispiel berichtete sie von einem Unternehmer, der mit seinem Sohn auf den Berg fuhr. „Unten in der Gondel sagte er zum Junior: ‚Und wenn wir oben aussteigen, will ich wissen, ob du das Unternehmen übernimmst.' So darf es keinesfalls laufen", resümierte Müller. Auch deshalb bedürfe es Beratungsangebote. Sie stellte dazu ein von ihr mit-entwickeltes Prozessmodell der Unternehmensnachfolge vor. Das Thema Tod und Weitergabe dürfe nicht länger tabuisiert werden, war auch ihre Forderung. Was die Unternehmensnachfolge betrifft, gehe die Schweizer Bank UBS das Thema offensiv an, so Müller. Die Bank werbe mit dem Slogan: „Entscheiden Sie selbst, wann Sie aussteigen möchten." In anderen Worten: Befassen Sie sich mit der Weitergabe!

Dieser Beitrag erschien zuerst in der Zeitschrift für das Recht der Non Profit Organisationen (npoR).

Weiterleben nach dem Tod –
Theologische Aspekte des Vererbens

von Anselm Bilgri

„Der Sinn des Lebens ist das Leben selbst." Das sagte der Liedermacher Konstantin Wecker in einem Zeitungsinterview im Herbst 2011 und trifft damit prima vista den Nagel auf den Kopf. Zumindest gibt er die weitverbreitete Meinung unserer Zeit wieder. Es geht im Leben um das *Hier und Heute*, um seinen Genuss, um das Erleben des Lebens. Sich zu viele Gedanken um die Zukunft zu machen, führt nur zu Kummer und Sorge, wenn nicht gar zu Verzweiflung und Überdruss. Vor allem ein Punkt in der Zukunft jedes menschlichen Individuums wird weitgehend ausgeblendet: das Ende des biologischen Lebens, der unausweichliche Tod. Dabei kann ihm kein Mensch entrinnen.

Der Tod findet – wie auch die Geburt – seit der exorbitanten Entwicklung der Medizin nicht mehr im unmittelbaren Umfeld der Familie statt, sondern ist ausgelagert in Krankenhäuser oder in eigens dafür eingerichtete Sterbehospize. Wir erleben das Sterben nicht mehr. War der Tod zu früheren Zeiten ein normaler Begleiter des Lebens, ist er heute zu einer verschämten Chimäre geworden. Man spricht nicht über ihn und man versucht, nicht an ihn zu denken. Im Gegenteil: Wir wünschen uns ein langes Leben, möglichst in körperlicher und geistiger Gesundheit.

Die erste Frage bei Begrüßungen lautet: „Wie geht's?" Der Wunsch beim Verabschieden heißt: „Gesundheit ist das Wichtigste!" Sollte man doch einmal an den eigenen Tod denken, dann wird die Hoffnung geäußert, es möge schnell und schmerzlos, möglichst während des Schlafs geschehen. Für den Menschen vergangener, zugegebenermaßen religiös geprägter Zeiten war das eine Horrorvorstellung. Man versuchte, sich ein Leben lang auf den Tod vorzubereiten; ein plötzliches Sterben – ohne Vorbereitung, ohne die „Tröstungen der Kirche" - hätte bedeutet, das ewige Leben aufs Spiel zu setzen. In den alten Gebetbüchern gab es lange Zeit noch eine „Übung vom guten Tod". Schon in der Antike war die *ars moriendi*, die Kunst zu sterben, eines der Hauptthemen der Ethik von einem erfüllten und gelungenen Leben, der *vita beata* der Römer, beziehungsweise der Eudämonie der Griechen. Der Ahnherr der nachmetaphysischen Philosophie Martin Heidegger definiert den Tod folgendermaßen: „Der Tod ist die *eigenste, unbezügliche, unüberholbare, gewisse* und *unbestimmte* Möglichkeit des Daseins." (Heidegger 2006: 258)

Eigenst ist der Tod, weil er durch Andere nicht vertretbar ist. Kein Dasein kann einem anderen Dasein sein Sterben und damit den Tod abnehmen. Selbst wenn sich jemand dazu entscheidet, für einen anderen Menschen in den Tod zu gehen, bedeutet dies nicht, dass ihm der Tod abgenommen würde. Lediglich der Zeitpunkt des Todes wird damit vielleicht verschoben.

Unbezüglich ist er deshalb, weil er alle Bezüge, das heißt alle Beziehungen zu anderem Dasein und der Welt löst. Es gibt keine Möglichkeit mehr, mit anderen und in der Welt zu sein, ihnen vielleicht vom Tod zu erzählen oder eine Handlung rückgängig zu machen, die zum Tode geführt hat. Das gilt sowohl für den, der tot ist, wie auch für jene, die zurückbleiben.

Unüberholbar meint, dass alle anderen Möglichkeiten von Dasein immer früher sind als der Tod. Wer nach seinem Tod in irgendeiner Weise handeln würde, wäre nicht tot. Dieser Punkt ist jener, der am deutlichsten macht, was der Tod als Zu-Ende-Sein bedeutet: Der Tod als die letzte Möglichkeit, die Dasein überhaupt hat, nämlich tot zu sein, die Möglichkeit zu einer anderen Seinsweise, einer Leiche beispielsweise, einer Weise, in der es dem Dasein nicht mehr um sein Sein gehen kann. Damit wird der Tod die Möglichkeit zur Unmöglichkeit.

Gewiss ist der Tod, weil wir ihm nicht entkommen. Er ist also nicht nur eine wahrscheinliche Möglichkeit von vielen, aus denen gewählt werden kann. Heidegger meint damit, dass wir in jedem Falle aufhören werden zu Sein. Mit dieser Gewissheit schließt er an ein weiteres Attribut des Todes an.

Unbestimmt ist der Tod, weil wir nicht wissen können, wann er eintritt. Möglich ist er zu jeder Zeit. Selbst ein zum Tode Verurteilter mag zwar annehmen, dass er als finaler Höhepunkt des Sterbens jeden Moment eintreten kann, aber er kann nicht wissen, wann. Hinzu kommt, dass ich, wenn ich tot bin, nicht mehr weiß, wann der Tod eingetreten ist. Wüsste ich dies, wäre ich nicht tot.

Dies alles empfinden wir in einer normalerweise diffusen Gemengelage von Gedanken und Gefühlen, wenn wir uns mit dem Tod, also dem Ende des (diesseitigen) Lebens, beschäftigen. Was hinter dem Tor des Todes liegt, ist für uns *terra incognita* aber auch *terra ignorabilis* – ein gleichermaßen unbekanntes wie unerfahrbares Land. Dem Unbekannten gegenüber hat der Mensch trotz aller Neugier eine Grundempfindung: Angst. Deshalb hat die Menschheit angesichts der Todesangst verschiedene Methoden der Angstbewältigung entwickelt. Sicher gehört dazu auch das Phänomen der Religion. Diese hat nach den gängigen Auffassungen der Religionswissenschaften vor allem zwei Funktionen, Transzendenzerklärung und Kontingenzbewältigung. Beides ergibt sich aus dem Spezifikum der menschlichen Existenz. Der Mensch hat als vermutlich einziges Lebewesen die Fähigkeit der Reflexion über sich selbst. Er kann geistig aus sich heraustreten und sich selbst beobachten. Das geht so weit, dass er sich in die Gedankenwelt Anderer hineinversetzen kann. Evolutionspsychologen bezeichnen dies als Fähigkeit zur Mentalisierung. Damit wird der Tod zum Problem, weil der Mensch sich mit ihm und seinen Folgen befassen muss. Die Religion in all ihren Erscheinungsformen bietet dafür die Lösung eines irgendwie gearteten Weiterlebens nach dem physischen Tod an. War es Menschen vergangener Epochen, vor allem wegen ihres selbstverständlichen Glaubens an ein jenseitiges Leben und dessen Priorität vor dem hiesigen, leichter gegeben, sich in „Andachten für einen guten Tod" auf diese radikalste aller Lebenswenden vorzubereiten, ist uns heute mit der für den aufgeklärten Menschen konstitutiven Anfechtung des Glaubens an ein Jenseits ein derart unbefangener Umgang mit dem Tod nicht mehr möglich. Deshalb wird auch alles, was mit dem Tod zu tun hat, weitgehend beiseitegeschoben. Dazu gehört auch die Frage nach dem Vererben, der rechtzeitigen Regelung von Nachlass und Nachfolge.

Wahrnehmung von Zeit als menschliches Spezifikum

Der Tod weist auf die Vergänglichkeit des menschlichen Lebens hin. Vergänglichkeit ist ein Aspekt der Zeit. Der Mensch nimmt Zeit als Veränderung im Raum wahr; damit kann man Zeit auch messen, wenn etwa der Zeiger einer Uhr weiterrückt. Die Veränderung drückt sich bei Lebewesen im Phänomen des Alterns aus. Dies empfinden Menschen zunehmend als bedrohlich. Der Jugendwahn der vergangenen Jahrzehnte hat das Älterwerden desavouiert. Und doch gehört das Altern und Vergehen zur Evolution. Nur weil jede Generation ihre Gene mit kleinen Mutationen weitergibt und durch den eigenen Tod Platz macht für neue, besser angepasste Generationen, kann Entwicklung vonstattengehen. Der Mensch macht die Erfahrung, dass es Lebewesen gibt, die ihn überleben, und Dinge, deren Lebensdauer länger als ein Menschenleben währt. Wenn diese Dinge zu seinem Eigentum gehören, möchte er, dass auch seine Verfügungsgewalt über sie den eigenen Tod überdauert. Zumindest die letzte Verfügung, in wessen Eigentum sie übergehen sollen, möchte er selbst treffen. Auch und gerade die Tatsache, dass Immobilien und anderer werthaltiger Besitz von Generation zu Generation weitergegeben werden, macht Geschichte, Tradition und damit Zeit erfahrbar.

Die Götter des homerischen Olymps werden als die Unsterblichen bezeichnet. Von ihnen berichtet der Mythos zwar einen Anfang, aber sie kennen kein Ende, keine „Götterdämmerung" wie im germanischen Walhall. Der Gott der antiken Philosophen war nicht nur unsterblich, sondern ewig. Er ist das „göttliche Prinzip", ohne Anfang und Ende. In der Verbindung mit Jahwe, dem Gott der Bibel, der sehr persönlich und in das Weltgeschehen eingreifend gedacht und geschildert wird, übernimmt er, dann wieder ähnlich wie Zeus und Jupiter, eine moralische Wächterfunktion über das rechtgeleitete Handeln der Menschen. Er mahnt vor allem in prophetischer Zeit zu sozialer Verantwortung und Rücksicht auf die Bedürftigen, Recht- und Besitzlosen. Exemplarisch zusammengefasst ist diese Auffassung im berühmten Spruch beim Propheten Micha: „Es ist dir gesagt worden, Mensch, was gut ist und was der Herr von dir erwartet: Nichts anderes als dies: Recht tun, Güte und Treue lieben, in Ehrfurcht den Weg gehen mit deinem Gott." (Micha 6,8) Die Wende der Achsenzeit von einer kultischen zu einer ethischen Verantwortung des Menschen wird darin deutlich. Der ewige, überzeitliche Gott ist damit auch Garant der sozialen Verantwortung des Haushaltsvorstandes über die beschränkte Zeit seines Lebens hinaus.

Die Lebenszeit als eine grundsätzlich endliche wird damit auch zur Zeit des lebenslangen Lernens. Dieses Lernen ist zuerst ein Einüben eines sinnvoll gelebten Lebens. Die Antike nannte das Ziel eines derart glückenden Lebens „eudaimonia". Modern gefasst würden wir von einem gelingenden, erfüllten Leben sprechen. Dafür stellt die klassische Philosophie verschiedene Modelle zur Verfügung, die in den herkömmlichen „Schulen" gelehrt und praktiziert wurden.

Allen gemeinsam ist die Erlangung der „Ataraxie", der Seelenruhe, die auf verschiedene Weise erlangt werden kann. Die Stoa versucht sie zu erreichen, indem sie die Vernunft die Affekte beherrschen lässt und das als naturgemäßes Leben propagiert. Die Kyniker, allen voran Diogenes in der Tonne, predigen die vollkommene Bedürfnislosigkeit. Für Epikur wird sie erreicht, indem der Mensch einige Grundängste überwindet: die Furcht vor dem Leiden, vor den Göttern und vor dem Tod. Epikur ist in seiner Behandlung des Themas am ehesten unser modernen Lebensauffassung ähnlich. In einem Brief an einen Freund schreibt er schon im 4. Jahrhundert vor Christus, dass der Weise weder das Leben zurückweist, noch das Nichtleben fürchtet. Angesichts des Lebensendes muss der Mensch ein gutes Leben führen. Gut bedeutet hier: sinnvoll, in sich ruhend, ausgeglichen – ein erfülltes Leben. Der Tod und die gedankliche Beschäftigung mit ihm helfen dem Menschen dabei, sich schon in diesem Leben um die wahre Glückseligkeit zu bemühen. Wenn du Abschied nimmst von diesem Leben, musst du ein sinnvoll gelebtes Leben zurücklassen können, das Bestand hat vor dem, was immer danach kommen mag. Daraus ließe sich eine Art ethischer Imperativ formulieren: Handle stets so, dass dein Tun und Lassen unter dem Aspekt der Ewigkeit (*sub specie aeternitatis*) Bestand hat.

Dies erreicht man schon in der Philosophie durch Einüben (griechisch „askesis"). Der Begriff der Askese sollte in der christlichen Theologie eine Erweiterung bei gleichzeitiger Einengung erfahren. Erweitert wurde er durch den Verweis auf die Transzendenz: Das hiesige Leben ist ein Einüben für das eigentliche Leben, das erst im Jenseits, in der Ewigkeit Gottes, stattfindet. Eingeengt wurde der Begriff, weil er seinen vorbereitenden Charakter immer mehr zugunsten eines Eigenwertes verlor. Askese wurde zur Bedingung eines eigentlich geschenkten Lebens mit Gott, statt dass sie eine Folge davon blieb. Diese Auseinandersetzung durchzieht die theologischen Diskussionen durch beide Jahrtausende der Geschichte des Christentums. Die Polemik der Reformatoren gegen die „Werkerey" des „Papismus" und die Betonung der Rechtfertigung allein aus dem Glauben ist nur die Speerspitze dieser Auseinandersetzung um die göttliche „paideia", das Lern- und Lehrprogramm des Religiösen und Spirituellen. Auch der Religion in ihrer christlichen Ausprägung geht es im Letzten um ein gelingendes und erfülltes Leben, das ich an seinem natürlichen Ende, dem Tod, in die Hände Gottes zu übergeben habe. Er allein und keine andere Instanz wird darüber richten, ob es sinnvoll und gerecht gelebt wurde. Der Glaube an einen liebenden Gott geht davon aus, dass er es auch „richten", das heißt zurechtrücken wird. Damit wird die Zeit des Lernens auch zu einer Zeit ethisch und moralisch verantworteten Handelns und eines gerechten Umgangs mit den sogenannten zeitlichen Gütern.

Vom Erben in der Bibel

Es ist erstaunlich, dass ein derart wichtiger Aspekt des menschlichen Lebens wie das (Ver-)Erben in der Ethik der christlichen Konfessionen nur ein Randdasein führt. So verhandelt die katholische Moraltheologie und Soziallehre vor allem das Thema Gerechtigkeit und soziale Verantwortung. Das Erbe soll gerecht unter den Erben aufgeteilt werden, die Erbschaftssteuer soll die Prinzipien der Gerechtigkeit und der Solidarität garantieren.

Eigenartigerweise spielt der Themenbereich des Erbes im Grunddokument des Christentums, der Bibel, eine gar nicht so geringe Rolle: im Neuen Testament eine fast ausschließlich symbolische, im Alten Testament auch eine sehr reale. Schon die Benennung der beiden Teile der Bibel in Altes und Neues Testament weist auf den Bedeutungszusammenhang hin. Eine interessante Wort- und Sinngeschichte findet sich in einer Kette von Übersetzungen. Das hebräische Wort für Bund (berit) wurde ins Griechische mit dem Term *diatheke* übersetzt. *Diatheke* hat die Bedeutung „Bündnis", aber auch „Anordnung" und schließlich „letzter Wille". Dafür steht das lateinische „testamentum". Das Alte Testament, für das heutige Theologen lieber die Formel „Erster Bund" verwenden, um die Konnotation von „alt" als „vom Neuen überholt" zu vermeiden, enthält wenige positiv gesetzte erbrechtliche Bestimmungen.

Das Erbrecht wird vor allem durch Brauch und Herkommen geregelt. Der Erstgeborene des Mannes erhält den doppelten Anteil. Damit wird der wirtschaftliche Fortbestand der Sippe gesichert. Töchter erben nur ausnahmsweise. Bleibt eine Ehe kinderlos, fällt das Erbe nicht an die Ehefrau, sondern an den nächsten männlichen Verwandten. Die sogenannte „Leviratsehe", bei der der Bruder des verstorbenen Gatten diesem mit dessen Witwe Nachkommen zeugen soll, gehört in diesen Zusammenhang. Aus den erzählenden Teilen des Alten Testament wie den Patriarchengeschichten lassen sich gelegentliche Abweichungen von diesen Rechtssätzen erschließen. Der Erblasser trifft kurz vor seinem Tod Anordnungen über die Verteilung seines Besitzes und bestimmt den Haupterben. Man denke nur an Isaaks Bevorzugung seines Sohnes Jakob gegenüber dem erstgeborenen Esau, der wegen eines Linsengerichts hintergangen wurde. Söhne von Nebenfrauen wurden häufig übergangen. Ismael, der Sohn der Sklavin Hagar, wurde mit dieser von Abraham aus dem Zelt vertrieben. Er sollte in der Überlieferung des Islam zum Stammvater der Araber werden. Erst in der hellenistischen Zeit ist auch die Ehefrau als Erbin belegt.

Schon im Alten Testament wird der Begriff des Erbes in übertragener Bedeutung eng verknüpft mit dem Land, das Israel als von Gott den Vätern verheißenes zugeteilt wurde. Das Land wird mit dem darin lebenden Volk identifiziert. Israel selbst ist daher Gottes Erbbesitz.

Im Neuen Testament steht das Erbe in Beziehung zu dem von Jesus verkündeten Reich Gottes. Dieser Herrschaftsbereich Gottes übernimmt die Verheißungen, die im Alten Bund an das Land und Volk Israel gebunden sind. So heißt es in einer der Seligpreisungen der Bergpredigt: „Selig die Sanftmütigen, denn sie werden das Land erben." (Matthäus 5, 5)

Für die christliche Gemeinde ist nach Ausweis eines Gleichnisses Jesus als der Sohn Gottes der Erbe des Weinberges, eines alten Bildes für Israel. Für Paulus ist Christus der Erbe der dem Abraham gegebenen Verheißungen. Die ihm Zugehörigen sind damit ebenso Nachkommen Abrahams und Erben der Verheißung wie Söhne und Erben Gottes. Sie sind nach einer Formulierung des Epheserbriefes Miterben Christi.

Dieses Bild vom Erbe Gottes ist streng logisch gedacht nicht stringent, da der Tod des Erblassers nie eintreten wird. Es geht wohl eher um die Rechte des Erstgeborenen nach alter jüdischer Tradition – daher auch die theologische Aussage, dass Jesus der Erstgeborene des Vaters sei. An seinen Anrechten auf die Bürgerschaft im Reich Gottes haben seine Miterben, die ihm Zugehörigen, seine Brüder und Schwestern, Anteil.

In der Theologiegeschichte wird das Thema Erben in einem heute nicht mehr sehr populären Zusammenhang gebraucht, nämlich in der Lehre von der sogenannten Ur- oder Erbsünde. Zu Beginn der Geschichte des Christentums wurden erwachsene Menschen durch die Taufe in die Kirche aufgenommen, die durch die Verkündigung des Glaubens die Entscheidung gefällt hatten, den Glauben an Christus anzunehmen. Die Taufe bedeutete eine bewusste Abkehr vom vorherigen heidnischen Leben und Hinwendung zu einem Leben gemäß der Lehre Christi. Beim Taufakt wurde symbolisch die Befleckung durch die vorher begangenen Sünden abgewaschen. Schon bald kam der Brauch auf, auch Kinder bereits kurz nach der Geburt zu taufen. Was wurde aber bei Kleinkindern „abgewaschen", die noch gar nicht fähig waren, zu sündigen? Hier entstand, angeregt durch Gedanken aus den Briefen des Apostels Paulus, das theologische Konstrukt einer seit Adam dem Menschen vererbten Ursünde, die durch den bloßen Zeugungsakt weitergegeben wird. Dieser Gedanke hatte zwei Konsequenzen: Erstens bekam der Zeugungsakt und damit die Sexualität insgesamt einen negativen Beigeschmack. Zweitens wurde die Kindertaufe zur normalen Form des Eintritts in die Kirche. Eltern hatten Angst, ihr Kind könne noch mit der Erbsünde behaftet sterben und so des ewigen Heils verlustig gehen.

Im Zusammenhang mit der Taufe wird auch ein weiteres Rechtsinstitut der Antike bemüht: die Adoption. Vor allem im römischen Rechtskreis war die Adoption ein beliebtes und häufig angewandtes Rechtsmittel, um die Rechtsnachfolge innerhalb von Familien zu regeln. Ein (meist) erwachsener Mann wurde an Sohnes statt angenommen und garantierte so die Kontinuität einer Familie und deren Besitzes. Das Christentum wendet dieses Bild auf die Taufe an: Der Neophyt wird von Gott an Kindes statt angenommen und damit aller Rechte und Pflichten eines Erben teilhaftig: „Du wirst das Reich erben [...]".

Weiterleben nach dem Tod

Im weitesten Sinn hat der Themenbereich des Erbes auch etwas mit der Vorstellung vom Weiterleben nach dem Tode zu tun. Es gehört zu den ältesten religiösen Vorstellungen des Menschen, dass sein Geist beziehungsweise seine Seele den physischen Tod des Körpers überdauert. Schon im Alten Ägypten waren detaillierte Schilderungen des Weges der Seelen im Jenseits verbreitet. Die Pyramiden und die Mumien in den Museen legen heute noch Zeugnis ab von der Bedeutung des Jenseitsglaubens am Nil. Man versuchte, im Diesseits beständige und fortdauernde Zeichen der Ewigkeit zu setzen.

Die Völker des Vorderen Orients hatten dagegen ähnlich wie die Griechen und Römer nur eine sehr schemenhafte Theorie über das Weiterleben des Menschen nach seinem Ableben. Die „scheol" der Israeliten war ähnlich wie der „hades" ein Schattenreich, das gerade kein Leben bezeichnete. Das eigentliche Fortleben des Familienoberhauptes geschah in seinen Kindern, näherhin im Erstgeborenen. Deshalb ist bis heute im Judentum ein eheloses beziehungsweise kinderloses Dasein von negativem Wert. Im Spätjudentum kam dazu noch die Auffassung, der Messias werde aus dem Volk erstehen; er könnte eines von den eigenen Kindern sein. Dies verstärkte die moralische Verpflichtung, für (männliche) Nachkommen zu sorgen.

Mit der starken Stellung des Erstgeborenen war damit auch die Sicherung des Familienbesitzes verbunden. Er übernahm das Eigentum, aber auch die Verpflichtung, für die Angehörigen der Familie zu sorgen. Die Familie setzte sich nicht nur aus den Blutsverwandten zusammen; der gesamte Haushalt samt den Knechten, Mägden, Sklaven („famuli") und dem Vieh wurde der Obhut des neuen Familienoberhauptes übergeben. Wie oben schon erwähnt, gab es in biblischer Zeit nur ein rudimentäres Erbrecht, das allerdings im durch Brauch und Herkommen geregelten Familienrecht seinen Rahmen fand.

Planvolles Vererben als Konkretisierung des Liebesgebots

Schon im Alten Testament, aber besonders im Neuen Testament und daraus resultierend und nochmal verstärkt im Koran entsteht die Vorstellung eines göttlichen Gerichts nach dem Tod des Individuums. Ist dies zur archaischen Zeit noch sehr verdinglicht und hebt auf die Korrektheit des äußeren rituellen Vollzugs ab, nach dem der Mensch beurteilt wird, verlagert sich der Beurteilungsmaßstab in der Achsenzeit, sprich im Alten Testament zur Zeit der Propheten ins Innere, ins Gewissen des Menschen und hier wieder auf sein Verhältnis zum Mitmenschen. Ist der „Nächste" im Judentum zunächst tatsächlich der Angehörige der eigenen Sippe, so wird dies im Christentum ausgeweitet auf die Glaubensgeschwister, die auch anderen Völkern und Ständen angehören können, dann auf jeden Menschen, der mir nahesteht oder im Augenblick nahekommt und schließlich bei Jesus radikal sogar auf die Gegner und Feinde. Die große Gerichtsrede, die beim Evangelisten Matthäus überliefert wird, rückt die Maßstäbe, die Jesus anwendet für die Beurteilung ob ein Leben sinnvoll geführt worden ist, ins rechte Licht: „Kommt her, die ihr von meinem Vater gesegnet seid, nehmt das Reich in Besitz, (wörtlich: „erbt das Reich") das seit der Erschaffung der Welt für euch bestimmt ist [...] Was ihr für einen meiner geringsten Brüder getan habt, das habt ihr mir getan." (Matthäus 25, 31–46)

Auf den Punkt bringt Jesus seine Ethik und damit den Maßstab für gelingendes Leben in seinen beiden Kurzformeln, mit denen er „das ganze Gesetz und die Propheten" zusammenfasst, dem Hauptgebot der Liebe und der goldenen Regel:

„Liebe Gott von ganzem Herzen, mit ganzem Willen und mit deinem ganzen Verstand. Dies ist das größte und wichtigste Gebot. Aber gleich wichtig ist ein zweites: Liebe deinen Mitmenschen wie dich selbst!" (Matthäus 24, 44 ff.) „Behandelt die Menschen so, wie ihr von ihnen behandelt werden wollt." (Matthäus 7, 12)

Aus diesen christlichen Grundregeln für gelingendes menschliches Zusammenleben, vulgo Glück, ergibt sich die (Selbst-)Verpflichtung, für andere genauso zu sorgen wie für sich selbst. Die Selbstliebe ist dabei übrigens der Maßstab für die Nächstenliebe, nicht umgekehrt! Damit ist auch implizit die Sorge für die Nächsten über den Tod hinaus gemeint. Damit sind die „Nächsten" in der ganzen Bandbreite der Bedeutung zu interpretieren: Zuerst die Angehörigen, dann diejenigen, die einem darüber hinaus am Nächsten stehen, schließlich jene, die aktuell mit ihren Bedürfnissen zeitlich die Nächsten sind. Es handelt sich um konzentrische Kreise, die „ver-sorgt" werden sollen. („Sorge" hier im Sinne von Martin Heidegger, der sie als Grundkonstante menschlichen Handelns sieht.) Damit deckt sich die bürgerschaftlich geforderte Philanthropie mit dem ethischen Anspruch des Christentums und mit der sozialen Verantwortung von Besitz, Eigentum und Vermögen in unseren liberalen und sozialen Verfassungen.

Sicher hatten die Menschen früherer Zeiten nicht weniger Angst vor dem Tod als wir heute. Aber sie verdrängten diese Angst nicht, sondern beschäftigten sich ein

Leben lang damit. Unser Verdrängungsmechanismus bringt uns auch dazu, die Regelung des Nachlasses auf die lange Bank zu schieben, denn diese konfrontiert uns mit der Frage, was nach unserem Tod mit der materiellen oder ideellen Hinterlassenschaft geschehen soll.

Religionen geht es nicht nur um die Hilfe zu einem ethischen und damit gelingenden Leben im Hier und Heute, sondern um die Letztverantwortung für das eigene Leben. In den Religionen des Altertums konnten viele Dinge und Begebnisse des Alltags dem Wirken der Götter und Geister zugeschrieben werden, die selbst wiederum dem Schicksal unterworfen waren. Das Christentum hat im Gegensatz dazu den Begriff der Gnade und des Segens kultiviert, also die grundsätzliche Zuwendung Gottes zu seiner Schöpfung und damit zum Menschen, der religiös als Zielpunkt dieser Schöpfung gedeutet wird. Angesichts dieser herausragenden Stellung und der damit verbundenen Gottebenbildlichkeit bekommt der Mensch aber auch persönliche Verantwortung für die Gestaltung seines Lebens angesichts der menschlichen Entscheidungsfreiheit. Er muss dieses Leben moralisch gestalten, um die ewige Vollendung des Himmels zu erlangen, der ja nichts anderes als die Chiffre für die unmittelbare Gottespräsenz ist. Diese seligmachende Gottesschau (*visio beatifica*) wird in der Theologie der Frühzeit sogar als Vergöttlichung beschrieben. Es geht um nicht mehr oder weniger als das Weiterleben nach dem Tod. Der moderne Mensch hat mit der fraglosen Annahme eines Jenseits Schwierigkeiten, da dessen Existenz nicht nachzuprüfen ist. Aber gerade in der Unmöglichkeit, diese Frage definitiv zu klären, erhebt sich nur umso lauter der unstillbare Wunsch eines Weiterlebens. Die Regelung des eigenen Nachlasses ist nun eine Möglichkeit, für eine sehr diesseitig erfahrbare Form nach dem eigenen Tod noch weiter zu existieren. Nicht nur in der bloßen Erinnerung der Hinterbliebenen, auch in der positiv gestimmten Erinnerung, zu der eine wohlgeordnete Regelung des eigenen Nachlasses führt, vielleicht sogar in der Gründung einer Stiftung, eröffnet sich diese Möglichkeit.

Jeder Mensch vererbt etwas und sei es nur die Aufgabe, das Begräbnis zu organisieren. Deshalb ist es ein Zeichen der Verantwortung, sich schon zu Lebzeiten darum zu kümmern. Je größer der Umfang der Erbmasse ist, umso größer ist auch die Verantwortung. Dies rührt schon vom Grundsatz der sozialen Bindung des Eigentumsrechtes her. Im Artikel 14 des Grundgesetzes der Bundesrepublik, der auch das Erbrecht garantiert, heißt es: „Eigentum verpflichtet. Sein Gebrauch soll zugleich dem Wohle der Allgemeinheit dienen." Dieser Auftrag, dem Gemeinwohl zu dienen, wird sicher im Besonderen dadurch erfüllt, den Rechtsfrieden durch ein wohlüberlegtes Testament zu wahren. Viele Menschen schieben die Regelung ihres Nachlasses auch deshalb hinaus, weil sie ihre Erben ganz besonders und detailliert auswählen wollen. Bei unvorhergesehenem Eintritt des Erbfalls tritt dann aber die gesetzliche Erbfolge in Kraft, die man gerade vermeiden wollte. Dies führt oft zu nachträglicher Enttäuschung, weil vorher durch Andeutungen Hoffnung verbreitet wurde.

Fazit

Worin liegt nun der Sinn des Lebens? Wirklich nur in sich selbst? Von Madame Pompadour wird das Wort überliefert: „Après nous le déluge!" (Nach uns die Sintflut!) Heute gebrauchen wir dies als geflügeltes Wort im Sinne von: Was interessiert mich das, was nach mir kommt! Eine derart wenig nachhaltige Denkweise hat keine Zukunft mehr. Für viele Menschen gehört zum Sinn des Lebens gerade die Sorge für das Leben nachkommender Generationen. Da der aus der Forstwirtschaft kommende Begriff der Nachhaltigkeit inflationär gebraucht wird, bietet sich eher das Attribut „dauerhaft" als Substitut an. Auch im Bereich der Wirtschaft galt bis zum Triumphzug des *shareholder value* der Gedanke des generationenübergreifenden Bestandes eines Unternehmens als ein wichtiges Zeichen des ökonomischen Erfolgs. Mit welchem Stolz tragen Firmen die Jahreszahl ihrer Gründung im Logo, wenn sie mindestens zwei Generationen zurückliegt. Das Erbe bewahren, es weitergeben, die Idee in die Zukunft hinein lebendig erhalten, das ergibt Sinn fürs eigene Leben. Damit kann man auch den Auftrag aus dem uralten Schöpfungsmythos der Bibel erfüllen: Seid fruchtbar und vermehret euch. Das ist nicht nur im Sinn der Fortpflanzung und des Weitergebens der Gene und damit im Sinn der Evolution gemeint, es ist auch auf die Fruchtbarkeit des menschlichen Geistes und seiner Tätigkeit anzuwenden. Die Verantwortung wirkt über das beschränkte eigene Leben hinaus. Und damit ist auch das grundlegende ethische Prinzip der christlichen Tradition für ein gelingendes und erfülltes Leben zu realisieren – für den Nächsten, den Mitmenschen und den überschaubaren Teil der Menschheit, den das eigene Umfeld bietet, etwas zu tun. Zumindest so viel, wie man für sich selbst zu tun bereit ist.

Literatur

Heidegger, M. (2006): Sein und Zeit. Tübingen: Max Niemeyer Verlag.

Lebenssinn und Erbe: Der philanthropische Impuls

von Rupert Graf Strachwitz

Leben – Lernen – Weitergeben

Wir durchleben eine ausgedehnte Prüfungsphase, in der es darum geht, zu ergründen, ob alte Werte so richtig, wichtig, fundamental sind, wie unsere Vorväter dies geglaubt haben. Wir fragen uns: „Was ist wirklich wichtig in unserem Leben?" und finden nur schwer eine Antwort. Wir nehmen immer weniger als „gottgegeben" hin, sondern begreifen unser ganzes Leben als aufregenden Lernprozess. Lebenslanges Lernen ist nicht zuletzt deshalb ein Schlagwort unserer Bildungspolitik geworden. Aus diesem Lernen erwachsen neue Fragen: Wie sollen wir leben? Was wird aus uns, was aus der Welt, wenn wir nicht mehr Teil davon sind? Was müssen wir lernen, um uns diesen Fragen überhaupt nähern zu können? Was müssen wir, was sollen wir weitergeben? Was nicht?

Der Dreiklang von Lernen – Leben – Weitergeben ist von hoher Aktualität. Zu ihm gehört, dass wir darüber nachdenken, wo wir herkommen. „Was du ererbt von deinen Vätern hast, erwirb es, um es zu besitzen", sagt Johann Wolfgang von Goethe. Und Richard von Weizsäcker formulierte knapp: „Ohne Herkunft keine Zukunft!" Vielen Menschen fällt es heute schwer, sich so zu sehen. Bedingt durch soziale Umwälzungen, neue Bildungschancen und in jüngster Zeit die kommunikative Revolution, die uns mit unseren Zeitgenossen in fernen Weltgegenden enger zu verbinden scheint als mit unseren Vorfahren und Nachkommen, wollen wir vielleicht das Ererbte gar nicht besitzen, wollen an seine Herkunft nicht erinnert werden, wollen uns davon bewusst freimachen und denken zunächst auch nicht darüber nach, dass wir etwas weiterzugeben haben. Und doch schulden wir unseren Nachkommen etwas – zumindest eine Welt, in der sie leben können. Durch den Lernprozess des Lebens wird deutlich, wie schwierig das ist. Das Ererbte anzunehmen, zu lernen, damit umzugehen, ist möglicherweise weiterführend als es zu verdrängen. Und wer Kinder oder gar Enkel hat, verspürt den Drang, ihnen etwas weiterzureichen, sich ihnen aber auch zu erklären. Die horizontale Verflechtung des Menschen mit seinen Zeitgenossen ist eben doch nicht die ganze Wahrheit; jeder Mensch ist auch vertikal, in der Zeitachse verankert. Sie verbindet ihn mit den Ahnen ebenso wie mit den Nachkommen. Dennoch beginnen viele Menschen erst in ihrer dritten Lebensphase, stärker an ihre Vertikalbindung zu denken. An das Weitergeben zu denken, soweit es über das eigene Leben hinausreichen soll, behalten sich viele für „ihre alten Tage" vor. Dies gilt in erster Linie für das materielle Vermögen, unabhängig davon, ob das groß oder klein und wie es strukturiert ist. Für einige wenige ist das früh genug, weil ihr Vermögen und ihre persönliche Situation alles im Grunde schon vorgeben. Für die meisten ergeben sich hingegen schwerwiegende Dilemmata, wenn sie erst am Lebensende beginnen, darüber nachzudenken, was von dem Erlernten und Erlebten sie weitergeben wollen. Dies gilt schon gar im Hinblick auf immaterielle Werte, denn diese lassen sich, allen Abschiedsbriefen zum Trotz, nicht durch Testament übertragen, sondern müssen gemeinsam und meist über lange Zeit erfahren und gelebt werden. Daher gehört der Gedanke des Weitergebens im Grunde von Anfang an zum Lernen und Leben dazu. Aber vielleicht ist es nie zu spät, damit anzufangen. Von Martin Luther stammt der Ausspruch: „Und wenn ich wüßte, dass morgen die Welt untergeht, würde ich heute noch ein Apfelbäumchen pflanzen."

Die neue Zeit

Diese Zuversicht fällt unserer Generation angesichts der Zeitbomben, die wir immer lauter ticken hören, besonders schwer. Wir können nicht darüber hinwegsehen, dass wir unsere natürlichen Ressourcen zu stark ausbeuten und damit den kommenden Generationen zu wenig davon hinterlassen. Wir haben keine Ahnung, welche Folgen der Klimawandel für uns und unsere Kinder haben wird. Wir wissen, dass sich die Alterspyramide im letzten Jahrhundert fast vollkommen auf den Kopf gestellt hat. Die Erde wird heute von mehr als doppelt so vielen Menschen bevölkert wie noch vor einer Generation. Aber wir wissen nicht, ob sich diese Entwicklung linear fortsetzen wird und schon gar nicht, wo die Grenze der Erträglichkeit liegt und wann und ob diese erreicht wird. Über all dies nachzudenken, könnte uns zur Verzweiflung treiben. Aber damit nicht genug: Auch das Gefüge unserer Gemeinschaft ist aus den Fugen geraten. Wir ahnen, dass das zwischen dem 16. und 19. Jahrhundert entwickelte Modell eines Staates mit nationaler Regierung und Verwaltung, repräsentativer Demokratie und unabhängiger Gerichtsbarkeit immer weniger in der Lage ist, seine Aufgaben zu erfüllen. Nicht nur exotische, von uns oft als weniger entwickelt bezeichnete Staaten, sondern auch unser eigener ist längst an die Grenze seines Leistungsvermögens gelangt. Wir beobachten einen rapiden Kompetenzverfall und müssen, wenn wir den Tatsachen ehrlich ins Auge blicken, von einem Staatsversagen sprechen. Auch der Markt versagt. Die jüngsten Wirtschaftskrisen, insbesondere die von 2008, haben uns dies überdeutlich vor Augen geführt. Zwar stellt der Markt hierzulande noch geradezu im Überfluss Güter und Dienstleistungen zur Verfügung, doch wissen wir nicht, wie lange das noch gut geht. Staatliche Hilfen in Größenordnungen, die wir uns gar nicht vorstellen können, sind gewiss kein langfristiges Heilmittel. Wir sind Zeugen einer zunehmenden Entstaatlichung von Politik. Was Politiker gern als Staatsverdrossenheit beklagen, ist in Wirklichkeit eine Verdrossenheit mit den konventionellen staatlichen Akteuren, die mit einem steigenden Interesse an Politik in neuer Form und mit alternativen Akteuren einhergeht. Das Legitimitätsmonopol der repräsentativen Demokratie ist allenfalls ein nicht mehr einlösbarer Anspruch; die Wirklichkeit spiegelt er nicht wider. In den letzten 20 Jahren hat der Staat massiv an Macht verloren – an den Markt, aber zunehmend auch an eine dritte Arena, die sich immer stärker in das Bewußtsein der Menschen und in das Gefüge der politischen Ordnung hineinschiebt: die Zivilgesellschaft. Noch ist es so, dass Zivilgesellschaft von unserem politischen System gepriesen wird, wenn sie in fernen Ländern unliebsame Regime zu beseitigen hilft. Im eigenen Land jedoch wird sie gern marginalisiert und instrumentalisiert. Dennoch: Zu unserer Lebenswirklichkeit gehört, dass wir in drei Arenen kollektiven Handelns agieren, jeder von uns – gleichzeitig, nach- und miteinander. DOT.GOV, DOT.COM und DOT.ORG sind gleichermaßen legitimiert, über öffentliche Angelegenheiten zu debattieren und Entwicklungsprozesse voranzutreiben.

Kurzum: Wir leben in einer neuen Zeit, haben neue, nie gekannte Herausforderungen zu meistern und wollen auch anders leben! Da liegt die Frage nahe, was wir dafür lernen sollen, wie wir heute leben, was wir weitergeben sollen. Sollen wir resignieren? Keine „Apfelbäumchen pflanzen"? Oder sollen wir uns der neuen Zeit stellen, den neuen Wein in neue Schläuche gießen? Traditionelle Muster taugen dazu wenig, das Vertrauen in sie ist geschwunden. Wie also strukturieren wir unser Leben, Lernen und Weitergeben? Die Zeit der lebensumspannenden Karrieren ist vorbei. In einer Hierarchie über Jahrzehnte aufzusteigen oder sein Leben lang ein Unternehmen zu führen, ja überhaupt über Jahrzehnte hinweg dasselbe zu tun – all das sind Auslaufmodelle. Es gibt Unternehmer, die als Mittdreißiger ihr Unternehmen verkaufen. Natürlich ist für sie das Leben nicht abgeschlossen. Es gibt Menschen, denen erst spät im Leben ein Durchbruch gelingt. Natürlich ist alles Frühere nicht verloren. Frauen erobern die Männerwelt. Die Zeit männlicher Dominanz über ökonomische Gestaltungsprozesse und Lebensentwürfe ist vorbei. Und doch ,ticken' Frauen anders, suchen anderen Rat und finden nicht selten andere Lösungen. Auch ein anderes Prinzip, das bald 1000 Jahre gegolten hat, gilt heute im Grunde nicht mehr. Der älteste Sohn als vorbestimmter Erbe gehört der Vergangenheit an. Eignung, Verantwortungsbewußtsein und nicht zuletzt der freie Wille wiegen heute als Auswahlkriterium schwerer als ein Erstgeburtsrecht. Wir denken und handeln immer weniger in nationalen oder milieu-spezifischen Kategorien. Unsere heutige Gesellschaft lässt ebenso wie das je besondere Leben Zukunftspläne um ein Vielfaches komplexer erscheinen als noch vor einer Generation. Kann ich – und will ich – das, was mich bewegt, „umtreibt", eigentlich weitergeben? Wird sich jemand noch an das erinnern, was ich geschaffen und gesagt, geschrieben und aufgebaut habe, wenn ich nicht mehr da bin, um es ständig voranzutreiben? Wird sich überhaupt jemand an mich erinnern? Es ist eigentlich zu spät, denn die Weichen hätten viel früher gestellt werden müssen. Was kann jetzt noch sinnvoll geordnet werden?

Wer erbt, übernimmt nicht nur Vermögenswerte, sondern auch eine mitunter große Verantwortung – beispielsweise für die Mitarbeiter eines Unternehmens, den Erhalt eines über viele Generationen tradierten Familienerbes, für eine(n)

Witwe(r) oder Geschwister. Gibt es jemanden, der dem gewachsen ist? Gibt es eine andere Lösung? An Beratern ist kein Mangel. Aber sind sie auch geeignet? Muss ich nicht befürchten, dass eigene Überlegungen, Kundenbindung, Mandatsverlängerung und Testamentsvollstreckung Einfluss auf die Vorschläge der Ratgeber haben? Was mache ich ohne natürliche Erben? Sollen Partner, Kinder, Verwandte erben? Vielleicht nur einen Teil? Oder sollen künstliche Erben geschaffen werden? Hat mein Leben überhaupt einen Sinn, wenn ich nichts weitergeben kann, wenn es niemanden gibt, der weiterträgt, was mich bewegt hat?

Solche Fragen sind immer aufgekommen, wenn es galt, die letzten Dinge zu regeln. Oft genug haben sie oder der Mangel an Antworten dazu geführt, den Kopf in den Sand zu stecken und gar nichts zu unternehmen – so lange, bis es zu spät ist oder man sich zu nichts Wichtigem mehr aufraffen kann, schon gar nicht zu großen Entscheidungen. „Nach mir die Sintflut" ist ein ebensooft gehörter wie später verfluchter Spruch. Eine besondere Sorge ist all das sicher dann, wenn ein Familienunternehmen, gleich ob ererbt oder selbst geschaffen und gleich, ob Forstbesitz oder High-Tec-Produzent, auf dem Spiel steht. Eigentümergeführte Unternehmen sind das Rückgrat unserer Wirtschaft. Ihr Überleben hängt wesentlich von geordneten Familienverhältnissen und geeigneten Führungspersönlichkeiten ab. Sind diese in der Familie vorhanden? Oder steht der Übergang zum familienfremden Management an? Wie steht es um den Frieden unter den Erben? Wie um deren Konsens, was Einfluss, Unternehmensstrategie und Ausschüttungspolitik betrifft? Niemand sieht oder ahnt gern, dass sein Werk zerrinnen könnte. Und jeder weiß, dass der Übergang einer Unternehmung auf eine neue Generation eine Krise darstellt, die strategisch gemeistert sein will.

Es ist also kein Zufall, dass in den letzten Jahren neue Berater und Wissenschaftler in großer Zahl auf den Plan getreten sind, die sich mit diesen Herausforderungen befassen. Seminare sind gut besucht, Bücher werden gern gekauft, auch individuelles Coaching für Erblasser und Erben wird nicht selten in Anspruch genommen. Kein Zweifel: Vielen Menschen kann dadurch wirksam geholfen werden. Und doch scheinen einige wichtige Aspekte außer Betracht zu bleiben.

Es ist also heute nicht einfach, den Sinn, den man seinem Leben gibt, tatsächlich weiterzugeben. Gar nicht wenige Menschen haben sich vor diesem Hintergrund in eine Parallelwelt zurückgezogen; sie blenden aus, was wirklich in dieser Welt geschieht. Und doch gilt, was Dante gesagt hat: „Der eine wartet, dass die Zeit sich wandelt; der andere packt sie kräftig an und handelt!" Wer beansprucht, zu einer wie auch immer definierten Elite zu gehören, darf in diesem Sinn nicht abwarten, sondern muss handeln, sich in den Wandel einbringen. Nur die Kombination von Lernen, Leben und Weitergeben ermöglicht eine umfassende Strukturierung der Herausforderungen. Dies gilt besonders für alte und neue Eliten.

Vertikale Bindungen

Scheinbar ist die Gesellschaft des 21. Jahrhunderts ganz und gar auf die Jetzt-Zeit fixiert, sie gilt als geschichtsvergessen. Die traditionelle Abfolge der Generationen tritt in dieser Form nicht mehr ein. Zugleich wird Nachhaltigkeit zu einem zentralen Begriff für neue Ordnungskonzepte. Die Demokratisierung der Gesellschaft ist weit fortgeschritten und in ihrem Kern auch unumstritten. Doch unter dem Druck, nachhaltiger denken zu müssen, scheint sich entweder der Widerstand gegen das Vertikale beruhigt oder, was wahrscheinlicher ist, eine Gegenbewegung gebildet zu haben. Gegenbewegungen sind nicht notwendigerweise zerstörerisch. Sie bilden vielfach eine antagonistische Kooperation, das heißt eine durch die Kontroverse beförderte Weiterentwicklung oder Problemlösung. Zu viel Horizontalität scheint dem Wesen des Menschen letztlich nicht zu entsprechen. Aleida Assmann schreibt: „Der Zusammenhang von Erinnerung und Identität hat seit den 80er Jahren dieses [des 20.] Jahrhunderts eine neue Aktualität gewonnen. Sie hat zu tun mit der Auflösung und Wiederaufrichtung politischer und kultureller Grenzen überall auf der Welt." (Assmann 2009: 62)

Vertikale Verankerung muss nicht ererbt sein. In jeder Kette dieser Art gab oder gibt es ein erstes Glied, das diesen Schritt bewusst getan hat. Der Moses-Mythos der jüdischen Religion ist beispielsweise ein Urmythos des Stiftens einer solchen Vertikalkette. Jeder Stifter, gleich ob er in der Römischen Republik eine Memorial-Stele oder in den Vereinigten Staaten des 20. Jahrhunderts eine Kapitalstiftung begründete, setzte eine solche Tradition in Gang. Wir können annehmen, dass sie ihn zutiefst befriedigte. Auch heute ist es durchaus möglich, sich neu in dieser Weise zu verankern. Die Emanzipation des Bürgertums und der Juden im 18. und 19. Jahrhundert hat dazu geführt, dass früher als typisch aristokratisch angesehene, ja sogar Aristokraten vorbehaltene Verhaltensweisen nachgeahmt und weiterentwickelt wurden. Und schon lange vorher gab es in den typischen Bürgerstädten Patrizierfamilien, die sich in diesem Punkt nicht von adeligen Familien unterschieden. Gerade in den lokalen Gesellschaften, in denen es keine so festgefügte Hierarchie gab, sprich in den Städten – man denke an den berühmten, seit dem Mittelalter kursierenden Ausspruch „Stadtluft macht frei" –, finden sich besonders reiche Beispiele dafür: prächtige Grabmäler in den Kirchen etwa, oder Stiftungen zugunsten der Armen und Waisen. Sie dienten der „immerwährenden" Erinnerung an den Stifter und dessen Rang und Persönlichkeit. Auch heute wird ein Mitglied der Familie Fugger mit Stolz durch die Fuggerei spazieren, die sein Vorfahr vor 500 Jahren für eine menschenwürdige Unterbringung bedürftiger Augsburger Bürger gestiftet hat. Dass sich mit solchem Tun in vielen Fällen auch ein Gefühl verband, Eigeninitiative und unternehmerische Gestaltung sollten von einer zunehmenden Staatsmacht nicht verdrängt werden, lässt sich an vielen Beispielen zeigen. „Wir müssen einstehen, wenn der Staat überfordert ist", sagte der jüdische Unternehmer und Mäzen James Simon, der die Büste der Nofretete und zahllose andere Kunstwerke in die Berliner Museen brachte, aber auch überreichlich an soziale Einrichtungen spendete.

Ich will gewiss nicht einer Wiedereinführung vormoderner Strukturen das Wort reden. Aber der Gedanke einer Einordnung in die Geschichtlichkeit der Welt in Verbindung mit einem Elitebewusstsein hat zu Konstrukten geführt, die sich über relativ lange Zeit als tragfähig erwiesen haben. Dies gilt zunächst einmal unabhängig davon, ob persönliche und Familieninteressen oder darüber hinausgreifende Anliegen die entscheidungsleitende Motivation darstellen. Ich denke, das Vererben ist nicht nur ein Akt des Ordnens, der, sofern man dies überhaupt vorhersagen will, vor dem Ableben aus einem gewissen Ordnungssinn heraus fällig ist, wie das häufig bei älteren Menschen zu beobachtende Vernichten von Briefen und Akten. Das Nachdenken über die Kontinuität über das eigene Leben hinaus als Teil der Lebensgestaltung an sich hat eine lange Tradition. Diese wird im Übrigen auch schon seit Jahrhunderten von zahlreichen Familienunternehmen und ihren Unternehmerfamilien gepflegt und entwickelt. Ein erfülltes, sinnhaftes Leben schließt, so können wir vermuten, schon weit diesseits religiöser Überzeugungen die Einordnung in die Vertikalachse unserer Existenz als anthropologische Grundkonstante zwingend mit ein. Dies gilt daher auch für den Menschen des 21. Jahrhunderts in seiner starken, existentiell bedeutsamen, globalen horizontalen Verankerung, die ihm spätestens die kommunikative Revolution der ersten Dekade gewissermaßen frei Haus geliefert hat.

Wir brauchen im Übrigen nicht zu befürchten, schlechte Demokraten zu sein oder als solche angesehen zu werden, wenn wir vertikale Verankerungen pflegen. Unsere Gesellschaft beruht eben nicht nur auf dem Prinzip der Demokratie, sondern auch auf dem des Rechtsstaates (englisch besser *the rule of law*, zu übersetzen als Herrschaft des Rechts), der für Kontinuität und Verlässlichkeit sorgt. Jeder Bauherr begründet mit seinem Bau etwas in der Vertikalachse. Es wird voraussichtlich über den Tod des Bauherrn hinaus Bestand haben. Jedem Gärtner und Forstmann geht es ähnlich.

Horizontale Bindungen

Neben Argumenten für die sinnstiftende vertikale Verankerung ist genauso die horizontale Verankerung in den Blick zu nehmen. Denn die Bezugnahme des Menschen auf ein ‚Du' gehört zu den grundlegenden Parametern menschlichen Daseins. Gemeint ist zunächst das ‚Du' in dieser Welt, auf das sich folgende Ausführungen konzentrieren. Überraschenderweise gilt es auch hier, in die Geschichte zurückzublicken. „Es hat sich für unsere Gattung im Laufe der Evolution als extrem wirkungsvoll erwiesen, ein Modell des ‚Ich' zu entwickeln. Ein solches Selbstbild erlaubt uns, Zukunftspläne zu entwickeln, eigene Interessen zu verfolgen, das Verhalten anderer in Bezug auf uns selbst zu beurteilen und somit das eigene Überleben sicherzustellen. Doch zugleich führt diese Erfindung des Ich, diese Frucht vom Baum der Erkenntnis, zur Vereinzelung. Wir empfinden uns als getrennt von anderen Existenzen, erleben uns als in die Welt geworfene Objekte, die eine Zeitlang ihre egoistischen Interessen verfolgen und irgendwann zu Staub zerfallen. [...] Wird dieses ‚Ich' dagegen nicht als eigenständige, abgetrennte Instanz begriffen, sondern als eine Schöpfung, die in Abhängigkeit von anderen Menschen und letztlich vom ganzen Kosmos existiert, weitet sich der Blick auf einmal." (Schnabel 2008: 495 f.)

Es gab Zeiten, in denen Vertikales und Horizontales dadurch außerordentlich eng miteinander verknüpft waren, dass sich beide auf biologisch verwandte Menschen bezogen. Die meiste Zeit in der nun etwa 150 000 Jahre währenden Geschichte des *homo sapiens* gab es so wenige Exemplare dieser Spezies, dass diese sich untereinander kaum kannten, kaum miteinander Berührung hatten, aufeinander auch nicht angewiesen waren. Insofern gab es keinen Bedarf an Überlegungen, die über den Familienbereich hinausreichten. Die Schicksalsgemeinschaft bildete sich in den Familien fort: Großeltern, Eltern, Geschwister, Kinder, Neffen und Nichten, Enkelkinder. In diesem Feld war man aufeinander angewiesen, kommunizierte man, entwickelte man emotionale Beziehungen, half sich aus Neigung und Vernunft. Mit der Entwicklung der Menschheit änderte sich dies, und spätestens in den frühen Hochkulturen des Zweistromlandes und Ägyptens bildeten sich Gemeinschaften heraus, die weit über die Familienzusammenhänge hinausreichten. Sie enthielten hierarchische Strukturen und Ordnungskonzepte, die religiös untermauert waren; die Gesellschaften nahmen nicht nur an Größe, sondern auch an Komplexität zu. Erstaunlicherweise verknüpften sich damit noch keine zwischenmenschlichen Beziehungen personaler Art, die über die Familien hinausreichten, bis es um das fünfte Jahrhundert vor Christus ziemlich gleichzeitig in allen Kulturen der Welt, über die wir überhaupt etwas wissen, zu einer großen philosophischen Neuorientierung kam. Der deutsche Philosoph Karl Jaspers nannte die Ära dieser geistigen Wende die „Achsenzeit" (Jaspers 1949) – Achse deswegen, weil er die Kulturen des Mittelmeerraums, des Vorderen Orients und des Fernen Ostens auf einer intellektuellen Achse einordnete.[1] Die englische Religionswissenschaftlerin Katherine Armstrong widmete dieser Zeit eine große und sehr interessante Monographie unter dem Titel *The Great Transformation. The World in the Time of Buddha, Socrates, Confucius, and Jeremiah.* Der Titel drückt aus, worum es geht. Hier entsteht das Konzept der Nächstenliebe. Bei Konfuzius drückt sich das in dem Wort und Schriftzeichen ‚rén' aus, zusammengesetzt aus zwei einfachen Zeichen: ‚Mensch' und ‚Zwei' (vgl. Klein 2010: 236). Im Alten Testament liest sich das so: „Wenn dein Feind hungrig ist, dann gib ihm zu essen, und wenn er Durst hat, gib ihm zu trinken. Damit bringst du ihn dazu, sich zu ändern und Gott wird dich dafür belohnen." (Spr. 25,21)

---

1   Siehe hierzu Klein 2010: 241 f.

Warum diese geistige Wende sich gerade in dieser Epoche vollzog, braucht hier nur am Rande zu interessieren. Es mag genügen, auf den technologischen Fortschritt, eine zunehmende Arbeitsteilung und damit Interdependenz der Menschen, die Überwindung der reinen Subsistenzwirtschaft und die Herausbildung einer intellektuellen Elite zu verweisen (vgl. Klein 2010: 241). Es liegt nahe, sich bei der Sichtweise auf die Theorie des Gabentauschs zu berufen, die insbesondere Marcel Mauss entwickelt hat und die zum klassischen Referenzpunkt für anthropologische und soziologische Überlegungen zu diesem Thema geworden ist (vgl. Mauss 1968).[2] „Geben, Nehmen und Erwidern sind die kollektiven Basisaktivitäten, durch die sich [...] Gesellschaften reproduzieren." (Adloff 2010: 226)

Für unseren Zusammenhang geht es bei dieser Betrachtung aber im Kern um den Perspektivenwechsel in der Sicht auf den Mitmenschen. Es mag angesichts des dichten Netzes von Beziehungen, die wir pflegen, banal klingen. Und doch ist es hilfreich, sich darauf zu besinnen, dass die Betrachtung des anderen Menschen – jedes Menschen – als für unsere Existenz überlebensnotwendig einen intellektuellen Akt von überaus großer Bedeutung darstellt. Dass wir es allein und auch mit unseren biologischen Verwandten nicht nur aus allerlei praktischen Gründen nicht schaffen, unser Leben zu gestalten, sondern dass dies prinzipiell unmöglich erscheint, ist eine Erkenntnis, hinter die wir nicht zurückfallen dürfen.

Schon seit Jahrhunderten beschäftigt die Philosophen und Theologen das Problem, dass Nächstenliebe nicht notwendigerweise frei von Eigenliebe, also im strengen Sinn nicht wirklich altruistisch sei. Auch ich spreche hier nicht von Altruismus, sondern lediglich von einer vernunftgeprägten Einsicht in eine über die Familie hinausgehende Abhängigkeit jedes Menschen von den Mitmenschen und den ebenso vernünftigen Konsequenzen, die daraus zu ziehen sind. Heute scheint dies gelegentlich als Argument auf, wenn die Lauterkeit eines Philanthropen in Frage gestellt werden soll, gewiss nicht immer ohne Grund. Deshalb sei an dieser Stelle betont, dass hier ausdrücklich nicht von Gutmenschentum die Rede ist; die Beziehung aufzubauen und zu pflegen ist im Kern kein ethisches Postulat, auch wenn es, etwa im Neuen Testament, in der Formulierung „Liebe deinen Nächsten" (Mt. 22,39) so klingen mag. Die Beziehung zum ‚Du' ist vielmehr eine fundamentale Gelingensbedingung menschlichen Lebens. Nicht umsonst heißt das Gebot vollständig: „[...] wie dich selbst!" Es geht um das permanente lebensnotwendige Spannungsverhältnis unter Menschen. Dass dieses ‚Du' nicht nur eine(r), etwa der Lebenspartner oder die Lebenspartnerin ist, sondern vielerlei Gestalt annehmen kann, ist die Erkenntnis der Achsenzeit. Martin Buber hat dies auf die prägnante Formel gebracht: „Liebe deinen Nächsten, denn er ist wie du."

---

2   Siehe hierzu u. a. Adloff 2010: 225 ff.

Der *homo oeconomicus*

Seit Adam Smith, einem der Protagonisten der schottischen Aufklärung im 18. Jahrhundert, glauben wir zu wissen, dass wenn wir unser Handeln nur alle von unseren eigenen Interessen leiten lassen, letztlich in der Summe allen Handelns dem Gemeinwohl gedient ist. Ist also ökonomisches Denken und Nächstenliebe so einfach zu verbinden? Es ist hier nicht zu erörtern, ob Smith eigentlich richtig verstanden wurde. Ganz sicher wurde er in dieser Interpretation zum Vater der modernen Nationalökonomie. Smith kann damit auch als der Erfinder der Akteure in diesem System gelten. Es entstand der *homo oeconomicus*, der Mensch also, der sich in seinen Entscheidungen allein von seinem, in der Regel wirtschaftlichen, Vorteil leiten lässt. Dem *citoyen*, dem der Gemeinschaft zugewandten Bürger, trat idealtypisch der *bourgeois* gegenüber. Dass es diesen in vollständigen Ausprägung kaum gegeben hat, braucht hier nicht weiter ausgeführt zu werden. Es sei nur darauf hingewiesen, dass gesellschaftliches Ansehen, Beliebtheit, Eitelkeit und andere Ziele gerade auch denen nicht fremd sind, die vorgeben, allein ihren eigenen wirtschaftlichen Zielen zu dienen. Aber auch echter Altruismus ist, wie ich aus Erfahrung weiß, immer wieder bei Menschen anzutreffen, denen man ihn nicht ansehen oder zutrauen würde, und die ihn mit Rücksicht auf ihr gewöhnliches Umfeld schon vor sich selbst, geschweige denn vor einem Fremden, kaum zugeben würden.

In der europäischen Gesellschaft, ebenso natürlich der nordamerikanischen und einigen anderen, hat das Prinzip von Adam Smith für vorher nie gekannten allgemeinen Wohlstand gesorgt. Die Bevölkerungsexplosion des 19. Jahrhunderts hätte ohne diese Wirtschaftsgrundsätze wohl tatsächlich zu der von Karl Marx (wie sich erwies zu Unrecht) prognostizierten Verelendung geführt, wenngleich man darüber streiten kann, ob sie nicht auch eine Folge der industriellen Arbeitsteilung war. In der Ausgestaltung als soziale Marktwirtschaft war diese auch nach 1945 offenkundig erfolgreich, so sehr, dass manche Menschen nach 1990 glaubten, mit dem Ende des Kalten Krieges und der Überwindung des Kommunismus breche eine Art von goldenem, vom Kapitalismus getragenen Zeitalter an. Wie wir wissen, war dies ein großer Irrtum, doch stand von 1990 bis 2008 marktgerechtes Verhalten hoch im Kurs. Es war die Zeit, in der die Business Schools in Scharen junge Manager ausspuckten, die perfekt mit betriebswirtschaftlichen Kennzahlen umgehen konnten, denen aber ein Gefühl für das rechte Maß weitgehend abging und die oft nicht das waren, was man mit gesundem Menschenverstand einen „ehrbaren Kaufmann" nennen würde. Die Ergebnisse der Arbeit der Treuhandanstalt, die die Überführung der ostdeutschen Staatswirtschaft in die Marktwirtschaft bewerkstelligen sollte, sind dafür ein gutes Beispiel. Aber auch die großen Fusionen und Unternehmensverkäufe zeigen, dass der nur auf den (meist kurzfristigen) Vorteil bedachte Manager diesen zwar oft erzielen, im Übrigen aber beträchtlichen Flurschaden anrichten konnte.

Diese zwei Dekaden waren auch die Zeit der Überführung von Infrastruktur-
diensten wie der Deutschen Post oder der Deutschen Bahn aus Staatsbetrieben in
Wirtschaftsunternehmen. Es war die Zeit, in der erstmals Behörden ein Minimum
an Wirtschaftlichkeit in ihre Abläufe brachten, was gewiss überfällig war. Aber
sind nicht dadurch auch unheilige Allianzen zwischen hoheitlichem Dünkel und
Gewinnstreben entstanden? Schien es nicht für manchen besonders leicht, gute
Quartalszahlen vorzulegen und sich eine Gewinnbeteiligung zu sichern, wenn er
sich dafür überkommener Monopole und Verhaltensmuster des Staates bedienen
konnte? Ich habe mich immer dagegen verwahrt, als ‚Kunde' einer Behörde apos-
trophiert zu werden. Nach meinem Demokratieverständnis gehört das Gemeinwesen seinen Bürgerinnen und Bürgern; dementsprechend bin ich also dort kein
Kunde, sondern in erster Linie einer der Eigentümer.

Dieses Missverständnis weist in der Tat auf das viel tiefer gehende Problem hin,
dass die marktgerichtete Privatisierung weiter Teile früher staatsimmanenter
Funktionen und Strukturen den Effekt einer Verschränkung der Handlungslo-
giken von Staat und Markt gehabt hat. Einerseits ist der *homo oeconomicus* in
Bereiche eingedrungen, in denen es gerade nicht um rationale Entscheidungen im
eigenen, sondern um akzeptable Entscheidungen im allgemeinen Interesse geht.
Andererseits haben sich viele große Unternehmen von den Staatsbetrieben eine
Behördenmentalität abgeschaut, die sich vielleicht für eine kurzfristige Gewinnmaximierung, aber weder für die Optimierung der Unternehmensgewinne, noch
gar für die der angebotenen Güter und Dienstleistungen positiv auswirken kann.
Die Verschränkung zwischen Staat und Markt äußert sich beispielsweise auch
in der Externalisierung von Kosten und Risiken, die einem Unternehmen umso
leichter gemacht wird, je größer es ist. Die Gemeinschaft der Bürgerinnen und
Bürger ist immer häufiger aufgefordert, zur Stabilisierung oder gar Optimierung
der Ertragslage von Unternehmen beizutragen.

Ein noch größeres Problem stellt freilich der Niedergang des „ehrbaren Kauf-
manns" dar. Gewiss, in vielen eigentümergeführten Unternehmen lebt er fort. An
Unternehmern, die rational und gewinnorientiert handeln und dennoch weder
ihre Verantwortung gegenüber dem Gemeinwesen, ihren Mitarbeiterinnen und
Mitarbeitern, der Umwelt und vielem mehr, noch ihre ethischen Grundsätze aus
dem Blick verlieren, ist auch heute kein Mangel. Aber es ist unbestreitbar, dass
innerhalb der Wirtschaftseliten die Zahl der Egoisten, die um des eigenen Vorteils
willen sehr nah an die Grenzen des allgemein Zuträglichen gehen oder diese über-
schreiten, in der ersten Dekade des neuen Jahrtausends zugenommen hat. Dies
sind die Trittbrettfahrer und Schmarotzer der Marktwirtschaft (siehe hierzu Klein
2010: 265 f.). Die Fixierung auf den *homo oeconomicus* hat ihnen die Tür geöffnet.
Wie oft habe ich beispielsweise erlebt, dass Maßnahmen eines Unternehmens, die
angeblich dem allgemeinen Wohl dienen sollten, von einem zynischen Augen-
zwinkern der Insider begleitet waren, das dem Eingeweihten kenntlich machen
sollte, der Vorteil läge letztlich doch beim angeblichen Wohltäter!

Wohlgemerkt, der *homo oeconomicus* ist – als Bild für den rational, entscheidungsorientiert denkenden Menschen – nicht in sich verwerflich. Er ist auch „kein Auslaufmodell" (Felden 2011: 121). Aber er kann nicht Maßstab menschlichen Handelns an sich sein – weder empirisch noch normativ. Ihm tritt, um in der Terminologie zu bleiben, der *homo politicus*, der *homo ludens*[3], der *homo reciprocans*, das heißt der machtbewusste, spielerische, experimentierende, der auf Kommunikation bedachte Mensch gleichberechtigt zur Seite. Vom letzteren wird im Folgenden ausführlicher die Rede sein. Das Überhandnehmen von Werbung und Öffentlichkeitsarbeit, in der Wirtschaft ebenso wie im Staat, ist beredter Ausdruck davon, dass gerade bei denen, die ihn propagieren, die Schwächen des *homo oeconomicus* sehr präsent sind. Werbung richtet sich gerade nicht an rationale Entscheidungsvorbereitung, sondern an irrationale Sphären des Denkens. Und weil fast jeder dies rational durchschaut – in den Vereinigten Staaten gibt es den schönen Spruch *„You can't cheat the consumer"* – verschwindet das Vertrauen in die Aussagen der Werbung, ganz ausdrücklich auch in das der politischen.

Vertrauensverlust und damit einhergehend Verlust der Akzeptanz sind letztlich mächtige Kräfte, die über sozialen Druck selbst Revolutionen auslösen, zumindest aber Veränderungen erzwingen können. Im englischen wird die grundsätzliche Akzeptanz als *licence to operate*, übersetzbar als ‚allgemeine Betriebserlaubnis‘ bezeichnet. Diese droht, abhanden zu kommen. Rechtzeitige Neujustierung und Umsteuerung erscheint also dringend erforderlich.

Das heißt einerseits, der *homo oeconomicus* ist nicht mehr zeitgemäß. „Was man uns heute als unvermeidliche Folgen ökonomischer Grundwahrheiten und der Globalisierung auftischt, sind genau besehen die phlegmatischen Äußerungen abergläubischer Männer, die auf die Erfüllung des ‚Großen Schicksals‘ warten. Eine Haltung, die jeder vernünftige Mensch ohne weiteres ablehnen wird. Aber diese Ablehnung heißt auch: Übernahme von Verantwortung. Unsere Eliten haben natürlich wenig Lust auf einen Wandel, der von ihrer Machtstruktur so etwas wie Verantwortung verlangt. Nur eine nachdrückliche Einmischung und Teilnahme der Bürger bringt ihn zustande." (Saul 1997: 171) Die Interdependenzen und Abhängigkeiten sind so exponenziell gestiegen, dass heute ganz andere Qualitäten im Vordergrund stehen, zum Beispiel die, mit Hilfe sozialer Kompetenz Vertrauen zu erwerben und zu bewahren, oder die, Zukunftsszenarien entwerfen zu können, die auch für die Erben, die Kinder und Kindeskinder also, ein menschenwürdiges Leben einigermaßen wahrscheinlich erscheinen lassen. Das Erstaunliche ist, dass andererseits der egoistische *homo oeconomicus* in einer Krisenzeit wie unserer nach allen anthropologischen Erfahrungen auch keine Überlebenschance hat. Wer allein und gegen alle ums Überleben kämpft, hat so lange eine gute Chance zu gewinnen, wie es keine nennenswerten Krisen gibt und jeder sich frei entfalten kann. In der Krise hingegen überleben diejenigen, die mit kooperativem Verhal-

---

3   Siehe hierzu Huizinga 1987.

ten vertraut sind und im Einzelfall zurückstecken können. Seltsamerweise kann man dies mathematisch berechnen. George Price hat dies getan (vgl. Price 1970).[4] Wir sprechen also hier nicht von ethischen Postulaten, sondern von Ergebnissen empirischer Forschung. Der *homo reciprocans*, also der Mensch, der sich bewusst in das Beziehungsgeflecht von Rücksicht, Respekt und Vertrauen, aber auch eines Gebens und Nehmens einordnet, hat die größeren Überlebenschancen – und wahrt erstaunlicherweise in besonderem Maße seine Individualität, seine persönliche Unverwechselbarkeit. Er bleibt Herr oder Herrin des eigenen Lebens. Dem Leben einen Sinn zu geben heißt unter diesen Umständen ohne Zweifel, sich für diesen vernünftigen Weg zu entscheiden. Er ermöglicht zugleich mit deutlich größerer Wahrscheinlichkeit das Überleben der Gesellschaft insgesamt und damit auch die Vererbbarkeit im Einzelnen.

Soziales Kapital

Angesichts der globalen Herausforderungen haben, wie ich versuchte zu zeigen, die „Trittbrettfahrer und Schmarotzer" (Klein 2010: 265 u. passim) eine geringere Überlebenschance als kooperative Menschen. Dennoch können Trittbrettfahrer einen so gewaltigen Schaden anrichten, dass dies letztlich zu einer umfassenden Katastrophe führt. Gerade in Deutschland rufen wir in dieser Situation traditionell nach dem Staat. Noch mehr Regeln, noch mehr Investitionen in Sicherheit, noch mehr Kosten der Durchsetzung, noch mehr Kontrollen: Das ist die Spirale, die dadurch entsteht, und auf der wir schon ein ganz gutes Stück hinauf- oder sollten wir sagen hinuntergedreht worden sind. Es sieht nicht danach aus, als ob dieses System besonders erfolgreich wäre. Die einzige Folge, die wir relativ klar erkennen können, ist, dass unsere Freiheit zunehmend bedroht ist. Wir scheinen auf eine rechtsstaatlich verbrämte Zwangsherrschaft zuzusteuern. Den Trittbrettfahrern durch hoheitliches Handeln das Handwerk zu legen erscheint dennoch illusorisch; der geschickte Entrepreneur ist immer *ahead of the curve* – uneinholbar eine Nasenlänge voraus.

Vor diesem Hintergrund stellt sich neu die Frage: Ist alles des Kaisers? Stehen alle Gemeinschaftsverpflichtungen der Bürger dem Staat zur Definition, Gestaltung, Durchführung und Regelung zu? Ist der Staat der Herr über unser Leben? Muß alles und jedes über den Umverteilungsmechanismus der Steuererhebung finanziert werden? Ist es vernünftig und zielführend, die traditionelle Unterscheidung zwischen ‚öffentlich' und ‚privat' beizubehalten und alles, was nicht Wirtschaft oder unmittelbarer Familienbereich ist, als öffentlich zu klassifizieren und dem Staat zu überantworten? Zunehmend kommen wir dazu, diese Fragen mit einem klaren ‚Nein' zu beantworten. Als Begründung fallen uns sofort die immensen

---

4   Siehe hierzu Klein 2010: 188 ff., 290, Anm. 2.

Kosten staatlichen Handelns und die oft defizitäre Aufgabenerfüllung ein. Diese Gründe sind in der Tat weithin stichhaltig. Es gibt aber noch einen anderen Begründungsansatz.

Ausgehend von der Frage, warum in einigen Teilen Italiens die öffentliche Verwaltung und auch die Wirtschaft besser funktionieren als in anderen, führte der amerikanische Soziologe Robert Putnam in den 1980er Jahren eine umfangreiche Feldforschung durch. Das Ergebnis war für viele Staatstheoretiker überraschend. Kennern der menschlichen Natur hingegen erschien es sofort plausibel: Informelle Netzwerke sind die entscheidende Gelingensbedingung für erfolgreich arbeitende Ordnungsstrukturen. Wo diese vorhanden sind, funktioniert die öffentliche Verwaltung messbar besser als dort, wo sie fehlen. Gleiches gilt auch für die Wirtschaft. Auch diese ist angewiesen auf informelle Beziehungen unter den Teilnehmern an den Kreisläufen. Es ist also gerade nicht so, wie die Staatstheoretiker des 18. Jahrhunderts vermuteten: Eine starke Zivilgesellschaft ist nicht eine gefährliche Konkurrenz zum Staat, sondern eine entscheidende Voraussetzung für dessen Erfolg. Putnam baute seine in Italien gewonnenen empirischen Erkenntnisse zu einer Theorie des sozialen Kapitals aus (vgl. Putnam 1994). Ohne auf ihn ausdrücklich Bezug zu nehmen, knüpfte er damit an eine These an, die der deutsche Rechtsphilosoph Ernst-Wolfgang Böckenförde schon 1976 vertreten hatte (vgl. Böckenförde 1976). Der (säkulare) Staat, so argumentierte er, lebt von Voraussetzungen, die er selbst nicht schaffen kann. Böckenförde hatte, indem er auf den säkularen Staat verwies, dabei insbesondere die religiösen Voraussetzungen im Blick, die er im Kontext des Gottesbezugs im Grundgesetz herausstellen wollte; der Gedanke bleibt derselbe, wenn wir ihn auf andere soziale Voraussetzungen beziehen. Neben finanziellem und Humankapital ist soziales Kapital, definiert als ein Geflecht von informellen Strukturen, Grundlage des Reichtums einer Gesellschaft und damit auch Voraussetzung für das Gelingen staatlicher und marktwirtschaftlicher Strukturen und Prozesse.

Nun ist dies zunächst eine Betrachtungsweise, die aus der Perspektive der Gesellschaft auf den einzelnen Bürger blickt und somit nicht unstrittig ist. Das 20. Jahrhundert hat uns drastisch vor Augen geführt, dass eine solche Blickrichtung menschenrechtsgefährdend wirken kann. So haben es weder Böckenförde, der gewiss die katholische Naturrechtslehre zum Ausgangspunkt seiner Überlegungen nahm, noch Putnam, der auf einer Tocquevilleschen Tradition aufbaute, gemeint. Gerade bei Putnam ist die Freiwilligkeit der Zusammenschlüsse oder Netzwerke ausschlaggebend. Im Interesse aller liegt es, wenn sich starke Netzwerke bilden. Aber ist damit auch gesagt, dass es im Interesse des Einzelnen liegt, sich zu vernetzen? Nur dann sind für ein freiwilliges Engagement in solchen Netzwerken die Voraussetzungen gegeben. Dieses Interesse kann in der Gewinnung persönlicher Vorteile oder Abwehr persönlicher Gefährdungen liegen, kann aber auch durch den Willen bedingt sein, zu schenken. Auf diesen Schenkungswillen oder philanthropischen Impuls wird im folgenden Abschnitt näher einzugehen sein. An dieser Stelle mag es genügen, an das oben beschriebene Spannungsverhältnis zum Du zu erinnern, um zu verdeutlichen, dass es tatsächlich in jedermanns Interesse liegt, mit anderen Menschen einen ständigen Kontakt zu pflegen, gemeinsame Anliegen zu besprechen, gemeinsame Vorlieben zu verfolgen und so weiter. Heinrich von Kleist gab einem Aufsatz den Titel: *Über die allmähliche Verfertigung der Gedanken beim Reden* (1966: 810 ff.). Darin kommt Wesentliches zum Ausdruck: Nur indem man sich einem anderen mitteilt, kommen gedankliche Prozesse voran. Auch „deshalb propagieren die Religionen einen radikalen Perspektivwechsel. Sie erinnern uns daran, daß das Problem der Vereinzelung mit unserer beschränkten Sichtweise zu tun hat und daß es die unbedingte Identifikation mit unserem Selbstmodell, dieses ständige Kreisen um das eigene Ego ist, das Leid erzeugt. Denn wer die eigene Person als den Nabel der Welt betrachtet, ist permanent damit beschäftigt, die Interessen, Wünsche und Begierden dieser Person zu befriedigen, was den wenigsten auf Dauer gelingt. [...] Wird dieses ‚Ich' dagegen nicht als eigenständige, abgetrennte Instanz begriffen, sondern als eine Schöpfung, die in Abhängigkeit von anderen Menschen und letztlich vom ganzen Kosmos existiert, weitet sich der Blick auf einmal; und wir können uns im besten Falle, als Teil eines großen Ganzen begreifen, das den Tod dieses ‚Ich' überdauert." (Schnabel 2008: 496)

Diese Sicht wird empirisch breit gestützt. Etwa 23 Millionen Bürgerinnen und Bürger engagieren sich beispielsweise in Deutschland in bürgerschaftlichen Anliegen jedweder Art; 80 Prozent hiervon tun dies in freiwilligen Zusammenschlüssen, vor allem in Vereinen. In der Tat ist die relative Stabilität unserer Gesellschaft in hohem Maße dieser Vereinskultur geschuldet. Hier wird Demokratie eingeübt, hier partizipieren Menschen an für sie relevanten Entscheidungsstrukturen und beziehen daraus ein tiefes Gefühl der Befriedigung. Hier wirken Inklusions- und Integrationsmechanismen, hier wird – allen bekannten Streitereien zum Trotz – eine Zivilität des Umgangs eingeübt und gepflegt. Der Aufbau von sozialem Kapital ist insofern durchaus die Folge davon, dass Menschen aus freiem Entschluss intensiv miteinander kommunizieren. Solche Entschlüsse bedürfen gelegentlich der Ermutigung durch andere und staatliche Regulierung kann abschreckend wirken. Doch haben beispielsweise die Vorgänge im Vorfeld der Ereignisse von 1989/90 in Mittel- und Osteuropa gezeigt, dass sich auch unter schwierigsten Bedingungen Menschen freiwillig zu gemeinsamem Handeln zusammenschließen und selbst Gefahr für Leib und Leben in Kauf nehmen, wenn ihnen das Ziel ihrer Aktivität wichtig genug erscheint. Der Arabische Frühling zeigt uns, dass dies auch heute, auch unter anderen Bedingungen und in anderen Kulturen aktuell ist. Die kommunikative Revolution der ersten Dekade des neuen Jahrtausends unterstützt solches Handeln und trägt dadurch zur Schaffung von sozialem Kapital bei.

Dennoch bleibt die Frage, ob dies alles etwas mit dem Lebenssinn zu tun hat. Geht es hier um Einsicht in gesellschaftliche Notwendigkeiten? Oder hat der einzelne Mensch etwas davon, wenn er sich engagiert? In einem Extremfall, wie es der Arabische Frühling ohne Zweifel ist, kann vielleicht jeder seinen persönlichen

Nutzen aus dem gemeinsamen Handeln ableiten. Aber wie steht es um den alltäglichen Dienst, den vielleicht auch jemand anderes tun könnte, den zu tun vielleicht Aufgabe des Staates ist.

Ein anderer Aspekt verdient es, an dieser Stelle erwähnt zu werden: „Vertrauen scheint sich am besten in kleinräumigen, überschaubaren Ordnungen zu entfalten, im Privaten, im Zwischenmenschlichen: also in einer Sphäre, wo es möglich ist, Menschen kennenzulernen, ihr Verhalten zu beobachten, Erfahrungen mit ihnen zu sammeln und stabile Beziehungen aufzubauen." (Maier 1988: 35) Dieses Vertrauen ist in politischen und wirtschaftlichen Zusammenhängen weithin abhanden gekommen – kein Wunder, möchte man im Anschluss an Hans Maier sagen, denn diese sind längst zu groß, zu amorph, zu unübersehbar geworden, um die Bedingungen für die Genese von Vertrauen zu erfüllen. Nur 38 Prozent der deutschen Bürger glauben, dass die Regierung im Wesentlichen das Richtige tut (vgl. Edelman 2010: 8), weniger als ein Drittel hat ein grundsätzliches Vertrauen in unser politisch-administratives System (vgl. Opaschewski 2010), nur 17 Prozent der Deutschen hatten 2010 Vertrauen in die Banken (vgl. Edelman 2010: 8). Dieser Vertrauensschwund wirkt sich verheerend auf die Kohäsion unserer Gesellschaft aus. Wenn es nicht gelingt, eine neue Vertrauensordnung zu schaffen, droht ein Zusammenbruch, der jeden vernünftigen Umgang miteinander und mit den „Zeitbomben" verschiedenster Art, die wir dringend entschärfen müssen, *ad absurdum* führt.[5] Wir „befinden [...] uns im ,turbulenten Teenageralter', einem Jahrzehnt (oder mehr) der Orientierungslosigkeit und Unordnung" (Khanna 2011: 286). Wir benötigen soziales Kapital in nie gekanntem Maße.

Lebenssinn und Erbe als Elitenproblem

„Die kommende Renaissance [nach dem für die Gegenwart konstatierten neuen Mittelalter] wird eine Epoche der universellen Befreiung durch exponentiell wachsende und freiwillige Verbindungen sein. Wir stehen am Anfang einer neuen Ära, in der jedes Individuum und jedes Kollektiv in der Lage sein wird, seine eigenen Ziele zu verfolgen. Die Revolution in der Informationstechnologie befähigt Menschen zu eigenmächtigem Handeln und dies wird uns in eine Welt wechselseitiger Beziehungen zwischen zahllosen Gemeinschaften unterschiedlicher Größe führen." (Khanna 2011: 291)

Die deutsche Öffentlichkeit hat eine Scheu vor dem Elitebegriff, die durch mediale Diskussionen am Leben gehalten wird. Gewiss ist unsere Gesellschaft ganz reichlich mit Menschen bestückt, die zu Unrecht glauben, einer Elite zuzugehören. Die Mitgliedschaft in einem Golf-Club, die (oft recht sklavische) Befolgung von Moden eines äußeren Habitus und andere Äußerlichkeiten führen eben gerade

---

5   Siehe hierzu Strachwitz 2010: 37 ff.

nicht zu der erstrebten Zugehörigkeit. Und doch ist uns bewusst, dass in jeder Gesellschaft Teile von ihr den Anspruch erheben – und gar nicht so selten auch einlösen, in welcher Weise auch immer zu Führungsaufgaben berufen zu sein. Auf die Thematik des Lebenssinns bezogen, ist mit dem Anspruch, einer Elite zuzugehören unabhängig von der Frage, ob dieser Anspruch auch nur teilweise eingelöst oder akzeptiert wird, in jedem Fall ein anderer Lebensentwurf verbunden. Wer einer Elite zugehören will, muss sein Leben danach ausrichten, muss, und sei es im ganz Kleinen, eine singuläre Position einzunehmen versuchen, durchaus in Demut und Bescheidenheit, durchaus mit vollem Respekt für andere Lebensentwürfe, aber doch stets mit einer Überzeugung, dass der eigene geeignet ist, den selbst gesetzten Anspruch einzulösen. Dazu gehört auch, sich nicht in jeder Hinsicht verkollektivieren zu lassen, es heißt, wo immer möglich, seinen Standpunkt selbst zu vertreten. Anders ist der Elitenanspruch gar nicht zu artikulieren. Ebenso hat dieser gewiss Auswirkungen auf die Gestaltung des Lernens und des Weitergebens. Das Lernen hat einen Fokus, das Weitergeben ein Ziel: die vorgeblich oder tatsächlich errungene Elitenposition mitgeben zu können. Ob das in Zeiten wie diesen prinzipiell gelingen kann, ist eine ganz andere Frage, die hier nicht zu erörtern ist. Entscheidend ist der Wille.

Wer sich in dieser Weise selbst versteht, für den sind Du-Beziehungen von anderer Art; sie werden mit mehr Bedacht entwickelt und gepflegt. Auch der öffentliche Auftritt ist anders konstruiert. Er verleiht dem individuellen Anspruch Attribute, die diesen untermauern sollen. Insofern erscheint das vorher Ausgeführte unter diesem Vorzeichen in anderem Licht. Vor allem setzt sich in der Lebensgestaltung ohne Zweifel mit diesem Anspruch eine Scheu vor kollektivem Handeln durch. Das Genossenschaftsprinzip, das jeder Vereinigung eigen ist, und gerade der diese auszeichnende Partizipationsgedanke ist dem Elitenangehörigen fremd. Er bedarf eines eigenen, höchst individuellen Handlungsinstruments. Als Individuum und eben nicht als Kollektiv will er sich in die Gemeinschaft einbringen. Es scheint, als ob unter dem Vorzeichen, dass freiwillig zustande gekommene Organismen an sich zur Begegnung mit den Herausforderungen unserer Zeit geeigneter sind als Strukturen, in die man hineingeboren ist und denen man nicht entkommen kann, die Option der Stiftung im Kontext der Elite attraktiver erscheint als die assoziativen Instrumente. Die Stiftung aus philanthropischem Impuls kann – wohlgemerkt kann, muss nicht – eine Brücke zwischen dem elitären Individualitätsanspruch und der Notwendigkeit gemeinschaftsorientierten, vom freiwilligen Geschenk getragenen Handelns schlagen. Das Stiftungswesen bewegt sich in einem Spannungsfeld zwischen den Paradigmen des *homo oeconomicus*, des Individualismus, des staatlichen Monopolanspruchs und des moralischen Imperativs. Karl Popper hat in seinem Hauptwerk *Die offene Gesellschaft und ihre Feinde* in Auseinandersetzung mit Platons politischem Programm das Problem des Individualismus und Kollektivismus behandelt. Einen Gegensatz zwischen Individualismus und Egoismus zu konstruieren, weist er ausdrücklich zurück (vgl. Popper 1992: 120 ff.).

Vielmehr bilden für ihn Kollektivismus und Individualismus einerseits, Egoismus und Altruismus andererseits Gegensatzpaare. „Ein Gegner des Kollektivismus, also ein Individualist, [kann] zur gleichen Zeit ein Altruist sein." (Popper 1992: 121)

Zwei Dinge sind an dieser Aussage bemerkenswert. Zum einen ist es die Herausstellung des Individualisten als eines wichtigen und legitimen Akteurs in der Gesellschaft. Popper erteilt damit der Vorstellung, alles müsse, um mit Legitimität ausgestattet zu sein, von Repräsentanten verabschiedet worden sein, unmissverständlich eine Absage. Die Verantwortung und das Recht, etwas einzubringen, hat vielmehr jeder Bürger für sich allein und aus sich allein heraus. Zum anderen ist das in Deutschland so beliebte Gegensatzpaar von Altruismus und Eigennutz damit dekonstruiert. Vielmehr wird anerkannt, dass eigene und altruistische Ziele untrennbar miteinander verquickt sind.

Der philanthropische Impuls

Jack Ma, der Gründer von alibaba.com, der chinesischen Version von eBay, hat mit Millionen die chinesische Variante der Grameen Bank finanziert, die Mikrokredite vergibt. Er sagt: „Wenn man ein Vermögen von mehreren Millionen oder gar Milliarden besitzt, dann gehört einem dieses Geld nicht mehr. Es ist eine Ressource, die der Gesellschaft gehört."[6] Ähnliche Aussagen finden wir in Variationen bei zahlreichen anderen Zeitgenossen in allen Kulturen. Vom Zurückgeben an die Gesellschaft ist oft die Rede, auch von der höheren Verantwortung der Vermögenden. Dem wird von Kritikern oft entgegengehalten, das seien letztlich Werbesprüche; so etwas sage man, um sich beliebt zu machen, oder, schlimmer noch, um die Mitwelt über die wahren Absichten bewusst zu täuschen. Letztlich gehe es jedem um den eigenen Vorteil, alles andere sei im Grunde gelogen.

Nun ist gewiss nicht zu bestreiten, dass nicht jeder angebliche Philanthrop aus ganz und gar altruistischen Motiven handelt. 25 Jahre Erfahrung mit Persönlichkeiten, die ihre Philanthropie in die Form einer dauerhaften Stiftung gießen wollten, haben mir bestätigt, was ein kluger Benediktiner-Abt mir einmal in einer sehr konkreten Situation eindringlich nahegebracht hat: „Man kann in die Seele eines anderen Menschen nicht hineinsehen." Dies gilt allerdings in jede Richtung. Es gibt eben durchaus Menschen, die vor Gemeinnützigkeit nur so „triefen", von denen man aber nach einer Weile ahnt – gelegentlich auch sehr handfest erfährt – dass eben nicht die Allgemeinheit – der Nächste – im Zentrum der Überlegungen steht, sondern das eigene Ich. Aber es gibt eben auch die, die zu einem oft sehr schwer bestimmbaren Teil einen Impuls verspüren, die Liebe zum Nächsten zu leben, ihr konkrete Gestalt zu verleihen. In dieser Zwischenzone – oder sollte man

6   Zitiert nach Khanna 2011: 232.

sagen Kernzone, in der die Liebe zum Nächsten und zu sich selbst die in dem Wort ‚wie' ausgedrückte unauflösliche Verbindung eingehen – vollzieht sich Philanthropie. So gesehen ist es also nicht nur übertrieben puristisch, sondern auch vom Ansatz her falsch, den reinen Altruismus zum positiven Wert an sich zu erheben und jedes Abweichen von dieser Norm mit dem Makel der Täuschung zu belegen.

An dieser Stelle mag es hilfreich sein, die Bedeutung des Wortes Philanthropie in Erinnerung zu rufen. An seinen Wortwurzeln *philos* (der Freund) und *anthropos* (der Mensch) ist Philanthropie als griechischer Ausdruck erkennbar. Seine heutige Bedeutung erlangte der Begriff allerdings erst im 18. Jahrhundert, also interessanterweise gerade der Zeit, in der die Vertikalachse radikal in Frage gestellt wurde. 1774 wurde beispielsweise in Dessau das Dessauer Philanthropische Institut, kurz Philanthropin, gegründet, eine moderne Erziehungsanstalt nach den Grundsätzen damaliger Reformpädagogik. Wenn also heute, zumal im amerikanischen Gebrauch, *philanthropist* (der Philanthrop) mit dem Stiftungsgründer oder Großspender gleichgesetzt wird, so ist dies eine Verkürzung, die weder historisch noch etymologisch begründet werden kann. In seiner vollen Bedeutung sagt Philanthropie vielmehr etwas aus über ein – mag sein, säkulares – Verständnis des ganzen Lebens, sowohl in seiner zeitlichen Abfolge, als auch in seiner Fülle. Philanthropie im modernen Sinn ist eine der Gelingensbedingungen eines sinnerfüllten Lebens. Sie gehört zur Selbstverwirklichung, ist also eigentlich kein Opfer, sondern die ins Säkulare gewendete Selbstbezüglichkeit der Ich-Du-Beziehung. Wenn es in der – heute gültigen – Verfassung eines der ältesten Orden der christlichen Kirche, des meist kurz Malteser-Orden genannten Ritterlichen Ordens vom Spital des Heiligen Johannes des Täufers zu Jerusalem, heißt, der Orden diene „der Heiligung seiner Mitglieder", so widerspricht dies diametral dem gängigen Verständnis von Altruismus, entspricht aber dem Doppelziel der Philanthropie. Diese Heiligung widerspricht eben nicht, sondern wird geradezu bedingt durch den Hauptzweck des Ordens, den Kranken und Schwachen beizustehen.

Dieses Argument wird von drei Impulsen gestützt, die in Kombination den philanthropischen Impuls dann befördern, wenn dieser tatsächlich zu dauerhafter Institutionalisierung führt – zur Stiftung. Diese Impulse sind keine Erfindung unserer Tage, sondern begleiten das Stiftungswesen seit den frühen Hochkulturen, in ihren Blütezeiten im Hellenismus, im nachkonstantinischen Christentum, im Islam, im europäischen Mittelalter, in der bürgerlichen Emanzipation des 19. Jahrhunderts und heute. Es wäre völlig falsch, sich dieser Impulse gewissermaßen zu schämen. Im Gegenteil: Man darf ruhig zu solchen Primärempfindungen und -zielen stehen.

Der erste Impuls ist der Schenkungsimpuls. Es gibt ihn tatsächlich; dass er mit einer gewissen Reziprozitätserwartung verknüpft ist, steht dem nicht entgegen. Denn diese unterscheidet sich grundlegend von der des Tausches, wie er im Markt als Prinzip gilt. Im Markt tausche ich, was ich habe, gegen eine konkret erwartete Gegenleistung, die im Wesentlichen auch sogleich erfolgt. Auch mein Verhältnis zum Staat kann ich als Tauschgeschäft sehen. Hier tausche ich idealtypisch meine Steuern gegen einen vereinbarten Leistungskatalog: Sicherheit, öffentliche Güter, Dienstleistungen. Anders beim Geschenk: Ich mag zwar hoffen, dass ich eine Gegengabe bekomme; ob sich diese Hoffnung aber erfüllt, bleibt prinzipiell ungewiss. Insbesondere ist es wahrscheinlich, daß nicht der Beschenkte mir eine Gegengabe anbietet, sondern dass diese in einem komplexen Gebilde von Sozialbeziehungen entwickelt und mir dereinst von einem Fremden angeboten wird. Wem das unrealistisch erscheint, dem sei angedeutet, dass die Primatenforscher diesen Impuls schon dort feststellen, einige Biologen behaupten dies auch von den Vögeln. Allerdings ist ein wichtiger Schritt in der Tierwelt nicht vollzogen: die seit der Achsenzeit in der menschlichen Gesellschaft entwickelte Sozialbeziehung zu fremden Menschen. Aristoteles spricht daher in seiner *Nikomachischen Ethik* vom Schenken als einem Grundmotiv menschlicher Gemeinschaft.[7] Der französische Anthropologe Francois Perroux hat, bemerkenswerterweise 1959, also in einer Zeit, als das Bild des *homo oeconomicus* im Aufblühen war, dieses Konzept dadurch zurückgewiesen, dass er menschlichem Handeln drei Attribute zugemessen und jedem Attribut eine Handlungssphäre zugeordnet hat: Zwang, Tausch und Geschenk als Charakterisierungen von Staat, Markt und einem dritten Bereich, der heute allgemein als Zivilgesellschaft bezeichnet wird.

Dieses Geschenk muss keineswegs materieller Natur sein. Das wichtigste Geschenk, das wir unseren Mitmenschen machen, ist nicht materieller Natur: es ist Empathie, das Mitempfinden an den Gefühlen, dem Leid, der Freude eines anderen Menschen. Geschenkt wird auch Zeit, Zeit im bürgerschaftlichen Engagement, aber auch im einfachen Zuhören, Da-sein, Hand halten. Geschenkt wird Reputation, Anteil an dem, was der Schenker ist. „Der echte Schatz des Sterblichen ist sein unbefleckter Ruf", lässt William Shakespeare in seinem Drama *Richard II.* den angeklagten Herzog Mowbray sagen. Geschenkt werden Ideen, Kreativität und vielleicht erst an letzter Stelle Vermögenswerte, bedeutende und gänzlich unbedeutende. Das Geschenk einer Einladung, eines Besuchs, eines Gesprächs ist oft eine komplexe Mischung aus solchen Grundelementen – und doch oft das wichtigste Geschenk, das jemand erfahren kann, der einsam ist, der kommunizieren möchte, der Freude am Zusammensein mit anderen Menschen hat.

Der zweite Impuls ist der Memorialimpuls. Wenngleich wir hier nicht auf biologische Forschung zurückgreifen können, so ist doch, was den Menschen betrifft, der Wunsch, in Erinnerung zu bleiben, ein kulturelles Phänomen, das uns seit den frühesten Zeugnissen begleitet. Die ägyptischen Pyramiden sind ein grandioses Beispiel dafür, wie sehr eine Erinnerungskultur eine ganze religiöse Kosmologie beherrscht und Menschen zu schier übermenschlichen Anstrengungen angefeuert hat. Das Territorium des Römischen Reichs, von Nordengland über Westdeutschland und Italien bis nach Libyen und Syrien, ist gut bestückt mit Memorialstelen

---

7   Siehe hierzu Rassem 1979: 184.

und anderen Denkmälern, die, wer immer sich das leisten konnte, aufstellen ließ, damit man sich später an ihn erinnere. Bis heute zehren die christlichen Kirchen in Europa von den Stiftungen für das Seelenheil, auch Seelgerätsstiftungen genannt, die gemacht wurden, damit man sich bis zum Jüngsten Tage an den Verstorbenen erinnere und für sein ewiges Heil bete. Für Aristoteles ist die Beziehung zu den Toten ein zweites Grundmotiv menschlicher Gemeinschaft (vgl. hierzu Rassem 1979: 184). Ob dieser Impuls inzwischen von der Moderne hinweggefegt worden ist, wird im Folgenden noch zu erörtern sein.

Der dritte Impuls ist ebenso wie der zweite kulturell bedingt. Den eigenen Willen durchzusetzen ist befriedigend, ist Ausdruck von Macht, bekanntermaßen einem der ursächlichsten Antriebe des Menschen. Die Ausübung dieser Macht muss nicht anderen Menschen schaden. Nicht vor der Macht an sich müssen wir Angst haben, sondern vor deren Missbrauch. Im kreativen Handeln muss der Machtimpuls überdies nicht sehr stark ausgebildet sein, die Durchsetzung des Willens hat hier mehr mit Anerkennung zu tun. Jeder Künstler weiß um die Befriedigung, die die Annahme seiner Kunst verleiht. Jeder Bauherr – und jeder Architekt – zieht aus dem Wissen, dass sein Bauwerk ihn voraussichtlich überdauern wird, ein Glücksgefühl. In Luthers Satz mit dem Apfelbäumchen kommt es auch zum Ausdruck. An einer Stelle im Leben etwas zu schaffen, was nachhaltig sein wird, gehört ohne Zweifel zu den Impulsen, die unser Leben begleiten.

Philanthropisches Handeln[8]

Was geschieht nun also, wenn diese Impulse mit anderen Gedanken zusammenkommen, von denen schon die Rede war? Es kann sein, dass daraus ein Stiftungsimpuls erwächst. Gemeint ist hier, was das Ergebnis betrifft, nicht notwendigerweise die Stiftung im modernen juristischen Sinn. Stiften ist ein viel weiterer Begriff. Karl Marx ist mit seinem berühmten Wort „Die Philosophen haben die Welt nur interpretiert; es kömmt [sic] aber darauf an, sie zu verändern!", insoweit ein geradezu phänotypischer Stifter. Hier offenbart sich ein geradezu unglaubliches Paradox: Der Mann, der wie kein anderer der Kollektivierung das Wort geredet hat, erscheint selbst als individueller Ideengeber und gerade nicht im Sinne Kleists als Mitwirkender an einem kollektiven Denkprozess.

Viele Staaten sind gestiftet worden – durch den Willen eines Einzelnen, etwas zu schaffen, das auf lange Zeit Bestand haben sollte, das den eigenen Willen repräsentiert und das, subjektiv empfunden, beschenkt wird mit einer Idee. Er war der Stifter des modernen Preußen, heißt es von König Friedrich II., dem Großen, schon bald nach seinem Tod. Gestiftet werden vor allem Ideen. Nicht umsonst wird die christliche Kirche als die Stiftung Jesu Christi bezeichnet; vom Islam könnte man

---

8   So der Titel der Habilitationsschrift von Frank Adloff, Frankfurt a. M. 2010.

in Bezug of Mohammed Ähnliches sagen. In den meisten europäischen Sprachen ist Stiftung und Gründung dasselbe Wort: *Foundation, fondation, fondazione* sind Begriffe, die im Hausbau ebenso Verwendung finden wie in der Stiftungslehre. „Eine unverrückbare Beziehung zu einem Leitbild ist eine Stiftung. Sie erst ergibt ,Sitte und Brauch' statt dieses und jenes Verhaltens, und damit erst die Möglichkeit einer Wissenschaft von dem ,Gebilde' dieses Brauchtums. Ohne das Vorhandensein bzw. Erkennen gestifteter Beziehungen kann man nicht von Geschichte sprechen." (Rassem 1979: 193)

Das in jüngster Zeit geradezu überbordende Stiftungswesen kann insoweit auch als Gegenbewegung gegen die tatsächliche oder jedenfalls vermutete („gefühlte") Flüchtigkeit des Seins gedeutet werden. Wer stiftet, so lässt sich folgern, erkennt für sich die Vertikalität des Daseins an, stellt sich bewusst in die Geschichte. Dieses Argument ist freilich ein zweischneidiges. Denn angesichts des horizontalen Lebensgefühls der Mehrheit der Zeitgenossen schreckt die Historizität des Stiftens, so sehr sie für manche anziehend wirken mag, andere zugleich ab. Wer den philanthropischen Impuls verwirklichen will, vor einer zu sehr ausgestalteten Memoria aber zurückzuckt, dem kann eine Überlegung helfen, die sich in den letzten Jahren verbreitet hat. Das Stiften wird in diesem Sinn aufgefasst als individualisiertes Umverteilungssystem, das über Sozialdruck und Grundbedürfnisse (Schenken, Memoria) funktioniert. Übernimmt die hoheitliche Gewalt die Umverteilung, schwindet die Motivation für ein selbstermächtigtes Komplementärsystem. Erst wenn die Schwächen der Umverteilung erkennbar werden, kommt es zu einer Gegenbewegung, die aber dann nicht komplementär, sondern subversiv agiert. Das Stiften ist ein Agieren gegen den gleichmacherischen Verwaltungsstaat. Jeder Stifter ist ein kleiner König. Je demokratischer eine Gesellschaft, desto höher die Attraktivität.

Fazit und Ausblick

In unserer historischen Situation scheint es schwieriger denn je zu sein, Lebensentwürfe zu formulieren. Geradezu unmöglich scheint es, diese mit dem Gedanken des Weitergebens an die kommenden Generationen zu verknüpfen. Zu unsicher erscheint alles Zukünftige. Zu verlockend ist es vielleicht, die Gegenwart auszukosten und die Zukunft zu verdrängen. Und doch beweist uns eine Gegenbewegung, die Nachhaltigkeit einfordert, dass das Denken in Generationen nicht gänzlich aus der geistigen Formatierung verschwunden ist. Allerdings entfaltet dieses Denken zurzeit eher als Produkt einer Subkultur seine Wirkung, als dass die Eliten erkannt hätten, dass gerade sie an Nachhaltigkeit und lebensübergreifender Planung Interesse haben sollten. Während einerseits Kinder von der realen Welt abgeschottet werden, um sie vor ihr „in Schutz zu nehmen" und sie auf eine angeblich elitäre Zukunft vorzubereiten, wird andererseits die reale Welt und besonders deren Zukunft auch aus den Überlegungen mancher Angehöriger der Eliten ausgeblendet.

Auch innerhalb der Eliten kann jedoch von einer Gegenbewegung gesprochen werden, die an Stärke zunimmt. So wird etwa bei vielen jüngeren, erfolgreichen Vertretern wirtschaftlicher Eliten Lebenssinn und Erbe, Lernen, Leben und Weitergeben viel früher und intensiver verknüpft als dies noch vor einer Generation der Fall war. Das Beispiel vergleichsweise junger Stifter (vgl. Neue Philantropie 2011: 98 ff.), die durch Philanthropie schon in der ersten Lebenshälfte ihrem Leben einen neuen Sinn geben wollen, die zunehmende Zahl von Kindern aus Eliten, die unter Verzicht auf hohe Einkommen in der Zivilgesellschaft ihre berufliche Zukunft sehen, die *Social Entrepreneurs* und *Social Investors,* sie und andere tragen dazu bei, dass Gelingensbedingungen für ein erfülltes Leben zunehmend von der Sinnfrage abhängen und dass Mehrgenerationenplanungen wieder an Attraktivität gewinnen. Es ist nicht undenkbar, dass manches, was im 20. Jahrhundert als Fortschritt gepriesen wurde, im 21. als Irrweg erkannt wird.

„Alle großartigen globalen Pläne verkennen die Tatsache, dass Repräsentation – demokratische oder anderweitige – nicht genügt, um unser tief sitzendes Bedürfnis zu befriedigen, unsere Angelegenheiten in eigener Verantwortung zu regeln. [...] Die kommende Renaissance wird eine Epoche der universellen Befreiung durch exponentiell wachsende und freiwillige Verbindungen sein. Wir stehen am Anfang einer neuen Ära, in der jedes Individuum und jedes Kollektiv in der Lage sein wird, seine eigenen Ziele zu verfolgen. [...] Unordnung beziehungsweise Komplexität ist das, was dauerhaft unseren Alltag bestimmt. In der Zukunft wird es keine exklusiven, sondern multiple Souveränitäten geben." (Khanna 2011: 289 ff.) In dieser Welt kommen auf wirkliche Eliten große Aufgaben zu. Lernen, Leben und Weitergeben wird darin zum Gradmesser eines erfüllten Lebens.

Literatur

Adloff, F. (2010): Die Institutionalisierung und Sakralisierung des Gebens: ein kultursziologischer Blick auf das Stiften und Spenden. In: ders./Eckhard Priller/Rupert Graf Strachwitz (Hrsg.), Prosoziales Verhalten, Spenden in interdisziplinärer Perspektive. Stuttgart.

Aristoteles: Nikomachische Ethik IV.

Armstrong, K. (2006): The Great Transformation. The World in the Time of Buddha, Socrates, Confucius, and Jeremiah. New York.

Assmann, A. (2009): Erinnerungsräume – Formen und Wandlungen des kulturellen Gedächtnisses. München.

Böckenförde, E.-W. (1976): Die Bedeutung der Unterscheidung zwischen Staat und Gesellschaft im demokratischen Sozialstaat der Gegenwart. In: ders. (Hrsg.): Staat, Gesellschaft, Freiheit. Frankfurt am Main.

Edelman (2010): Edelman Trust Barometer. Annual Global Opinion Leaders Survey. www. edelman.com/trust.

Felden, B. (2011): Plädoyer für den homo oeconomicus. In: Betriebswirtschaftliche Blätter, Nr. 01/2011.

Huizinga, J. (1987): Homo Ludens – vom Ursprung der Kultur im Spiel. Reinbach.

Jaspers, K. (1949): Vom Ursprung und Ziel der Geschichte. Zürich.

Khanna, P. (2011): Wie man die Welt regiert. Berlin.

Klein, S. (2010): Der Sinn des Gebens. Warum Selbstlosigkeit in der Evolution siegt und wir mit Egoismus nicht weiterkommen. Frankfurt am Main.

Kleist, H. von (1966): Über die allmähliche Verfertigung der Gedanken beim Reden; bspw. In: Werke in einem Band. München.

Maier, H. (1988): Vertrauen als politische Kategorie. Augsburger Universitätsreden 12. Augsburg: Universität.

Mauss, M. (1968): Die Gabe [1925]. Frankfurt am Main.

Neue Philanthropie (2011) in: Private Wealth, Nr. 3/11.

Opaschewski, H. W. (2010): Wir!, Warum Ichlinge keine Zukunft mehr haben. Hamburg.

Popper, K. (1992): Die offene Gesellschaft und ihre Feinde [1945]. Tübingen.

Price, G. (1970): Selection and Covariance. In: Nature 227.

Putnam, R. (1994): Making Democracy Work – Civic Traditions in Modern Italy. Princeton.

Rassem, M. (1979): Die Stiftung als Modell [1956]. In: ders., Stiftung und Leistung. Mittenwald.

Saul, J. R. (1997): Der Markt frißt seine Kinder – Wider die Ökonomisierung der Gesellschaft [1995]. Frankfurt/New York.

Schnabel, U. (2008): Die Vermessung des Glaubens. München.

Strachwitz, R. Graf (2010): Vertrauen in gesellschaftliche(n) Arenen. In: Annette Kehnel (Hrsg.), Kredit und Vertrauen. Frankfurt am Main.

Ein Leben mit dem Erbe: Chancen und Dilemmata zwischen Erwartungsdruck, Verantwortung, Handlungsstarre und Entscheidungsangst

von Kai J. Jonas

Ein Erbe kann vieles bedeuten. Es kann eine Chance darstellen, etwas Neues zu ermöglichen oder die Basis für einen eigenen Lebensentwurf bieten. Ebenso ist denkbar, dass ein Erbe eine große Erleichterung bietet, da ein anderweitig und bereits bestehender monetärer Druck gemindert oder beendet werden kann. Ein Erbe kann auch mit neuer Verantwortung einhergehen oder mit der Aufgabe, etwas fortzuführen, das schon lange in der Familientradition liegt. Dies können Unternehmen, Immobilien oder ideelle Verpflichtungen sein. Aber auch auf einer psychologischen Ebene, also ohne ein direktes, greifbares Verantwortungsobjekt, kann ein Erbe eine belastende oder zumindest Auseinandersetzung fordernde Verantwortung darstellen. Eine Reihe von Fragen auf der Seite der Erben kann diese psychologische Verantwortungsebene beispielhaft verdeutlichen.

Darf ich mit dem Erbe machen, was ich will oder muss ich es im Sinne des Erblassers weiterführen?
Hinter dieser Frage steht der Widerstreit zwischen einer auf das Individuum ausgerichteten Lebensgestaltung und der Einbeziehung des genealogischen Hintergrunds dieser Person. Wie groß ist meine Freiheit im Umgang mit dem Erbe?

Darf ich das Erbe auch anderen zugutekommen lassen?
Mit der Einsetzung als Erbe hat ein Erblasser bestimmt, wer von dem Erbe Vorteile haben soll beziehungsweise wer es verwalten soll. Viele Erben versuchen, ein Erbe auf Abstand zu halten, indem sie beispielsweise Geld verschenken, spenden oder anderen von dem Erbe Vorteile geben. Sicherlich darf jeder Erbe mit dem Erbe so umgehen, wie er oder sie das will. Jedoch gibt es oft die normative Erwartung, das Erbe für sich zu verwenden und nicht „bloß wegzugeben". Das ist insbesondere der Fall, wenn andere in einem Erbfall nicht bedacht wurden, aber auch nicht später an dem Erbe teilhaben können.

Muss ich genauso erfolgreich sein wie die Erblasser, die die Erbmasse akkumuliert haben?
Viele Erben sind sich unsicher darüber, welche Rolle von ihnen erwartet wird oder welche ihnen zusteht. Dürfen sie das Erbe verbrauchen, müssen sie es bewahren oder sogar vermehren? Gerade die impliziten Standards, die durch Eigenschaften der Erblasser entstehen, haben hier einen großen Einfluss.

Muss ich sofort oder überhaupt eine richtige Entscheidung treffen? Wie groß ist mein zeitlicher Spielraum beziehungsweise gibt es eine richtige Entscheidung?
Ein Erbe, das (plötzlich) zur Verfügung steht, erzeugt einen Entscheidungsdruck. Ob dieser tatsächlich besteht oder auferlegt ist, ist vielfach nicht eindeutig abzuleiten. Oft besteht die externe Erwartung, dass Erben nun Entscheidungen treffen.

Darf ich mit dem Umgang des Erbes scheitern?
Vielfach wird ein Erbe als eine Chance konstruiert, die man nicht vertun darf. Was Scheitern darstellt, ist zunächst definitorisch offen. Zudem ist zu hinterfragen, ob ein Scheitern erlaubt sein darf oder – im Falle von übermäßig erfolgreichen Erblassern – sogar muss.

Wem gegenüber bin ich zu Rechenschaft verpflichtet?
Vielfach sehen sich Erben einer ganzen Reihe von (nicht) berufenen Instanzen und Personen gegenüber, denen gegenüber sie Rechenschaft über ihr Tun pflichtig zu sein scheinen. Dies kann auch die eigene Person, also den Erben selbst, miteinbeziehen. Die Frage, ob die Rechenschaftsverpflichtung legitim ist, muss im Einzelfall geklärt werden und beinhaltet neben juristischen Elementen meist eine wichtigere psychologische Komponente.

Bei Betrachtung der (zugegeben prototypischen) Formulierung der Fragen wird deutlich, dass eine deutliche normative Komponente vorliegt. Erben „dürfen" oder „müssen" etwas. Die sich anschließende Frage ist: Wer stellt diese Normen auf und wer kontrolliert oder sanktioniert ihre Einhaltung? Neben rein juristischen Aspekten, die aber in der Minderzahl sind, geht es eher um „weiche" Formen der Kontrolle. Im Kontext der Familie sind es oft die anderen Familienmitglieder, die diese Normen etablieren, kontrollieren und möglicherweise auch zu sanktionieren versuchen. Ob dies legitim ist, ist eine nicht-juristische Debatte und vielmehr in der Familiendynamik verankert. Viele Familien haben ein „Oberhaupt". Dies kann eine Vaterfigur, ein älterer Bruder oder auch eine Matriarchin sein. Oft ist diese normative Instanz auch gar nicht personifiziert, sondern existiert als psychologisches Konstrukt in den Köpfen der Erben. Das bedeutet nicht, dass sie deshalb weniger wirksam ist. Unsere eigene Handlungskontrolle kann im Gegenteil viel effizienter sein als eine Kontrolle durch eine externe Person. Reaktanz gegenüber Dritten (also die Ablehnung deren Einflusses) gelingt vielen Menschen besser als die Reaktanz gegenüber sich selbst. Unabhängig von der Frage, wo diese Instanz verortet ist, kann sie Macht ausüben, das Verhalten und die Entscheidungsprozesse von Erben steuern oder gar lähmen. Diese Macht muss sich nicht erst mit dem Erbfall einstellen, sie kann bereits zuvor erlebt werden – faktisch oder vorgestellt. Der Erbfall und alle damit verbundenen Erwartungen beginnen im Kopf bereits weit vor ihrem tatsächlichen Eintritt. Gesät wird dieses Phänomen beispielsweise bereits in kleinen, „unschuldigen" Aussagen gegenüber Kindern, die später mögliche Erben sein werden: „Dies wird später einmal alles Dir gehören", stellt eine Bemerkung dar, die einen Anspruch und aufgeladene Verantwortung im Subtext in sich trägt. Dieser Subtext ist unabhängig von der Aussage auf der ersten Ebene, dass es einmal zu einer (erfreulichen) Eigentumsübertragung kommen wird (wobei die Trauerkomponenten dabei oft noch ausgespart bleiben). Sein Inhalt ist jedoch sofort psychologisch wirksam auf einer zweiten Ebene: Das Kind muss die Verantwortung erkennen und lernen, ihr gerecht zu werden.

Zusammengefasst bleibt festzuhalten: Wo es etwas zu vererben gibt, werden Normen über den Umgang mit dem Erbe erzeugt, die in den Köpfen der Erben erstaunlich aktiv und steuernd wirken können. Dieses Steuerungsmoment kann produktiv oder richtungsweisend wirken sowie die nötige Reflexion erzeugen. Aber es kann auch destruktiv wirken, indem es sich als eine übermächtige Aufgabe manifestiert, die lieber vermieden als angegangen wird.

Entscheidungsprozesse bei Erben

Im Kontext eines mit einem Todesfall assoziierten Erbfalls, was die Schenkung und damit den Vollzug zu Lebzeiten zunächst ausklammert, befinden sich viele Erben in einer Gemengelage von Gefühlen. Sicherlich ist Trauer das stärkste Element, aber nicht die einzige Emotion. Auch kann es zu Wutgefühlen kommen. Die Forschung zu Trauer hat verschiedene Trauerphasen ermittelt, die in vielen Fällen durchlaufen werden: Verleugnung, emotionale Verarbeitung, Loslassen und Suche und Akzeptanz (vgl. Kübler-Ross 1969, 2001; Wagner 2013; Wehner/ Husi-Bader 2014). Der Vorteil solcher Phasenmodelle ist der Fokus auf die temporale Verlaufsdimension. Der Nachteil ist eine oftmals zu lineare Auffassung der Prozesse. Die Kritik der Modelle hat dementsprechend auch auf den (sich überlappenden) Wellencharakter von Trauerprozessen im Gegensatz zu einem Stufenmodell verwiesen. Nach und neben der Trauer beginnt mittelbar auch die (heute stark administrativ überformte) Auseinandersetzung mit dem Erbe. Testamente müssen eröffnet, Erbscheine müssen beantragt und das Erbe muss aufgeteilt werden. Und dann ist das Erbe plötzlich da. Die psychologische Realität einer Geldsumme auf dem eigenen Konto stellt sich schwieriger ein als beispielsweise die psychologische Besitznahme eines Hauses. Letzteres erfordert durch Unterhaltsverpflichtungen auch eine sofortige Auseinandersetzung oder „Pflege", wohingegen Geld, Wertpapiere et cetera auch gut auf einem Bankkonto „geparkt" werden können, mit dem man sich kaum beschäftigen muss. Am Beispiel von monetärem Erbe lässt sich die folgende Argumentation am leichtesten durchspielen, aber sie gilt mit Einschränkungen auch für Immobilien, Aufgaben oder auch für Normen und Werte.

In weniger wohlhabenden Kontexten von Erbschaften stellt sich die große Frage der Auseinandersetzung mit dem Erbe in einem geringen Maße oder gar nicht. Das Erbe wird vielfach zur Deckung von Verpflichtungen benötigt und ist damit eigentlich bereits verplant. Oder die geringen Erbsummen werden im Alltag benötigt und brauchen sich Stück für Stück auf. In diesen Fällen tritt vielfach eine spätere Reue auf, mit dem Erbe nichts oder wenig Signifikantes oder Dauerhaftes gestaltet zu haben. In diesen Fällen bestimmen externe Faktoren den Umgang mit dem Erbe und lassen psychologischen Prozessen weniger Spielraum.

In wohlhabenderen Kontexten nimmt der Einfluss von solchen externen Faktoren ab; es entsteht Raum für die psychologischen Prozesse. Der Übergang ist selbstverständlich fließend und Ausnahmen sind natürlich denkbar.

Frühere Forschung hat versucht, in Anlehnung an Konsumtypologien so genannte Erbentypologien zu entwickeln. Braun, Burger, Miegel, Pfeiffer und Schulte (2002) und später Braun und Pfeiffer (2011) unterscheiden sechs Typen. Die Unterteilung in (1) *überrascht zerrissene*, (2) *überrascht konsumfreudige Erben*, (3) *Treuhänder*, (4) *Rationale Bewahrer*, (5) *Selbstverwirklicher* und (6) *Restkategorie* ist vielleicht in den Details zu wenig trennscharf (zum Beispiel zwischen Treuhändern und rationalen Bewahrern) und vermisst in jedem Fall ein temporär-dynamisches Element: Wie verändern sich diese Typologien im Verlauf der Zeit, das heißt mit der Zunahme der zeitlichen Distanz zum Beginn des Erbfalls? Leider ist noch keine Integration von Trauerprozessmodellen mit Erbentypologien vorgenommen worden. Somit muss noch unklar bleiben, wann (und ob überhaupt) sich Erbentypologien ausbilden und wie stabil diese sind. Weiterhin können Reflexionsprozesse, die das Erbe betreffen, unabhängig von einer bestimmten Typologie oder ihres Verlaufs auftreten.

Daher erscheint es sinnvoll, auch die psychologischen Determinanten und Prozesse genauer herauszuarbeiten, die unabhängig von Typologien und zeitlichen Verläufen den Umgang mit einem Erbe beeinflussen können. Hierzu ist ein Blick in die Motivationspsychologie sinnvoll, da Handlungen und Entscheidungen im Kontext des Erbes notwendig sind und Ziele und deren Erreichung relevant sein können.

Die Motivationspsychologie unterscheidet beispielsweise Handlungs- und Lageorientierung als eine Beschreibung von menschlichem Verhalten (vgl. Kuhl/Beckmann 1994). Menschen, die eher zu einer Handlungsorientierung neigen, sind zukunftsorientiert und lösen Probleme aktiv. Lageorientierte hingegen sind eher vergangenheitsorientiert und lösen Probleme durch tiefe Informationsverarbeitung. Beiden Ansätzen haften Vorteile wie auch Nachteile an. Aber gerade eine lageorientierte Person kann in einem Erbkontext in (zu) langen Schleifen der Abwägung aller Optionen und Risiken verhaften bleiben. Handlungsorientierte hingegen haben das Risiko, mehr Reue über irreversible Entscheidungen zu erleben. Ein anderes Modell, das der regulatorischen Fokustheorie, unterscheidet zwischen

Promotions- und Präventionsorientierung. Promotionsorientierung als Zielerreichungsprozess ist auf Gewinnmaximierung ausgelegt, ein Präventionsfokus auf die Vermeidung von negativen Konsequenzen (vgl. Higgins/Shah/Friedman 1997). Auch hier gilt wieder, dass beide Fokusse Vor- und Nachteile haben. Gewinnmaximierung muss nicht immer die optimale Lösung sein und das Vermeiden von Verlust kann ebenfalls zu einer Handlungsstarre führen.

Diese Formen der Handlungs- und Entscheidungsstarre lassen sich gut auf der Makroebene mit zwei Begriffen aus der Jugendsprache beschreiben: „yolo" und „fomo". Yolo steht für „you live only once" (Spiegel 2012) und kann als moderne Form des „carpe diem" oder „Nutze den Tag" verstanden werden. Allerdings kommt bei *yolo* oft noch eine Risikokomponente hinzu. Da man nur einmal lebt, sind bestimmte Risiken erlaubt. *Yolo* wird als Begründung eingesetzt, um unsinniges, verantwortungsloses Handeln zu legitimieren. Auf das Erbe übertragen ist dies die Legitimation zur hedonistischen Verwendung des Erbes, auch mit dem Risiko des Scheiterns und des totalen Kapitalverlusts. *Yolo*-Erbverhalten entsteht häufiger, wenn die verwandtschaftliche Distanz zum Erblasser größer wird (beispielsweise das Erbe einer Großtante im Vergleich zu einem Erbe der eigenen Eltern), eine negative Beziehung bestand (der ungeliebte Vater) oder der Erblasser unter Umständen noch Wohlstandsmerkmale besaß (im Vergleich zur immer sparsamen Großmutter). Dem *Yolo*-Erbverhalten gegenüber steht „Fomo", für „fear of missing out" (vgl. Oxford Dictionary, o. D.), also der Sorge, etwas zu verpassen, was auch noch möglich gewesen wäre. *Fomo* kann auch die Entscheidungs- und Handlungsstarre bedingen, da sich Erben nicht zu notwendigen Entscheidungen im Umgang mit dem Erbe drängen lassen wollen aus der Angst, durch eine Entscheidung eine bessere Option zu verpassen. Gerade die *Fomo*-Erben drohen an der Vielzahl der Möglichkeiten zu ersticken, die ihnen ihr Erbe bietet. Sie erscheinen wie das Kaninchen vor der Schlange, wobei das Bild hier an sich nicht passt, da das Erbe an sich keine Schlange ist (also negativ), sondern nur die Bedrohlichkeit einer Schlange übernommen hat. Diese paradoxe Lage wird oft noch dadurch verstärkt, dass die Erben unter der Beobachtung der noch lebenden Erblasser stehen, wodurch eine weitere Bedrohungsebene hinzukommt.

Zusammengefasst bedeutet dies, dass gerade die Wohlstandserben harte psychologische Arbeit leisten müssen, um mit ihrem Erbe sinnvoll (in der jeweiligen individuellen Form) umzugehen. Tun sie das nicht, ist die Wahrscheinlichkeit groß, dass es zu nicht reflektierten Übersprunghandlungen kommt (*Yolo*-Erben) oder dass die Erben in einer Handlungsstarre verbleiben (*Fomo*-Erben). Die beraterische oder therapeutische Praxis ist auf die Form der Erbproblematik noch wenig eingestellt. Dies liegt an einer Reihe von Faktoren. Zunächst wird die Problematik als Luxusproblem eingeschätzt, das vielfach therapeutisch nicht ernst genommen wird, beziehungsweise bei dem sich Erben schämen, es als Problem zu benennen. Weiterhin liegt es an der Verwendung von wenig umfassenden Analysen und Interventionsmodellen (Trauermodelle und Erbentypologien), die der grundlegenden Problematik, in der sich diese Personenkreise befinden, nicht gerecht werden. Letztlich müssen die psychologischen Prozesse noch abstrakter, beispielsweise motivationspsychologisch, analysiert werden, um Menschen in diesen Situationen hilfreich zur Seite stehen zu können. Ganz hoffnungslos ist die Situation allerdings nicht, denn Ausnahmen stellen bestehende Beratungsangebote zur Philanthropie und zur intergenerationalen Firmenübernahme dar.

Das skizzierte Bild ist allerdings noch komplexer. Eingangs haben wir das vorgezogene Erbe, die Schenkung, zunächst ausgeblendet. Im folgenden Abschnitt widmen wir uns nun dieser Form des vorgezogenen Erbes.

Die andere Perspektive: Wie sehen dies die Erblasser?

Der Erbprozess hat sich in den vergangenen Jahren deutlich verändert. Die typische Filmszene, in der ein Testament eröffnet wird und die Erben keine Ahnung davon haben, wie viel es zu erben gibt und wer es erhält, gehört immer mehr der Vergangenheit an. Die Gründe dafür sind vielschichtig. *Erstens* haben sich die Familienbeziehungen geändert. Kinder haben mehr Mitspracherechte und werden an Familienentscheidungen beteiligt, Eltern sind seltener Patriarchen. Dadurch wissen Kinder häufig, was es zu erben gibt und wer etwas davon erhält, auch wenn das nicht immer konfliktfrei abzulaufen hat. *Zweitens* hat sich zumeist aus steuerlichen Gründen in Deutschland ein vorgezogenes Vererben etabliert. Erben erhalten Erbanteile in Form von Schenkungen bereits zu Lebzeiten der Erben. *Drittens* machen die wirtschaftlichen Geflechte, in denen sich Familienunternehmen oftmals befinden, eine transparente Auseinandersetzung notwendig, bevor der Erbfall eintritt. Erben und Erblasser sind heute somit viel verschränkter als in der Vergangenheit.

Aus dieser Verschränkung heraus entsteht zugleich eine neue Form des Informationsaustauschs über das Erbe: Wer bekommt was, aber auch was tun diejenigen damit. Dieser kommunikative Erbprozess (vgl. Jonas/Jonas 2012) bietet eine Reihe von Chancen, aber auch die kontrollierende Möglichkeit für Erblasser, ihre testamentarische Entscheidung zu überdenken, wenn ihnen die Ansichten oder das Verhalten der Erben nicht zusagen. Gleichzeitig sind die Erben viel früher mit einer Auseinandersetzung über ihren Umgang mit dem Erbe konfrontiert und stehen dabei noch unter Beobachtung. An einem fiktiven Beispiel wird dies deutlich. Kinder einer Unternehmerfamilie haben bereits aus dem großelterlichen Erbe und Schenkungen der Eltern zu Lebzeiten größere Geldbeträge erhalten beziehungsweise beziehen ein Einkommen aus Immobilienbesitz. Keines der Kinder nutzt das Geld unternehmerisch, um beispielsweise ein eigenes neues Unternehmen zu gründen, da sie alle nicht-wirtschaftliche oder -juristische Ausbildungen erhalten haben, die gerade auf der Basis der Wohlstandsfreiheitsgrade der Eltern möglich wurden (man denke an Kunstgeschichte oder ähnliches). Sie treten somit aus der

Sicht der Eltern nicht in ihre Fußstapfen, von der Übernahme der elterlichen Firmen einmal ganz abgesehen. Diese Konfliktlage – teilweise ausgesprochen, teilweise nur indirekt zugänglich – führt bei den Eltern zu der Entscheidung, den Kindern nach Erhalt des Pflichtteils kein weiteres Erbe zukommen zu lassen, da sie ihre elterlichen Ideale und unternehmerischen Normen nicht erfüllt sehen. Stattdessen planen die Eltern, eine Stiftung mit ihrem Erbe zu bedenken. Die Kinder ahnen von der Wahrnehmung der Eltern, dass sie deren unternehmerische Ambitionen nicht erfüllen und damit ihre Eltern enttäuschen. Gleichzeitig beschreiben sie aber auch ihr Dilemma. Sie fühlen sich gefangen in dem Anspruch, etwas Eigenes aufzubauen, die elterlichen Unternehmen zu übernehmen und wissen gleichzeitig aus dem Elternhaus von der Möglichkeit des unternehmerischen Scheiterns. Sie wollen ihre Eltern nicht enttäuschen, aber auch das Richtige für sich selbst tun. In der Suche nach dem richtigen Schritt sind sie in einer Entscheidungsstarre gelandet, die zu der negativen Bewertung durch ihre Eltern führt und diese nur verstärkt. Beraterisch lässt sich so ein „Erbknoten" lösen, allerdings nur, wenn alle Parteien mitarbeiten und erkennen, dass mit den finanziellen Möglichkeiten auch eigenständige und selbst bedrohliche Entscheidungen (für eigene Werte und Normen) einhergehen können und dass möglichweise noch Ausbildungsschritte nachgeholt werden müssen, um die gewünschte unternehmerische Aktivität erfolgreich umzusetzen. Dies zu erkennen ist eine große Herausforderung für die Erblasser und die Erben gleichermaßen. Früher fand dies seltener statt, die Beobachtung durch den Erblasser trat aufgrund dessen Todes nicht ein. Es war nur eine familiäre Normkontrolle möglich, die aber andere Freiheitsgrade beinhaltete.

Die gemeinschaftliche Auseinandersetzung über den Erbprozess und die Verwendung des Erbes – zu Lebzeiten aller Beteiligten – ist daher die einzige Möglichkeit, allen Beteiligten die Reflexion und Freiheitsgrade zu ermöglichen, die für einen zufriedenstellenden Erbprozess (aus Sicht der Erblasser) und einen zufriedenstellenden Umgang mit dem Erbe (aus der Sicht der Erben) notwendig sind.

Fazit

Die Erbengesellschaft der Gegenwart hat ihre Eigenschaften geändert. Die Erbschaft kommt heute mit Möglichkeiten, aber auch mit Herausforderungen, die oft nicht einfach zu meistern sind. Ein Erbe eröffnet Möglichkeiten und erzeugt Verantwortung. In dieser Dialektik müssen Erblasser und Erben sich zu bewegen lernen. Gerade das Ziel der Erben, das Richtige zu tun und, um sich nicht falsch zu entscheiden, besser erst einmal nichts zu tun, kann von der noch lebenden Erblassergeneration als Handlungsstarre wahrgenommen werden. Die Auseinandersetzung und Kommunikation darüber sind ein erster Schritt hin zu der Lösung dieses Problems von Erben in einer Wohlstandsgesellschaft.

Literatur

Braun, R./Burger, F./Miegel, M./Pfeiffer, U./Schulte, K. (2002): Erben in Deutschland. Volumen, Psychologie und gesamtwirtschaftliche Auswirkungen. Köln: Deutsches Institut für Altersvorsorge.

Braun, R./Pfeiffer, U. (2011): Erben in Deutschland. Volumen, Verteilung und Verwendung. empirica ag, forschung + Beratung, im Auftrag: Des Instituts für Deutsche Altersvorsorge, Köln http://www.empirica-institut.de/kufa/erben_in_d_bis_2020.pdf.

Higgins, E. T./Shah, J./Friedman, R. (1997): Emotional responses to goal attainment: Strength of regulatory focus as moderator. Journal of Personality and Social Psychology, 72, 515–525.

Jonas, K. J./Jonas, H. A. J. (2012): Konfliktfrei vererben: Ein Ratgeber für eine verantwortungsbewusste Erbgestaltung. Göttingen: Hogrefe.

Kübler-Ross, E. (2001): Interviews mit Sterbenden. München: Droemer Knaur.

Kuhl, J./Beckmann, J. (Hrsg.) (1994): Volition and Personality. Action versus state orientation. Göttingen: Hogrefe und Huber.

Oxford Dictionary (o. D.). Fomo. http://www.oxforddictionaries.com/de/definition/englisch_usa/FOMO

Spiegel (2012): Yolo, Alter. http://www.spiegel.de/schulspiegel/jugendwort-des-jahres-2012-jury-kuert-yolo-a-869201.html, letzter Zugriff 23.07.2015.

Wagner, B. (2013): Normale Trauer und Trauertheorien. In: Komplizierte Trauer (pp. 1–12). Berlin u. Heidelberg: Springer.

Wehner, L./Husi-Bader, B. (2014): Trauerbegleitung. In: Empathische Trauerarbeit (pp. 5–16). Wien: Springer.

Streit ums Erbe – eine Herausforderung für Familienbeziehungen

von Christiane Wempe

Vererben und Erben sind heikle Themen, die tief in das Familienleben eingreifen und die Familienmitglieder emotional sehr berühren. Eine wesentliche Rolle spielt dabei, dass diese Prozesse mit dem Ableben eines engen Angehörigen und der damit verbundenen Trauer einhergehen. Der bevorstehende oder bereits eingetretene Tod eines Elternteils wirft dessen Kinder auf sich zurück und kann ihre Beziehung stärken, sie einander (wieder) näher bringen. Aber die Realität sieht oft anders aus und Abgrenzung und Distanzierung sind die Folge. Jeder kennt aus seinem Verwandten- oder Freundeskreis solch schwierige Erbschaftsgeschichten, die ganze Familien spalten und auseinanderbrechen lassen können (vgl. Plogstedt 2011). Erbschaftskonflikte ziehen sich teilweise bis weit in die nachfolgenden Generationen hinein. Bei diesem Thema wird schnell an Erbschleicher gedacht, die sich auf Kosten der anderen Erben zu Unrecht bereichern. Nach welchen Strategien Erbschleicher vorgehen, schildert die Ordensschwester Bernadette Bromme (2011) eindrucksvoll. Das Erben bzw. Vererben ist gesellschaftlich eher tabuisiert, weil es nicht selten eines der finstersten Kapitel von Familiengeschichten berührt.

Gleichzeitig hat dieses Thema seit Menschengedenken Familien intensiv beschäftigt. Schon in der Bibel finden sich hierzu erste Beiträge (vgl. das Kapitel von Bilgri in diesem Band). In den klassischen Märchen wie z.B. *Die drei Federn* läuft das Vererben typischerweise so ab: Der alternde Königsvater gibt seinen Söhnen einen Auftrag und verspricht demjenigen den Königsthron, der diesen am besten erfüllt. Auch in der Belletristik haben sich viele Autoren diesem Thema gewidmet. Ein Beispiel für einen berühmten Roman sind die *Buddenbrooks*, in denen Thomas Mann (1901/2008) den dramatischen Untergang des Familienunternehmens nachzeichnet. Ebenso begegnet man in modernen Medien diesem Stoff, wie beispielsweise in der beliebten TV-Familienserie „Das Erbe der Guldenburgs". Besonders spektakuläre Fälle von Erbstreitigkeiten, in denen es zu dramatischen Eskalationen bis hin zu Selbstmord oder Tötungsdelikten kommt, werden in den Medien gern ausgeschlachtet. Heutzutage ist dieses Thema umso bedeutsamer, als die jetzt alternde Generation in Deutschland der nachfolgenden ein beträchtliches Vermögen hinterlässt. Laut einer Studie der Postbank (2013) werden bis zum Jahr 2020 etwa 2,6 Billionen Euro vererbt, sowohl in Form von Immobilien als auch von privatem Geldvermögen (vgl. Lauterbach/Lüscher 1996). Darüber hinaus gestalten sich Vererben und Erben in den heute weit verbreiteten Fortsetzungs- und Stieffamilien deutlich komplizierter und häufig in aufgeheizter Stimmung, denn die relative Erbmasse schrumpft mit der Zahl der Erben. In diesen Familien konkurrieren leibliche und angeheiratete Kinder, was das Konfliktrisiko erhöht.

Erbschaften werden von den einzelnen Erben oft sehr unterschiedlich erlebt. In der Regel ist eine Erbschaft ein willkommenes Ereignis, denn sie trägt dazu bei, die Lebensqualität zu verbessern und sich bestimmte Wünsche zu erfüllen. Geht dagegen ein Angehöriger leer aus oder erhält einen deutlich kleineren Anteil als andere, so ruft dies heftige Gefühle von Benachteiligung und Enttäuschung hervor. Kaum ein anderer Finanztransfer in Familien ist emotional so behaftet wie das Vererben bzw. Erben, denn es handelt sich dabei um ein machtvolles Mittel der Beziehungsgestaltung. Erblasser drücken damit Wertschätzung oder Herabsetzung für ihre Nachkommen oder Anverwandten aus, belohnen oder bestrafen diese für ihr Verhalten. In etlichen Familien kommt es zu unüberbrückbaren Konflikten bezüglich der Verteilung der Erbmasse, hauptsächlich entweder unter den Kindern oder zwischen diesen und einem neuen Partner des Verstorbenen sowie eventuell weiteren Halb- oder Stiefgeschwistern, seltener mit anderen, nicht verwandten Personen (vgl. Plogstedt 2011). Die familialen Zerwürfnisse sind an Heftigkeit kaum zu überbieten und ziehen sich oft jahrelang hin (vgl. Schönberger 2008).

Derart hartnäckige Erbstreitigkeiten lassen sich oft nicht im Kreis der Familie lösen, sodass Rechtsbeistand eingeholt wird. Laut Postbankstudie zeichnet sich ein Trend dahingehend ab, immer häufiger juristische Unterstützung einzuholen: Bisherige Erben hatten sich nur in jedem vierten Erbfall bei Beratern informiert, von den jetzt angehenden Erben aber hatte oder plant schon jeder Dritte, Rechtsbeistand in Anspruch zu nehmen. Der aufblühende Zweig der Erbschaftsmediation zeugt von diesem steigenden Beratungsbedarf. Ebenso haben entsprechende Ratgeber Hochkonjunktur, die wertvolle Informationen und Tipps liefern (z. B. Jonas/Jonas 2013). Nicht zuletzt sind auch psychologische Beratungsstellen und psychotherapeutische Praxen damit konfrontiert, weil die Betroffenen extrem darunter leiden.

Angesichts der Brisanz dieses Themas und dessen breiter Resonanz in der Ratgeberliteratur erstaunt es umso mehr, dass man in der familienpsychologischen Fachliteratur diesbezüglich auf ein Vakuum stößt. Das Thema wird nur selten behandelt, wie auch die Rolle von Geld in Familien überhaupt. Vielmehr wird dieser Forschungszweig von ökonomischen und soziologischen Ansätzen dominiert. Familienpsychologisch handelt es sich jedoch um ein äußerst spannendes Thema, das einen tiefen Einblick in Familiendynamiken liefert. Beim Vererben und Erben geht es um mehr als rein materielle Transfers, denn sie spiegeln Qualität und Dynamik der Beziehungen am Ende der Familiengeschichte wider. Für das einzelne Familienmitglied handelt es sich um ein kritisches Lebensereignis, über dessen subjektiver Wahrnehmung und Bewältigung wir aus psychologischer Sicht bisher so gut wie nichts wissen.

In diesem Beitrag wird ein Überblick über den aktuellen Forschungsstand zu dieser Thematik gegeben, hauptsächlich aus Sicht der Familien- und Entwicklungspsychologie. Zunächst werden die Rolle von Geld in Familien allgemein sowie speziell die Formen intergenerativen Transfers zwischen Eltern und ihren erwachsenen Kindern erläutert. Es folgt ein Abschnitt über die Bedeutung des Vererbens für die Elterngeneration sowie ihre Motive bei der Aufteilung des Erbes. Anschließend geht es um die Situation von Geschwistern in späteren Lebensphasen sowie das Erleben einer Erbschaft und deren Folgen für die Geschwisterbeziehungen. Das Kapitel endet mit einer Zusammenfassung und einem Ausblick.

Finanzielle Transfers zwischen den Familiengenerationen

Die Bedeutung von Geld in Familien

Geldtransfer allgemein hat in Familien sehr unterschiedliche Bedeutungen. *Faktisch* hat Geld die Bedeutung, die ökonomische Existenz der Familienmitglieder zu sichern oder ihnen Mittel für bestimmte Vorhaben zur Verfügung zu stellen. Daneben hat Geld eine *symbolische* Bedeutung, weil Familienmitglieder mit finanziellen Transferleistungen auch immer eine gewisse Wertschätzung zum Ausdruck bringen (vgl. z.B. Moch 1993). Geld ist demnach ein Mittel für die Darstellung von Beziehungen. Geldgeschenke wie Erbschaften werden weiter danach differenziert, ob sie eher eine instrumentelle oder eine expressive Funktion haben: Im ersten Fall ist das Erbe an einen bestimmten Zweck (Ausbildung der Kinder, ein bestimmtes Projekt) gebunden, im zweiten Fall wird auf diese Weise Zuneigung ausgedrückt (vgl. Nauck 2010).

Das Thema Geld spielt in Familien eine besondere Rolle, da finanzielle Transfers die Qualität der Familienbeziehungen beeinflussen. Systemtheoretisch besteht ein Familiensystem aus mehreren sich wechselseitig beeinflussenden Subsystemen: der elterlichen Dyade, der(n) Eltern-Kind-Dyade(n) und der Geschwisterdyade (vgl. Schneewind 2010). Auch in den zugedachten Geldern spiegeln sich Sympathien und Antipathien zwischen den Familienmitgliedern wider. Dies wiederum wirkt sich direkt auf die Qualität der ehelichen Ehe, der Eltern-Kind- und der Geschwisterbeziehung aus, und führt nicht selten zu Gefühlen der Benachteiligung oder der Bevorzugung. Letzteres gilt umso mehr, wenn aus neuen Verbindungen eines Elternteils noch Stief- und/oder Halbgeschwister hinzukommen, die zu versorgen sind.

Aus psychologischer Sicht wird die Familie als eine Gruppe von Menschen definiert, „die durch nahe und dauerhafte Beziehungen miteinander verbunden sind, die sich auf eine nachfolgende Generation hin orientiert und die einen erzieherischen und sozialisatorischen Kontext für die Entwicklung der Mitglieder bereitstellt" (Hofer 2008: 6). Zu den sozialisatorischen Aufgaben der Eltern gehört auch, den Kindern einen angemessenen Umgang mit Geld beizubringen (siehe unten). „Familienspezifische Geld- und Finanzkulturen" (Fooken, 1998) werden den Kindern von ihren Eltern modellhaft vorgelebt: Wird das Geld eher gespart oder großzügig ausgegeben? Weiterhin belohnen Eltern ihre Kinder gern mit finanziellen Zuwendungen für Mithilfe im Haushalt oder gute Leistungen. Mit Geschenken wird Liebe und Dankbarkeit zwischen Familienmitgliedern zum Ausdruck gebracht. Da Familienbeziehungen einzigartig im Ausmaß ihrer Nähe und Solidarität sind, gestaltet es sich äußerst schwierig, ihren Wert in Geldflüssen auszudrücken. Insgesamt ist Geld in Familien oft ein Tabuthema. Nicht selten sind daher Geldangelegenheiten Inhalte von Familiengeheimnissen, beispielsweise werden „unmoralisch" erworbener Reichtum oder heimliche Schulden verschwiegen (vgl. Fooken 1998).

Die Gelderziehung hat in jeder Familienphase eine spezifische Funktion, wie dies Tabelle 1 veranschaulicht.

Tabelle 1: Geldbezogene Familienaufgaben

Altersphase der Kinder	Familienaufgabe
Kindheit	Eltern vermitteln den Kindern die Bedeutung von Geld
Jugendalter	Eltern und Kinder verhandeln die Höhe des Taschengeldes
frühes Erwachsenenalter	Eltern finanzieren die Ausbildung der Kinder, helfen beim Berufseinstieg
mittleres Erwachsenenalter	Eltern unterstützen Kinder (Enkel) bei besonderen Anschaffungen und in Krisen
höheres Erwachsenenalter	Eltern regeln ihr Erbe, teilen es zwischen den Kindern auf

Quelle: Wempe 2013

Zu Beginn der Entwicklung sehen Eltern es als eine wesentliche Erziehungsaufgabe an, ihren Kindern den Wert von Geld beizubringen. Geld wird aber auch als Erziehungsmittel zur Bestrafung beziehungsweise Belohnung kindlichen Verhaltens eingesetzt. Im Jugendalter ist das Verhandeln von Taschengeld ein zentrales Konfliktthema in Familien. Höhe und Verwendungszweck von Taschengeld spiegeln elterliche Erziehungswerte wider. Die Jugendlichen fordern oft Erhöhungen, um ihre steigenden Bedürfnisse (Kleidung, neue Medien) zu erfüllen, und wollen über dessen Verwendung selbst entscheiden. Die Ausbildungszeit der Kinder ist für Familien die Phase, in der sie die höchsten finanziellen Aufwendungen erbringen müssen. Lange Ausbildungszeiten und Unsicherheiten beim Berufseinstieg der Kinder belasten viele Eltern erheblich, Spannungen in der Eltern-Kind-Beziehung können die Folge sein. Eltern unterstützen ihre Kinder oft auch dann noch, wenn diese schon erwachsen sind (siehe unten). Im Alter schließlich steht die Regelung des elterlichen Erbes an: Die Weitergabe materieller Güter der Eltern- an die Kindergeneration ist der letzte Akt intergenerationeller Solidarität. So behalten Eltern über ihren Tod hinaus Einfluss auf das Leben ihrer Kinder.

Der familiale Umgang mit Geld orientiert sich an der dominierenden Geldkultur der Gesellschaft: In ökonomisch schlechten Zeiten wie etwa in der Nachkriegszeit wird gespart, die Ausgaben werden gut überlegt, während in Zeiten wirtschaftlichen Aufschwungs großzügiger Geld ausgegeben wird und die Familien sich etwas leisten (vgl. Fooken 1998). Die aktuell das Alter erreichende „Wirtschaftswunder-Generation" kann besonders großzügige Schenkungen machen, in den alten Bundesländern noch ausgeprägter als in den neuen (vgl. Leopold 2009). In Abhängigkeit von den finanziellen Ressourcen der Familien wachsen Kinder unter sehr unterschiedlichen Bedingungen auf. Das Spektrum reicht von Kindern, die an der Armutsgrenze leben, bis hin zu verwöhnten „Konsum-Kids", die im Überfluss leben. Die finanzielle Lage einer Familie wirkt sich auch auf die Beziehungsdynamik aus. Armut gilt als ein Risikofaktor für negative Familieninteraktionen (vgl. Walper/Schwarz/Gödde 2001). Die angespannte Lage erhöht die Wahrscheinlichkeit für familiale Konflikte und Defizite in der elterlichen Erziehungskompetenz: Die Kinder erhalten weniger Zuwendung und Anregung, werden nicht so zuverlässig beaufsichtigt sowie häufiger und strenger bestraft. Kinder aus ökonomisch deprivierten Verhältnissen haben daher ein erhöhtes Risiko, Verhaltensauffälligkeiten und ein geringes Selbstvertrauen zu entwickeln. In reichen Familien dagegen haben Kinder eine übernommene Reichtums- und Anspruchsmentalität, da ihnen der Reichtum in den Schoß gefallen ist, ohne dass sie etwas dafür tun mussten. Dafür stehen sie meist im Schatten des elterlichen Erfolgs (vgl. Fooken 1998).

Aktuell sind Familien weitreichenden gesellschaftlichen Veränderungen unterworfen, die mit einem stetigen Wandel der Familienbeziehungen einhergehen (vgl. Hofer 2008; Schneewind 2010). Eine wachsende Zahl von Kindern ist mit der Trennung ihrer Eltern konfrontiert und wächst im Alltag mit nur einem Elternteil auf oder in einer neu zusammengesetzten Familie, mit einem Stiefelternteil und eventuell Stief- oder Halbgeschwistern, die sich miteinander arrangieren müssen. Typisch für zweite Familien ist eine Verknappung der Ressourcen, die dazu führen dürfte, dass ihr Austausch nicht ganz reibungslos abläuft. Beispielsweise sind Unterhaltszahlungen in Trennungsfamilien oft ebenso strittig wie Erbschaften.

Geldtransfer im mittleren und höheren Erwachsenenalter

Die elterliche Unterstützung im mittleren Alter ist vielfältig. Sie reicht von der Möglichkeit, im Haus der Eltern zu wohnen, bis zu Sachgeschenken, Einladungen zu Urlauben oder Unterstützung beim Hausbau. Zuwendungen können einmalig oder regelmäßig erfolgen, sowie freiwillig oder aufgrund gesetzlicher Verpflichtungen wie der Unterhaltspflicht. Etwa ein Drittel der Eltern in Deutschland unterstützt ihre erwachsenen Kinder regelmäßig, allerdings weichen die Angaben – je nach

Datenbasis – voneinander ab. Nicht wenige haben in dieser Lebensphase aufgrund einer Wiederheirat auch noch recht kleine Kinder, für die sie aufkommen müssen. Da Schenkungen seltener untersucht werden als Erbschaften, kann ihre Höhe nur geschätzt werden (vgl. Leopold 2009). Schenkungen können auch als eine Art vorzeitiges Erbe betrachtet werden, sind aber im Unterschied zu Erbschaften nicht gesetzlich geregelt. Generell ist von einem einseitigen Investitionsfluss der Eltern an die Kinder auszugehen (vgl. Fooken 1985), denn die Eltern bringen viel mehr ein, als sie herausbekommen. Allerdings kann sich das in der Lebensmitte ändern. Kinder im mittleren Erwachsenenalter sind damit konfrontiert, dass ihre alternden Eltern krank und pflegebedürftig werden und nun ihrerseits auf Hilfe angewiesen sind. In dieser Lebensphase können sich erwachsene Kinder revanchieren, indem sie ihren alternden Eltern Hilfeleistungen angedeihen lassen (vgl. Borchers 1997). Materiell fließt jedoch eher weniger.

Auch das Vererben folgt einem Kaskadenmodell: Die Leistungen fließen von oben nach unten, von der ältesten an die mittlere und jüngere Generation (vgl. Kohli 2005; Szydlik 2001). Dabei gibt die mittlere Generation häufiger etwas an ihre Kinder, als dass sie selbst Transfers von ihren eigenen Eltern erhält. Drei Viertel aller Erbschaften sind für die eigenen Kinder der Erblasser geplant, 37 Prozent für die Ehegatten, 33 Prozent für Enkel, gefolgt von Geschwistern und Lebenspartnern (vgl. Postbank 2013). Dabei gibt es deutliche geschlechtsspezifische Unterschiede: Mütter vererben eher an ihre Kinder, Männer an ihre Partnerinnen (vgl. Euler 2007).

Die Art des Transfers zwischen den Generationen wird maßgeblich durch die Ressourcen der Geberseite bestimmt: In höheren Sozialschichten fließen größere Zuwendungen, sowohl inter vivos als auch posthum (vgl. Leopold 2009). Auch die Höhe von Erbschaften hängt maßgeblich von der finanziellen Lage der Erblasser ab (vgl. Motel/Szydlik 1999). Je höher das Einkommensniveau der Elterngeneration, desto mehr wird vererbt, im Westen mehr als im Osten Deutschlands (vgl. Leopold 2009). Infolge der großen Vermögensakkumulation vererbt die aktuelle Generation so viel wie noch nie in der Geschichte Deutschlands. Die Postbankstudie spricht von der „historisch größten Erbschaftswelle". Daneben spielt die ökonomische Situation der Kinder eine Rolle: Bedürftige Kinder, die beispielsweise noch in der Ausbildung, krank oder arbeitslos sind, werden häufiger unterstützt und beerbt als andere (siehe unten). Weiterhin erfolgen Schenkungen gehäuft nach kritischen Ereignissen im Leben der Kinder, wie beispielsweise Eheschließungen oder Scheidungen (vgl. Leopold 2009).

Neben dem tatsächlichen Geldtransfer werden außerdem die Werte und Normen, die familiale Austauschprozesse regeln, näher betrachtet (vgl. Gerlitz 2008). Solche Verteilungsideologien geben Aufschluss darüber, welches Unterstützungsverhalten gegenüber Familienmitgliedern jeweils als angemessen gilt. Dabei wird zwischen kollektivistischen und individualistischen Familienorientierungen unterschieden: „Kollektivismus als Familienideologie bedeutet also die Betonung der

Prinzipien Bedarf, Gleichheit und Status zur Verteilung von sozialer Unterstützung unter Angehörigen, während familialer Individualismus mit der Präferenz des Prinzips (Gegen-)Leistung verbunden ist." (Gerlitz 2008: 628). Die Ergebnisse von Gerlitz lassen auf ein Überwiegen kollektivistischer Verteilungsprinzipien innerhalb der deutschen Bevölkerung schließen, das für ein breites Unterstützungspotential in Form unbedingter familialer (normativer) Solidarität spricht. Dennoch steht etwa die Hälfte der Bevölkerung individualistischen Unterstützungsprinzipien zumindest ambivalent gegenüber, was Gerlitz (2008) als Hinweis auf eine nur bedingt solidarische Grundhaltung deutet.

Eltern als Erblasser

Vererben als Form der Generativität

Aus entwicklungspsychologischer Perspektive kann das Vererben als ein Akt der *Generativität* verstanden werden, die Erikson (1966) als typische psychosoziale Krise des mittleren Alters definiert. Gemeint ist damit das Bedürfnis von Menschen im mittleren Alter, Werte und Traditionen an die nachfolgende Generation weiterzugeben sowie Fürsorge und Verantwortung für diese zu übernehmen. Als die entscheidende Bedingung für Generativität gilt das Bewusstwerden der eigenen Endlichkeit. Diese sogenannte „Mortalitätssalienz" löst den Wunsch aus, etwas von sich auf dieser Welt zu hinterlassen und sich so über den Tod hinaus unvergesslich zu machen. Das Weitergeben richtet sich vorrangig an die eigenen Kinder und Kindeskinder, die für die Eltern eine Art „soziales Erbe" repräsentieren, über das sie Kontinuität wahren. Die Befunde der Erbschaftsforschung stützen diese Sichtweise, da bei den Motiven der Erblasser laut Postbankstudie (2013) an erster Stelle das Bedürfnis steht, Angehörige zu versorgen, gefolgt von dem Wunsch, anderen eine Freude machen. Unter (experimentell induzierter, siehe unten) Mortalitätssalienz neigten vor allem ältere Probanden (über 50 Jahre) dazu, die biologischen Bande („in den Kindern weiterleben") hervorzuheben (Bossong/ Nussbeck 2004). Im Fall von Stiefkindern ist diese Verpflichtung nicht gegeben, hier kommt es vermutlich eher auf die Beziehungsqualität an. Bei kinderlosen Erblassern können sich generative Akte auf die nachfolgende Generation allgemein beziehen, beispielsweise indem Patenschaften übernommen oder Stiftungen gegründet werden. Andere setzen sich in kulturellen Bereichen für die nachfolgende Generation ein. Generative Akte werden als befriedigend, erfüllend und sinnstiftend erlebt und gehen mit höherem Wohlbefinden und Selbstvertrauen im Alter einher. Den Gegenpol hierzu bildet laut Erikson die „Stagnation" beziehungsweise „Selbstabsorption", das Kreisen um sich selbst, verbunden mit Gefühlen der Leere und Sinnlosigkeit, Langeweile und sozialer Isolation.

In der Erbschaftsforschung hat sich die Konfrontation mit der eigenen Sterblichkeit, die als eine der größten menschlichen Ängste gilt, als wichtiger Einflussfaktor herauskristallisiert. Als theoretischer Rahmen hierzu wird die Terror-Management-Theorie (vgl. Rosenblatt/Greenberg/Solomon/Pyszczynski/Lyon 1989) herangezogen, deren Kernaussage lautet: Die Gewissheit, selbst sterben zu müssen, ist für Menschen extrem bedrohlich und löst daher intensive Angstreaktionen („terror") aus. Daher entwickeln sie Strategien, diese Angst in den Griff zu bekommen („terror management"), wobei zwei Mechanismen unterschieden werden. Einen ersten Weg zur Abwehr dieser Angst bieten kulturelle Weltbilder, die den Menschen angesichts dieser Verletzlichkeit Orientierung und Sicherheit bieten und dem Leben einen Sinn geben. Das funktioniert aber nur, wenn sie glauben, selbst einen Beitrag zu diesen kulturellen Weltbildern geleistet zu haben. Letzteres gibt Menschen das Gefühl, etwas von sich in der Welt zu hinterlassen, sich also symbolisch unsterblich zu machen. Das nahende Lebensendes aktiviert diesen Abwehrmechanismus: die Menschen neigen dann dazu, das eigene Weltbild und die eigenen Werte aufzuwerten. Demzufolge reagieren sie jenen Menschen gegenüber ablehnend, die andere Normen vertreten. Dies konnte empirisch untermauert werden: Unter experimentell induzierter Mortalitätssalienz führte unmoralisches Verhalten potentieller Erben zu einer deutlichen Verringerung des Erbteils (vgl. Bossong/Kamkar 1999). Ein zweiter Mechanismus der Angstabwehr ist das Gefühl der eigenen Bedeutsamkeit: Ein positives Selbstbild kann die Angst vor der eigenen Vergänglichkeit zumindest etwas abmildern, dient als eine Art Puffer.

Die Motivationslage der Erblasser

Erblasser haben ganz unterschiedliche Motive, wenn sie ihr Vermächtnis regeln. Gesellschaftlich erwartet wird, dass sie vor allem ihren Kindern etwas hinterlassen. In einer aktuellen australischen Studie wird die jetzige Elterngeneration hinsichtlich ihrer Motivlage im Erbgeschehen näher beleuchtet. Dabei ergaben sich zwei kontrastierende Positionen: Eltern als „hedonistic self-servers" oder als „sensible squirrels" (vgl. Lawrence/Goodnow 2011). Die erste Position charakterisiert die Elterngeneration als „SKIer" („an elder who is spending the kids' inheritance"), die ihre persönlichen Konsumbedürfnisse (beispielsweise Reisen) über die ihrer Kinder stellen, so dass ihre Nachkommen leer ausgehen. „Sensible Eichhörnchen" dagegen sparen ihr Geld, um für das höhere Alter vorzusorgen, falls sie pflegebedürftig werden. Wie die Eichhörnchen-Metapher nahelegt, neigen sie dazu, Dinge, speziell Wohneigentum, zu bewahren.

Die Entscheidungen von Erblassern haben weitreichende Konsequenzen, denn im Fall einer Fehlentscheidung ist viel zu verlieren: Was sie im Lauf ihres Lebens erwirtschaftet haben, steht auf dem Spiel. Das Erbe symbolisiert häufig das Lebenswerk, das der nachfolgenden Generation vermacht wird (vgl. Leopold 2009). Allerdings bekommt der Erblasser von den Folgen seiner Entscheidung nichts mehr mit. Einige legen ihren letzten Willen schriftlich fest, durchschnittlich im Alter von 52 Jahren (vgl. Allensbach 2006). Drei Viertel der Erblasser aber überlassen die Erbschaftsregelung dem Zufall beziehungsweise der gesetzlichen Erbfolge (vgl. Schönberger 2008). Dies wird auf zwei Gründe zurückgeführt: Erstens wird die eigene Sterblichkeit gern verdrängt und zweitens herrscht ein „Harmoniemythos" vor, also die Erwartung, die Kinder würden sich schon einigen (vgl. Schönberger 2008). Letzteres wird durch die Ergebnisse der Postbankstudie (2013) untermauert, der zufolge nur circa 10 Prozent der Erblasser mit Streitigkeiten zwischen den Erben rechnen. Die Gefahr von Konflikten ist in den modernen Familienformen erhöht, hier ist häufiger mit Ressentiments gegenüber neuen Familienmitgliedern (Partnern und Stief- oder Halbgeschwistern) zu rechnen. In Stieffamilien, in denen Erbfolgen nicht gesetzlich geregelt sind, werden häufig Testamente verfasst (vgl. Lettke 2004). Dabei können Kränkungen und Schuldgefühle in die Entscheidungsprozesse einfließen.

Abbildung 1: Wünsche von Erblassern beim Vererben

Quelle: Postbank 2013

Eine zentrale Forschungsfrage ist, nach welchen Kriterien Menschen ihr Erbe aufteilen. Zu ihrer Beantwortung gibt es unterschiedliche methodische Herangehensweisen, wie etwa Interviews mit potentiellen Erblassern oder die Durchsicht von Testamenten. Eine übliche experimentelle Methode ist die Bearbeitung von Fallvignetten mit unterschiedlichen Erbkonstellationen, so wie beispielsweise die Arbeitsgruppe um Bossong (1999) vorgeht: Menschen unterschiedlichen Alters sollen sich in die Situation eines Erblassers hineinversetzen und ihr Erbe aufteilen. Dabei wurden verschiedene Bedingungen variiert: a) Induktion von Mortalitätssalienz, b) Verwandtschaftsgrad (leibliche Kinder, Neffen und Nichten sowie nicht-verwandte Personen) und c) Beitrag (moralisches Verhalten) der potentiellen Erben. Die Ergebnisse verdeutlichen erstens eine Priorität des Verwandtschaftsgegenüber dem Beitragsprinzip und zweitens, dass (vor allem negative) Beiträge bei der Aufteilung der Erbmasse mit abnehmendem Verwandtschaftsgrad an Bedeutung gewinnen (vgl. Bossong/Nussbeck 2004). Fraglich ist, inwieweit solche experimentellen Situationen die Realität von Menschen im Alter abbilden, die tatsächlich ihr Vermächtnis regeln. Hinweise auf die externe Validität liefern Übereinstimmungen mit den Ergebnissen anderer Studien, die unter natürlichen Bedingungen stattfanden.

Aus evolutionstheoretischer Sicht lassen sich zwei Kernprinzipien der Aufteilung unterscheiden: die Gleichbehandlung von Verwandten versus die Gleichheitsabstimmung nach Gegenseitigkeit (vgl. Euler 2007). Legen diese beiden Prinzipien unterschiedliche Aufteilungen nahe, sind Konflikte quasi unvermeidbar (vgl. Bossong/Nussbeck 2004).

Gleichbehandlung von Verwandten: Nach diesem Prinzip wird nach Verwandtschaftsgrad gemeinschaftlich geteilt. Leibliche Kinder werden gleichgestellt, unabhängig von deren Verdiensten um das Wohlergehen des Erblassers. Diese einfachste Lösung soll helfen, Konflikte zwischen den Kindern zu vermeiden. „Transparenz und eine klare Aufteilung des Nachlasses" werden von 77 Prozent der Deutschen als „ganz besonders wichtig" erachtet (Postbank 2013).

„Gleichheitsabstimmung nach Gegenseitigkeit": Bei diesem Prinzip wird danach verteilt, wer bestimmte Gegenleistungen erbracht hat, unabhängig vom Verwandtschaftsgrad. Hier zählt nur, was jemand für den Erblasser geleistet hat. Praktische Hilfeleistungen lassen sich aber nur schwer in Geld umrechnen und die emotionale Solidarität in Familien widerspricht einem solchen Aufrechnen. Außerdem werden Verdienste sehr subjektiv bewertet und daher häufig kontrovers gesehen. Manche Eltern wollen über eine besondere Berücksichtigung im Testament absichern, dass ein bestimmtes Kind sie im Alter versorgt. Nicht selten soll beispielsweise eine pflegende Tochter als Ausgleich für ihren Einsatz das Elternhaus erhalten.

Weitere Kriterien sind die Bedürftigkeit einzelner Kinder, besondere Sympathien der Eltern für ein Kind sowie subjektive Beziehungserfahrungen.

Bedürftigkeit: Einige Eltern orientieren sich bei ihren Entscheidungen an der Bedürftigkeit ihrer Nachkommen, indem sie beispielsweise ein finanziell schlechter gestelltes Kind in ihrem Testament gegenüber einem besser gestellten begünstigen. Dabei verbinden Eltern damit durchaus positive Absichten derart, dass sie einen finanziellen Ausgleich unter ihren Kindern schaffen wollen. Allerdings zeigte McGarry (1999), dass Eltern eher zu Lebzeiten benachteiligte Kinder mit ihren Zuwendungen begünstigen, während sie beim Vererben keine Unterschiede machen. Inter-vivo-Transfers und beabsichtigte Erbschaften folgen offenbar unterschiedlichen Gesetzen (vgl. Light/McGarry 2003). Bedürftigkeit spielt offenbar besonders in Kombination mit Verdienst eine Rolle bei der Verteilung der Erbmasse (vgl. Drake/Lawrence 2000). Dabei ist allerdings entscheidend, ob die Erblasser die Bedürftigkeit als selbstverschuldet oder durch einen Notfall wie eine Krankheit oder einen Unfall bedingt verstehen.

Bevorzugung: Mit der Verteilung der Erbgüter bringen Eltern ihre Position den Kindern gegenüber klar zum Ausdruck. Lieblingskinder werden großzügiger bedacht als abgelehnte Kinder. Ein Testament ist öffentlich, daraus geht deutlich die Wertschätzung des Elternteils für ein Kind im Vergleich zu den anderen hervor (vgl. Drake/Lawrence 2000). Oft spiegelt dies die Beziehungsgeschichte wider: „Die Erbschaft steht überdies stellvertretend für die gelebten Beziehungen zwischen den Generationen." (Lauterbach/Lüscher 1996: 66) Der Besitz verleiht der älteren Generation Macht, denn finanzielle Zuwendungen sind oft an Bedingungen geknüpft und bedeuten Bewertung und Kontrolle. Manche Eltern nutzen diese aus, um ihre Kinder zu manipulieren, schikanieren oder gegeneinander auszuspielen. Dabei kann es sich um Racheakte für lange zurückliegende Zurückweisungen handeln.

Kinder als Erben

Die Geschwisterbeziehung im höheren Alter

Aufgrund der gemeinsamen Lebensgeschichte fühlen sich viele Geschwister einander verbunden und pflegen bis ins hohe Alter hinein Kontakt, auch wenn Einschränkungen in Gesundheit und Mobilität diesen zunehmend erschweren (vgl. Cicirelli 1995). Bereits ab dem mittleren Alter, wenn die Kinder aus dem Haus sind und Verluste im persönlichen Umfeld häufiger werden, kommt es oft zu einer (Wieder-)Annäherung (vgl. Bedford 1997). Besonders Schwestern stehen einander nah, während Brüder weniger in das Leben des anderen involviert sind. Guter Geschwisterkontakt trägt zu Lebenszufriedenheit und Wohlbefinden sowie einem Gefühl emotionaler Sicherheit und Kontinuität bei (vgl. Bedford, 1997; Cicirelli, 1995). Die einzigartige Kombination – Altersgefährte plus Familienmitglied – prädestiniert Geschwister, Vertraute füreinander zu sein. Als wesentliche Entwicklungsaufgabe der Geschwisterbeziehung im Alter betrachtet Goetting (1986) die *Reminiszenz*, das heißt das Pflegen gemeinsamer Erinnerungen im Zuge des Lebensrückblickes. Mangels gemeinsamer Familiengeschichte ist dies dagegen bei Stief- und Halbgeschwistern kaum möglich. Im Zuge der Reminiszenz setzen sich Menschen mit der Sinnfrage auseinander und ziehen Bilanz über das, was sie bisher im Leben erreicht beziehungsweise angesichts begrenzter Optionen noch vorhaben. Hier bestehen Parallelen zum Konzept der Generativität (siehe auch unten).

Veränderungen der Geschwisterbeziehung werden nicht selten durch kritische Lebensereignisse wie Erkrankung oder Verwitwung ausgelöst. In solchen Krisenzeiten leisten sich Geschwister gegenseitig emotionalen Beistand und funktionale Unterstützung. Eine Herausforderung für Geschwister im mittleren Alter stellt die Organisation der Betreuung und Versorgung ihrer alternden Eltern dar. Die Übernahme von Verantwortung und Fürsorge für die Eltern wird als Erreichen der „filialen Reife" (Blenkner 1965) bezeichnet und geht mit einer Rollenumkehr in der Eltern-Kind-Beziehung einher. In der Regel übernimmt eine Schwester die Rolle der Hauptversorgerin für die alten Eltern (vgl. Zank 2008). Die Pflege bringt erhebliche Belastungen und Einschränkungen mit sich. Gefühle der Überforderung stellen sich vor allem dann ein, wenn die anderen Geschwister wenig Unterstützung leisten, beispielsweise weil sie weit weg wohnen. Die Last wächst mit zunehmendem Grad der Pflegebedürftigkeit der Eltern und ist besonders ausgeprägt, wenn keine gute Beziehung zu den Eltern besteht (vgl. Zank 2008).

Als herausragendes kritisches Lebensereignis ist der Tod des letzten Elternteils zu bewerten. Nun sind die Kinder selbst die Ältesten in der Familie, was ihnen ihre eigene Endlichkeit bewusst macht. Der Elterntod lässt Geschwister in ihrer gemeinsamen Trauer oft – zumindest vorübergehend – (wieder) zusammenrücken. Allerdings sind die Befunde hierzu nicht eindeutig (vgl. Sanders 2004). Die Geschwisterbeziehung kann sich nach dem Tod der Eltern verbessern, wenn diese vorher durch das elterliche Verhalten, insbesondere eine Ungleichbehandlung, belastet war. Demgegenüber kann es aber auch zu Entfremdung oder Distanzierung kommen, beispielsweise infolge von Konflikten über die Beerdigung (vgl. Umberson 2003). Nach dem Tod der Mütter fallen diese als Verbindungsglieder und Vermittlerinnen („kin-keeper") in den Familien weg, die Kinder über das Leben der anderen informieren (vgl. Fuller-Thomson 1999–2000). Danach werden die Familienrollen neu verteilt und es muss sich zeigen, ob jemand von nun an diese Rolle des „kin-keepers" übernimmt (Umberson 2003).

Generell wird die Geschwisterbeziehung als hochambivalent beschrieben, gekennzeichnet durch große Nähe, aber auch durch Rivalität. Da in dieser Lebensphase alte Rivalitäten wieder aufbrechen können (vgl. Matthews/Rosner 1988), hebt Goetting (1986) die *Lösung von Geschwisterrivalitäten* als weitere wichtige Entwicklungsaufgabe im Alter hervor. Andauernde Rivalität kann den Prozess der gemeinsamen Reminiszenz beeinträchtigen. Noch im Erwachsenenalter ziehen manche Geschwister, vor allem Brüder, einander als Maßstab heran, an dem sie ihren eigenen Erfolg messen. So können sich frühe Rivalitäten bis ins Erwachsenenalter hinein fortsetzen (vgl. Bedford 1997; Ross/Milgram 1982). Andere Autoren vertreten die Meinung, die Rivalität nehme mit dem Alter ab, weil die Geschwister sich um Konfliktvermeidung bemühen, um ihre Beziehung nicht zu gefährden (vgl. Cicirelli 1995).

Weiter wird der *elterlichen Ungleichbehandlung* eine herausragende Bedeutung für die Qualität geschwisterlicher Kontakte beigemessen (vgl. Boll/Ferring/Filipp

2001). Die Folgen elterlicher Ungerechtigkeit sind auch bei erwachsenen Geschwistern noch deutlich zu spüren. Entscheidend ist dabei die subjektiv wahrgenommene Ungleichbehandlung und nicht das tatsächliche Elternverhalten, das sich auch nur schwer objektivieren lässt. Der überwiegende Teil der Forschung behandelt die Perspektive von Kindern und Jugendlichen. Eine Ausnahme bildet die Studie von Ferring, Boll und Filipp (2003), in der Menschen mittleren Alters retrospektiv zum Elternverhalten befragt wurden. Überwiegend werden Benachteiligungen durch die Eltern in Kindheit und Jugend bezüglich Zuneigung, Disziplinierung und Privilegien berichtet. Als wichtiger Faktor kristallisierte sich die Rechtfertigung von Ungleichbehandlung heraus: Gefühle des Benachteiligung können abgemildert werden, wenn Eltern die Unterschiede in ihrem Handeln den einzelnen Kindern gegenüber begründen, beispielsweise mit deren Alter oder unterschiedlichen Bedürfnissen (vgl. Kowal/Kramer 1997).

Benachteiligungen verschlechtern die Beziehung zum jeweiligen Elternteil und gehen mit einer geringeren Unterstützungsbereitschaft diesem gegenüber einher (vgl. Ferring/Boll/Filipp 2003). Die Geschwisterbeziehung leidet umso mehr, je größer die Unterschiede im Elternverhalten sind. Aber auch Bevorzugungen werden nicht nur positiv (z.B. höheres Selbstwertgefühl) erlebt, sondern können zu Schuldgefühlen gegenüber dem benachteiligten Geschwister führen.

Darüber hinaus wurden alters- und geschlechtsspezifische Effekte ermittelt. Töchter fühlen sich tendenziell häufiger benachteiligt als Söhne. Außerdem nehmen ältere Geschwister eher Benachteiligungen wahr als jüngere. Auch im frühen Erwachsenenalter fühlen sich Erst- und Letztgeborene häufiger bevorzugt (vgl. Salmon/Schackelford/Michalski 2012). Des Weiteren wird die mütterliche Benachteiligung intensiver erlebt und wirkt sich ungünstiger auf die Geschwisterbeziehung aus als die väterliche (vgl. Ferring/Boll/Filipp 2003) Dies wird auf die stärkere Präsenz von Müttern im kindlichen Alltag zurückgeführt. Zu einem anderen Ergebnis jedoch kamen Kowal und Kramer (1997), die einen stärkeren negativen Effekt der väterlichen Ungleichbehandlung ermittelten, allerdings für Jugendliche. Die Gefahr von Ungleichbehandlungen ist in Stieffamilien vermutlich noch erhöht, in denen leibliche und Stiefkinder um die – sowieso schon knapperen – elterlichen Ressourcen konkurrieren.

Geschwister als Erben

Obwohl Erbschaften mit dem Tod eines Elternteils einhergehen, der in der Regel mit ausgeprägten Trauerreaktionen verbunden ist, ist eine Erbschaft dennoch sehr willkommen. Für die Kinder bietet das Erbe die Chance, ihre Alterssicherung zu verbessern oder sich bestimmte Wünsche wie einen Hausbau, größere Anschaffungen oder Reisen zu erfüllen. Daher sind sie ihren Eltern auch über deren Tod hinaus dankbar und behalten sie in guter Erinnerung. Das Antreten eines Erbes kann aber auch verpflichten, bestimmte Traditionen fortzuführen und das Ansehen der Familie hochzuhalten, wie beispielsweise in Familienunternehmen (siehe Beitrag in diesem Band). Historisch gut belegt ist die Bevorzugung von Erstgeborenen im Erbrecht, die in bäuerlichen Familien üblicherweise den Hof der Eltern übernahmen und sich als Ausgleich im Alter um diese kümmern mussten. Heute wird dies weniger strikt gehandhabt. Erbschaften können aber auch mit negativen Gefühlen einhergehen. So kann eine Erbschaft auch Schuldgefühle hervorrufen, wenn der Erbe seine Eltern zu Lebzeiten vernachlässigt hat. Umgekehrt kann das Erbe auch als Wiedergutmachung für erlebte Kränkungen durch die Eltern bewertet werden.

In der aktuellen Erbengeneration gibt es einige Besonderheiten. Angesichts sinkender Kinderzahlen muss das Erbe heute unter weniger Nachkommen aufgeteilt werden und die Zahl der Alleinerben, die teilweise über große Vermögen verfügen, nimmt zu. Weiterhin müssen Kinder infolge der gestiegenen Lebenserwartung der Elterngeneration heute länger auf ihren Erbteil warten. Meist werden Erbschaften im Alter von 50 bis 60 Jahren angetreten, einer Lebensphase, in der sich die Kinder bereits beruflich und familiär etabliert haben (vgl. Lauterbach/ Lüscher 1996) und daher nicht auf das Erbe angewiesen sind.

Da im deutschen Rechtssystem Testierfreiheit herrscht, ist der Erblasser in seiner Gestaltung kaum eingeschränkt. Die wenigen Ausnahmen stellen insbesondere die Regelungen zum Pflichtteil von leiblichen und adoptierten Kindern dar. Im aktuellen Erbrecht sind die direkten Abkömmlinge des Erblassers Erben erster Ordnung, die zu gleichen Teilen erben (§ 1924 BGB). Es gilt das sogenannte Stammesprinzip: Die Erben, die über denselben Verwandten mit dem Erblasser verwandt sind, bilden jeweils einen Stamm. Das heißt, jedes Kind des Erblassers begründet einen neuen Stamm; jeder Stamm erbt zu gleichen Teilen. Diese gleiche Berücksichtigung von Kindern im Erbprozess ist neueren Datums, entstanden im Zuge einer allgemeinen Tendenz zu mehr Gleichberechtigung in Familienbeziehungen. In den neuen Familienformen sieht die rechtliche Situation anders aus. Stiefkinder haben nur bei ihren leiblichen Eltern ein gesetzliches Erbrecht, bei ihren Stiefeltern besteht dagegen kein gesetzlicher Anspruch. Ähnlich verhält es sich in Regenbogenfamilien, in denen nur ein Elternteil ein Kind adoptieren darf: Nur zwischen diesem und dem Adoptivkind bestehen erbrechtliche Ansprüche, nicht jedoch bei der beziehungsweise dem eingetragenen Lebenspartner beziehungsweise Lebenspartnerin. Daher sind in beiden Fällen testamentarische Verfügungen erforderlich.

Erbengemeinschaften sind Zwangsgemeinschaften. Jedes Geschwister ist ein Konkurrent um das elterliche Erbe. Eine Bevorzugung des einen Erben geht automatisch mit einer Benachteiligung des anderen einher (vgl. Bossong 1999). Laut der Postbankstudie (2013) ist jede sechste Erbschaft (17 Prozent) in Deutschland von Streitigkeiten, meist unter Geschwistern, begleitet. Rund 25 Prozent der Erben erwarten solche Konflikte, wobei als häufigste Ursachen genannt werden, dass einige Hinterbliebene sich benachteiligt fühlen (73 Prozent), oder die Hinterbliebenen schon vorher zerstritten waren (57 Prozent). Hauptursache dieser Konflikte sind also Ungerechtigkeiten bei der Verteilung der Erbgüter, die selbst bisher harmonische Familienbeziehungen auf eine harte Probe stellen: „Where inheritance distributions are concerned, however, perceptions of injustice may sour family relationships for generations." (Drake/Lawrence 2000: 272) Auch diesbezüglich ist in Stieffamilien ein noch höheres Streitpotential zu vermuten. Leibliche und Stiefkinder mussten sich schon zu Lebzeiten der Eltern die knapperen Ressourcen teilen, was sich im Erbschaftsfall noch einmal zuspitzen dürfte.

Die elterliche Ungleichbehandlung lässt alte Rivalitäten wieder aufbrechen, welche die Geschwisterbeziehung nachhaltig schwer belasten. Nicht erfüllte Hoffnungen und nicht eingelöste Versprechen können Verbitterung und Gefühle der Demütigung auslösen und das Ansehen der Eltern in Frage stellen. Das benachteiligte Kind ist gekränkt und enttäuscht, neben Wut können sich aber auch Scham oder Schuldgefühle einstellen. Beispielsweise wenn ein Erbe, der von der Erbfolge ausgeschlossen wurde, seinen Pflichtteil einfordert, hat dies oft langwierige zähe Auseinandersetzungen zur Folge.

Die Verteilung wird von den Erben oft ganz anders erlebt, als sie vom Erblasser gemeint war. Eine ungleiche Verteilung verlangt nach einer Rechtfertigung (vgl. Drake/Lawrence 2000), die aber posthum nicht mehr möglich ist. Die Eltern stehen nicht mehr zur Verfügung, um zwischen den Kindern zu vermitteln und ihre Absichten zu erläutern. Erschwerend kommt hinzu, dass in den meisten Familien nicht über das Erbe kommuniziert wird. Die Hälfte der Erblasser hat nicht mit den vorgesehenen Erben über ihre Pläne gesprochen, so die Ergebnisse der Postbankstudie. Die Akzeptanz der Betroffenen würde sich wohl erhöhen, wenn ungleiche Behandlungen vorher offen angesprochen und die Betroffenen nicht einfach vor vollendete Tatsachen gestellt würden (vgl. Lawrence/Goodnow 2011). Am ehesten wird von den anderen Geschwistern die Zuteilung eines großzügigeren Erbteils akzeptiert, wenn sich ein bestimmtes Geschwister einen Vorteil verdient hat. Dies ist der Fall, wenn beispielweise die Tochter, die die alten Eltern versorgt hat, einen nachträglichen Ausgleich für die Pflegeleistungen erhält.

Folgender Mechanismus hilft zu verstehen, warum selbst Eltern, die nach bestem Wissen und Gewissen versuchen, ihre Kinder gleich zu behandeln, Unterschiede nicht verhindern können. Nach der Gleichverteilungsheuristik verteilen Eltern zu jedem Zeitpunkt ihre Ressourcen vollkommen gerecht auf ihre Kinder (vgl. Hertwig/Davis/Sulloway 2002). Dennoch ist eine ungleiche Investition systembedingt unvermeidbar, da sich aus der der Geburtenrangfolge und dem damit verbundenen Altersabstand automatisch eine Ungleichbehandlung ergibt. Je nach Geburtenrang wächst der „Kontostand" der Nachkommen an erhaltenen Ressourcen unterschiedlich an. Erst- und Letztgeborene genießen die ungeteilte Zuwendung ihrer Eltern jeweils eine Zeit lang allein. Mittlere Kinder dagegen müssen von Anfang bis Ende teilen, ihre Benachteiligung verstärkt sich, je mehr Kinder vorhanden sind und je kleiner deren Altersabstand ist.

Ein weiterer Streitpunkt entsteht manchmal durch die Art des Erbes, z. B. wenn Erbstücke wie Häuser nicht teilbar sind, oder wenn unterschiedliche „Währungen" vorliegen, beispielsweise Geld gegen eine Immobilie aufgewogen werden muss. Bei den Erbstücken muss es sich nicht unbedingt um wertvolle Dinge wie Familienschmuck oder Münzsammlungen handeln. Auch einfache Gebrauchsgegenstände, die eine Familiengeschichte haben und eng mit Erinnerungen an den Verstorbenen verbunden sind, können eine besondere Bedeutung erlangen.

Zusammenfassung und Ausblick

Zusammenfassend lässt sich festhalten, dass Geldflüsse generell in engen Beziehungen einen hohen symbolischen Wert haben, weil sie ein wirkungsvolles Mittel sind, der Qualität von Beziehungen Ausdruck zu verleihen. Das gilt umso mehr für das bisher zu Unrecht vernachlässigte Thema Erben und Vererben, das aus familienpsychologischer Sicht einen vielversprechenden innovativen Ansatz bietet, um typische Familienmuster abzubilden. Solche Muster sind immer vor dem Hintergrund der jeweiligen Familiengeschichte zu verstehen und entfalten in jedem Lebensabschnitt ihre eigene Dynamik. Das Ende eines Familienzyklus ist ein emotional bedeutsamer Moment, verbunden mit der Trauer der Kinder um den Tod des letzten Elternteils. Die Art und Weise, wie dessen Hinterlassenschaft auf die Hinterbliebenen aufgeteilt wird, beeinflusst die Beziehung der Nachkommen untereinander und gegebenenfalls auch zu anderen Erben erheblich. Einerseits können Erbschaften über den Tod der Eltern hinaus die Kinder verbinden, indem sie eine „gemeinschaftliche Identität der Familie (schaffen), sie verbinden tote und lebende Familienangehörige als letzter Kommunikationsvorgang" (Szydlik 2000: 147). Andererseits können frühere ungelöste Konflikte wieder aufbrechen. Unstimmigkeiten über das Erbe können sogar dazu führen, dass Beziehungen abbrechen und Familienverbände sich auflösen.

Auf Seiten der Eltern stellt das Vererben den letzten Akt der Ressourcenvergabe im Sinne der Eriksonschen Generativität dar: Das Bewusstwerden der eigenen Endlichkeit geht oft mit dem Wunsch der Eltern einher, den Kindern und deren Nachkommen etwas zu hinterlassen, um so in guter Erinnerung zu bleiben. Die Motive, die Menschen bei der Verteilung ihres Erbens leiten, sind vielschichtig. Dabei werden zwei Kernprinzipien unterschieden: das Verwandtschafts- gegenüber dem Beitragsprinzip. Dominiert wird der elterliche Entscheidungsprozess oft von der abstrakten Regel, alle Kinder gleich zu behandeln. Diese allgemeine Norm kann aber mit dem persönlichen Wunsch kollidieren, einzelnen Kindern durch besondere Zuwendungen für erbrachte Hilfeleistungen zu danken oder für bedürftige Kinder auch zukünftig weiter zu sorgen.

Auf Seiten der Kinder kann das Erben als potentieller Kristallisationspunkt geschwisterlicher Rivalität gesehen werden. Erbkonflikte können erheblichen Un-

frieden in der Familie stiften und Beziehungen noch lange über den Tod der Eltern hinaus beeinträchtigen. Mit intensiven Konflikten ist zu rechnen, wenn die
elterliche Aufteilung des Erbes als ungerecht empfunden wird, was seine Wur-
zeln oft bereits in (gefühlten) Ungleichbehandlungen in früheren Lebensphasen
hat. Solche subjektiv erlebten Benachteiligungen werden als Hauptursache von
Streitigkeiten zwischen Geschwistern gesehen und sind von Elternseite schwer
zu widerlegen. In Abhängigkeit von Alter und Geburtenrang der Kinder sind aber
ungleiche Verteilungen der elterlichen Ressourcen kaum zu vermeiden. Nichtsdestotrotz stehen viele Geschwister im Alter einander nahe, schon allein durch die
lange gemeinsame und in dieser Form einzigartige Geschichte, die sie nach dem
Tod der Eltern in gemeinsamer Reminiszenz kultivieren.

Angesichts des aktuell großen Forschungsdefizits bei dieser Thematik sind noch
viele Fragen offen, die weiterer Forschung bedürfen.

Erstens sind die Familienstrukturen infolge der Pluralisierung der Familienformen
(beispielsweise Patchwork-Familien, Regenbogenfamilien) heute deutlich komplexer als früher, was in neuartigen Dynamiken auch im Erbschaftsgeschehen resultiert und diese weiter verkompliziert. Allein die Rechtslage ist schwieriger, von den
Familiendynamiken ganz zu schweigen. Wenn Menschen, die nicht als zur Familie gehörend wahrgenommen werden, dennoch im Testament bedacht werden, löst
dies oft Ärger bei den rechtmäßigen Nachkommen aus (vgl. Lawrence/Goodnow
2011; Light/McGarry 2004). Konflikte zwischen leiblichen und Stiefkindern oder
Kindern aus erster und späterer Ehe der Eltern sind quasi vorprogrammiert, wenn
nicht vorher eine faire testamentarische Regelung erfolgt ist.

Zweitens bestehen aufgrund der gestiegenen Lebenserwartung der Elterngeneration heute nicht selten auch enge Beziehungen zu (Ur-)Enkeln. Manche Erbschaften
überspringen daher eine Generation und gehen direkt von den Großeltern an die
Enkel (vgl. Hagestad 2006). Generell erscheint es aus einer Mehrgenerationen-
perspektive interessant, ob und wie familiale Geldkulturen von Generation zu
Generation weitergegeben werden und welche spezifischen Probleme sich dabei
ergeben, wie zum Beispiel in Familienunternehmen.

Da sich alle bisherigen Ausführungen auf westliche Industrienationen beziehen,
sollten *drittens* zukünftig verstärkt Vergleiche zu anderen Kulturen gezogen wer-
den. Erste Ansätze hierzu finden sich beispielsweise bei Nauck (2010), der in seiner
Studie normative Erbschaftserwartungen in sechs Kulturen gegenüberstellt. Da
Deutschland ein Einwanderungsland ist, ergeben sich zunehmend auch vielfältige
Formen bi-kultureller Familien, in denen unterschiedliche Wertsysteme über das
Erben und Vererben aufeinanderprallen und Konfliktstoff liefern.

Literatur

Allensbacher Archiv (2006): ifD-Umfrage 7094.

Bedford, V. (1997): Sibling relationships in middle adulthood and old age. In: R. M. Bliezner & V.

Bedford (Eds.): Handbook on aging and the family (pp. 201–222), Westport, CT: Greenwood.

Blenkner, M. (1965): Social work and family relationships in later life with some thoughts on filial maturity. In: E. Shanas & G. F. Streib (Eds.), Social structure and the family (pp. 46–59. Englewood Cliffs, NJ: Prentice-Hall.

Boll, T./Ferring, D./Filipp, S.-H. (2001): Struktur und Folgen elterlicher Ungleichbehandlung von Geschwistern: Forschungsstand und -desiderate. Zeitschrift für Entwicklungspsychologie und Pädagogische Psychologie, 33 (4), 195–203.

Borchers, A. (1997): Die Sandwich-Generation. Ihre zeitlichen und finanziellen Belastungen. Frankfurt: Campus.

Bossong, B. (1999): Erbschaftsaufteilungen, moralisches Verhalten und die Konfrontation mit der eigenen Sterblichkeit. Gruppendynamik, 30 (1), 93–102.

Bossong, B./Kamkar, P. (1999): Moral, Verwandtschaft und Mortalitätssalienz als Determinanten von Erbschaftsaufteilungen. Gruppendynamik, 30, 427–443.

Bossong, B./Nussbeck, F. (2004): Konflikte bei Erbschaftsaufteilungen: Verwandtschaft, Beiträge und Aufteilungspräferenzen. Zeitschrift für Sozialpsychologie 35 (3), 143–156.

Bromme, M. B. (2011): Willenlos – Wehrlos – Abgezockt: Erbschleicherei. München: Utz.

Cicirelli, V. G. (1995): Sibling relationships across the life span. New York: Plenum Press.

Drake, D. G./Lawrence, J. (2000): Equality and distribution of inheritance in families. Social justice research, 13, 271–290.

Erikson, E. (1966): Identität und Lebenszyklus. Frankfurt: Suhrkamp.

Euler (2007): Psychologische Aspekte in der anwaltlichen Beratung von Erbengemeinschaften. Vortrag auf der 2. Deutschen Erbrechtstag, Berlin.

Ferring, D./Boll, T./Filipp, S. (2003): Elterliche Ungleichbehandlung in Kindheit und Jugend aus der Perspektive des mittleren Erwachsenenalters. ZEPP, 35 (2), 83–97.

Fooken, I. (1985): Familienentwicklung im Erwachsenenalter – Probleme und Chancen erwachsener Eltern-Kind-Beziehungen". Vortrag auf der 7. Tagung Entwicklungspsychologie, Trier.

Fooken, I. (1998): (In-)diskrete Geheimnisse? Zur Dynamik des Geldes in familiären Beziehungen. In: S. Gräbe (Hrsg.), Vom Umgang mit Geld (143–163). Frankfurt: Campus.

Fuller-Thomson, E. (1999–2000): Loss of the kin-keeper? Sibling conflict following parental death. Omega, 40, 547–559.

Gerlitz, J-Y. (2008): Distributive Gerechtigkeit in der Familie. Zur Integration sozialer und persönlicher Faktoren bei der Erklärung der Präferenz von Familienideologien. BJS 18, 4, 632–648.

Goetting, A. (1986): The developing tasks of siblingship over the life circle. Journal of marriage and the family, 48, 703–714.

Hagestad, G. (2006): Transfers between grandparents and grandchildren: The importance of taking a three-generation perspective. Zeitschrift für Familienforschung, 18 (3), 315–332.

Hertwig, R./Davis, J./Sulloway, F. (2002): Parental investment: How an equity motive can produce inequality. Psychological bulletin, 128, 728–745.

Hofer, M. (2008): Familienbeziehungen in der Entwicklung. In: M. Hofer, E. Wild & P. Noack (Hrsg.). Lehrbuch Familienbeziehungen (4–27). Göttingen: Hogrefe.

Jonas, K. J./Jonas, H. A. (2013): Konfliktfrei vererben. Göttingen: Hogrefe.

Kohli, M. (2005): Intergenerational transfers and inheritance: A comparative view. Annual review of Gerontology, 24, 266–289.

Kowal, A./Kramer, L. (1997): Children's understanding of parental differential treatment. Child development, 68, 113–126.

Lauterbach, W./Lüscher, K. (1996): Erben und Verbundenheit der Lebensverläufe von Familienmitgliedern. Kölner Zeitschrift für Soziologie und Sozialpsychologie, 48 (1), 66–95.

Lauterbach, W./Lüscher, K. (2003): Generationenbeziehungen in Familie und Gesellschaft. Konstanz: UVK.

Lettke, F. (2004): Vererben in Deutschland unter besonderer Berücksichtigung unterschiedlicher Familienformen. Vortrag auf dem Kongress der DGS, München.

Lawrence, J. A./Goodnow, J. J. (2011): Perspectives on intergenerational bequests. Family matters, 88, 5–14.

Leopold, T. (2009): Erbschaften und Schenkungen im Lebenslauf. Bamberg: University of Bamberg Press.

Light, A./McGarry, K. (2004): Why parents play favorites: Explanations for unequal bequests. The American economic review, 94 (5), 1669–1681.

Lüscher, K./Liegle, L. (2003): Generationenbeziehungen in Familie und Gesellschaft. Konstanz: UVK.

Mann, T. (2008): Buddenbrooks. Der Verfall einer Familie. Stuttgart: Fischer.

Matthews, S. H./Rosner, T. T. (1988): Shared filial responsibility: The family as the primary caregiver. Journal of marriage and the family, 50, 185–195.

McGarry, K. (1999): Inter vivo transfers and intended bequests. Journal of Public Economics, 73, 321–351.

Moch, M. (1993): Bedeutung des finanziellen Transfers für die Generationen-beziehungen nach einer Scheidung. Arbeitspapier Nr. 2, Forschungsschwerpunkt „Gesellschaft und Familie". Universität Konstanz, Sozialwissenschaftliche Fakultät.

Motel, A./Szydlik, M. (1999): Private Transfers zwischen den Generationen. Zeitschrift für Soziologie, 28 (1), 3–22.

Nauck, B. (2010): Intergenerational relationships and female inheritance expectations. Journal of cross-cultural psychology, 41, 690–705.

Plogstedt, S. (2011): Abenteuer Erben. 25 Familienkonflikte. Stuttgart: Reclam.

Postbank (2013): Erbschaften in Deutschland 2013. Online verfügbar unter www.postbank.de/postbank/pr_presseinformation.

Rosenblatt, A./Greenberg, J./Solomon, S./Pyszczynski, T./Lyon, D. (1989): Evidence for terror management theory: 1. The effects of mortality salience on reactions to those who violate or uphold cultural values. Journal of personality and social psychology, 57, 681–690.

Ross, H. G./Milgram, J. I. (1982): Variables in adult sibling relationships. In: M. E. Lamb & B. Sutton-Smith (Eds.), Sibling Relationships: Their nature and significance across the lifespan (pp. 222–266). New Jersey: Lawrence Erlbaum Associates.

Salmon, C. A./Schackelford, T. K./Michalski, R. L. (2012): Birth order, sex of child, and perceptions of parental favoritism. Personality and individual differences, 52, 357–362.

Sanders, R. (2004): Sibling relationships. Theories and Issues of Practice. New York: Palgrave.

Schneewind, K. A. (2010): Familienpsychologie. Stuttgart: Kohlhammer.

Schönberger, B. (2008): Der Streit ums Erbe. Abrufbar unter www.birgit-schoenberger.de/pdf/der_streit_ums_erbe.pdf.

Szydlik, M. (2001): Wer hat, dem wird gegeben. ISI 25, 5–8.

Umberson, D. (2003): Death of a parent. New York: Cambridge University Press.

Walper, S./Gerhard, A./Schwarz, B./Gödde, M. (2001): Wenn an den Kindern gespart werden muss: Einflüsse der Familienstruktur und finanzieller Knappheit auf die Befindlichkeit von Kindern und Jugendlichen. In S. Walper & R. Pekrun (Hrsg.), Familie und Entwicklung (266–290). Göttingen: Hogrefe.

Zank, S. (2008): Familien mit Kindern im mittleren Erwachsenenalter. In: M. Hofer, E. Wild & P. Noack (Hrsg.). Lehrbuch Familienbeziehungen (290–311). Göttingen: Hogrefe.

Reichtum und Philanthropie als Vermächtnis[1]

von Miriam Ströing

„Wer hat, dem wird gegeben" (Szydlik 2001): Ein Großteil der hohen Erbschaften in Deutschland kommt von gut situierten Personen. Hinzu kommt eine aktuell konstatierte Erbschaftswelle derjenigen Vermögen, die nach dem zweiten Weltkrieg in den Zeiten des Wirtschaftswunders generiert wurden und seit Anfang des 21. Jahrhunderts auf die nächste Generation übergehen. Aufgrund der in Deutschland geringen Erbschaftssteuer und hohen Freibeträgen werden nur sehr geringe Teile dieser Transfers über die öffentliche Hand umverteilt. Resultierend stellt sich die Frage, wie und an wen reiche Personen ihr Vermögen nach ihrem Tod weitergeben. Neben Transfers an die Familie besteht unter anderem die Möglichkeit, gemeinnützige Organisationen zu bedenken und so über die eigene Lebenszeit hinaus gesellschaftliche Verantwortung zu übernehmen.

Eine Analyse der Vererbungspraxis in Deutschland ist auch abgesehen von dem aktuell hohen Volumen der Vermögenstransfers von gesamtgesellschaftlichem Interesse: Das Thema zivilgesellschaftlicher Beteiligung ist aktueller denn je. Angesichts der Wirtschafts- und Finanzkrise und demografischer Veränderungen sieht sich der deutsche Staat mit einer zunehmend prekären Finanzierungssituation konfrontiert, beispielsweise bezüglich des Gesundheits- oder Altersvorsorgesystems. Hier sind neue Lösungen vonnöten. Des Weiteren sinkt die staatliche Steuerungsfähigkeit, denn die Globalisierung verschafft der Wirtschaft gegenüber den Nationalstaaten insofern einen Wettbewerbsvorteil, als sie flexibler auf Änderungen reagieren kann und Nationalstaaten mit notwendigen Regulierungen in Verzug geraten. Neben Schwierigkeiten staatlicher Finanzierungskraft treten somit auch zunehmend Erfordernisse, politische Prozesse anders zu strukturieren und Problemlösefähigkeiten zu verbessern, wobei gleichzeitig ein schwindendes politisches Interesse seitens der Bürger konstatiert wird. Hinzu kommen gesellschaftliche Individualisierungstendenzen und der zunehmende Bedeutungsverlust traditional-familiärer Verbundenheit. Hiermit steigt auch das Bedürfnis nach Gemeinschaft außerhalb der Privatsphäre, gesamtgesellschaftlicher Mitwirkung und somit auch nach philanthropischem Handeln. All dies führt zu Diskussionen um zivilgesellschaftliche Modelle mit einer steigenden bürgerlichen Beteiligung. Von dieser verspricht man sich zum einen innovativere und flexiblere Problemlösestrategien und zum anderen die Möglichkeit zu Teilhabe und gesellschaftlicher Mitwirkung.

---

1 Für eine ausführliche Analyse der Thematik sowie auch bezüglich Philanthropie zu Lebzeiten siehe Ströing (2015).

In dieser Analyse wird gezeigt, inwieweit wohlhabende Personen planen, mindestens einen Teil ihres Vermögens gemeinnützig zu vergeben und über die eigene Lebenszeit hinaus gesellschaftliche Verantwortung zu übernehmen. Außerdem wird erarbeitet, welche strukturellen und individuellen Merkmale Engagierte von denen unterscheiden, die keine gesellschaftliche Verantwortungsübernahme in ihren Nachlass integrieren. Ein Indikator ist dabei etwa das Bildungsniveau, das sich positiv auf Spendentätigkeit und die Übernahme von Ehrenämtern auswirkt (vgl. Gensicke/Geiss 2010; Sommerfeld/Sommerfeld 2010). Die vorliegende Untersuchung basiert auf Daten der quantitativen Studie „Vermögen in Deutschland" (*ViD* 2008/2009).

Der Beitrag gliedert sich in sechs Abschnitte. Zunächst wird das Thema Reichtum aufgegriffen, da für dessen Definition kein wissenschaftlicher Konsens besteht. Die Verwendung und Definition von Reichtum in diesem Kontext ist somit klärungsbedürftig. Daraufhin wird das Verständnis von Philanthropie im Allgemeinen sowie als Teil des Vermächtnisses dargelegt. Es folgt eine Vorstellung der Daten. Im vierten Kapitel geht es schließlich darum, Ergebnisse zur Vererbungspraxis in *ViD* aufzuzeigen und gesamtdeutschen Ergebnissen gegenüberzustellen. Dies ermöglicht einen Überblick sowie eine gesellschaftliche Einordnung der folgenden Ergebnisse. Daraufhin erfolgt die Analyse des philanthropischen Vererbens. Hierbei wird untersucht, welche Merkmale diejenigen, die philanthropisch vererben, von denen unterscheiden, die keine gemeinnützigen Zwecke in ihr Vermächtnis zu integrieren planen. Diese Analyse erfolgt zunächst deskriptiv und darauf folgend inferenzstatistisch. Geschlossen wird mit einem Fazit.

Reichtum

Bei der Übernahme gesellschaftlicher Verantwortung wird Reichtum eine besondere Rolle zugeschrieben, da man hier den Ausdruck einer besonderen Schaffenskraft unterstellt. Dies hat mehrere Gründe. Erstens verfügen Reiche allein aufgrund ihrer finanziellen Möglichkeiten über ein hohes Potenzial, sich zu engagieren. Aufgrund der Fähigkeiten und Anstrengungen, die zum Reichtum geführt haben, werden ihnen zweitens auch in Bezug auf Innovation und Kreativität höhere Fähigkeiten und Möglichkeiten zugeschrieben, insofern man von einer überwiegend meritokratisch basierten Gesellschaft ausgeht. Jedoch tritt gerade in Deutschland eine weit verbreitete Skepsis gegenüber Reichen hinzu, die mit der Frage nach der Rechtfertigung von Reichtum zusammenhängt. Dabei spielen sowohl die legale Genese als auch die Art und Weise der Verwendung des Reichtums eine Rolle. Eine Legitimation sozialer Ungleichheiten durch akkumulierten Reichtum wird dabei insbesondere durch seine Verwendung für das Gemeinwohl erreicht (vgl. Schervish/Havens 2001).

Um das soziale Engagement reicher Personen zu untersuchen, ist zunächst einzugrenzen, wie monetärer Reichtum[2] im vorliegenden Beitrag definiert wird, da es keinen wissenschaftlichen Konsens darüber gibt, wann genau Reichtum anfängt. Grundsätzlich bestehen zwei Möglichkeiten, Reichtumsgrade zu unterscheiden. Zum einen können Einkommen verglichen werden und zum anderen lässt sich die Vermögenshöhe betrachten, wobei Einkommen eine Fließ- und Vermögen eine Bestandgröße sind. Darüber hinaus besteht eine Beziehung zwischen beiden Betrachtungsweisen, denn Einkommen vermag Vermögen zu generieren und Vermögen können Einkommen hervorbringen (vgl. Lauterbach/Kramer/Ströing 2011; Deutsche Bundesregierung 2001).

Analog zur Definition von Einkommensarmut, von der per definitionem Personen betroffen sind, die weniger als 50 oder 60 Prozent des mittleren beziehungsweise durchschnittlichen Einkommens generieren, lässt sich Reichtum ab einer Grenze des doppelten Durchschnitts- beziehungsweise Medianeinkommens festlegen. Teilweise wird diese Grenze auch bei 300 Prozent gezogen. Eine weitere Möglichkeit ist die Betrachtung von Einkommensmillionären. Auch die Differenzierung anhand der oberen ein oder zehn Prozent der Einkommensverteilung wird angewandt (vgl. Deutsche Bundesregierung 2001, 2005, 2008, 2013; Schupp (u. a.) 2003; Merz/Hirschel/Zwick 2005). In den letzten Jahren lässt sich eine steigende Einkommensungleichheit beobachten, die mit einer zunehmenden Zahl an Personen sowohl am unteren als auch am oberen Ende der Verteilung einhergeht. Derzeit stagniert diese Entwicklung (vgl. Deutsche Bundesregierung 2013; Grabka/Frick 2008).

Mit der Identifizierung von Reichtum anhand von Vermögen ist die Idee verknüpft, dass hiermit eine Unabhängigkeit von Einkommen durch Erwerbsarbeit erreicht werden kann. Bei einer fünfprozentigen Verzinsung wäre beispielsweise ein Vermögen von 1,2 Millionen Euro notwendig, um ein durchschnittliches Konsumverhalten allein aus den Zinseinkommen zu ermöglichen (vgl. Deutsche Bundesregierung 2001: 46 f.). Auch hier lassen sich zur Grenzziehung die oberen Dezile der Verteilung heranziehen.

Mit dem dritten Armuts- und Reichtumsbericht der Bundesregierung (2008) wurde zudem eine integrierte Betrachtung von Reichtum eingeführt, die sowohl Einkommen als auch Vermögen einbezieht (vgl. Deutsche Bundesregierung 2008; Hauser/Becker 2007). Im Vergleich zur Betrachtung ausschließlich der Einkommen fallen die Unterschiede in der integrierten Analyse größer aus. Bei Einbezug des Vermögens steigen sowohl die Armuts- als auch die Reichtumsquote um jeweils zwei bis drei Prozentpunkte (vgl. Deutsche Bundesregierung 2013).

Auf internationaler Ebene ist der seit 1997 jährlich veröffentliche World Wealth Report (WWR, Capgemini und Merrill Lynch beziehungsweise Capgemini und

---

2   Es gibt auch immaterielle Reichtumsdefinitionen, so beispielsweise das Konzept der Verwirklichungschancen von Amartya Sen (vgl. Sen 1999; Volkert 2005).

RBC Wealth Management) anzuführen, in dem zwischen „High Net Worth Individuals" (HNWIs) und „Ultra-High Net Worth Individuals" (U-HNWIs) unterschieden wird, die jeweils mindestens eine beziehungsweise 30 Millionen US-Dollar Nettofinanzvermögen aufweisen. Seit 1997 ist deutschland-, europa- sowie weltweit eine steigende Anzahl von HNWIs zu verzeichnen, die während der Finanzkrise stagnierte und mittlerweile mehr als ausgeglichen ist (siehe Abb. 1).

Abbildung 1: High Net Worth Individuals (HNWIs, in Millionen)

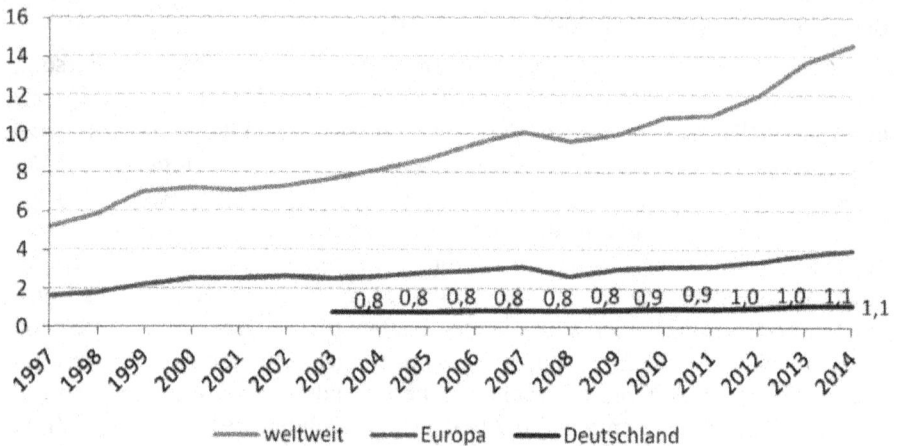

——— weltweit   ——— Europa   ——— Deutschland

Quelle: Capgemini/Merrill Lynch 2000, 2003, 2006, 2009; Capgemini/RBC Wealth Management 2012 – 2015

Die zahlreichen Möglichkeiten, Reichtum zu identifizieren, haben wir anhand der Reichtumspyramide (siehe Abb. 2) in eine sinnvolle Systematik gebracht. Dabei bietet es sich an, im unteren Bereich der Differenzierung anhand von Einkommen zu unterscheiden: überdurchschnittlich Verdienende, Wohlhabende und sehr Wohlhabende. Bewusst wird hier der Reichtumsbegriff noch nicht verwendet. Je höher die Vermögen, desto eher ist es möglich, unabhängig von Erwerbseinkommen und somit reich im hier gemeinten Sinne zu sein. Darüber hinaus variieren Einkommen nicht mehr so stark, wobei Vermögen sehr unterschiedlich ausfallen können. Beispielsweise können zwei Personen mindestens 300 Prozent des Durchschnittseinkommens von ähnlicher oder gleicher Höhe generieren, wobei eine der beiden kein Vermögen besitzt und eine andere eines im Wert von 500.000 US-Dollar. Zweitgenannte Person ist eindeutig reich und gehört zu den *Affluents*, während erstgenannte als sehr wohlhabend einzustufen ist. Damit ist Vermögen eine sinnvolle Definitionsgröße für den Reichtumsbegriff im oberen Teil der Pyramide: *Affluents, HNWIs, U-HNWIs, Superreiche* und *Milliardäre* (vgl. Lauterbach/Ströing 2009; Lauterbach/Kramer/Ströing 2011).

Abbildung 2: Reichtumspyramide

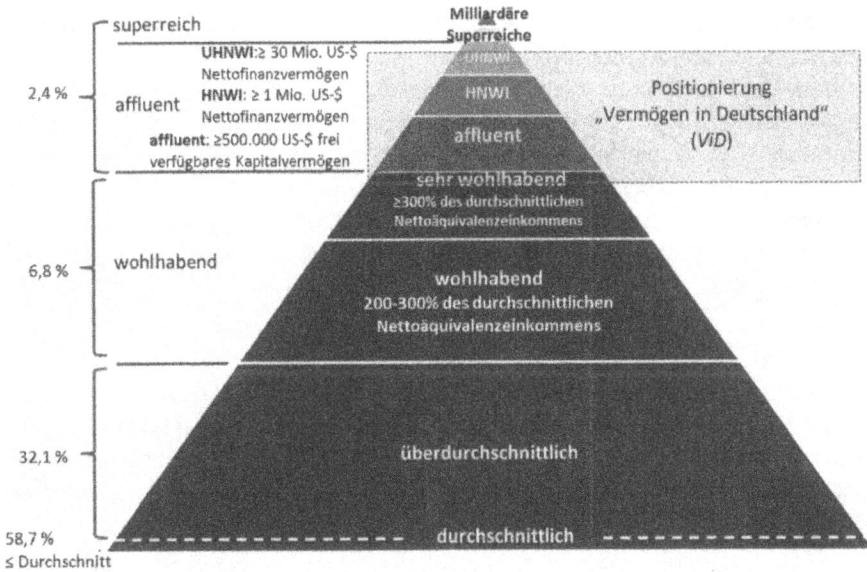

Abgewandelt aus: Lauterbach/Ströing 2009, 2012; Lauterbach/Kramer/Ströing, 2011

Die Reichtumsverteilung anhand der Pyramide zeigt, dass zum Befragungszeitpunkt (2008) etwa 2,4 Prozent der Deutschen reich im Sinne der vorliegenden Systematik sind. 6,8 Prozent sind (sehr) wohlhabend. In Bezug auf die vorliegenden *ViD*-Daten zeigt sich, dass die Befragten in etwa zu den drei Prozent der reichsten Deutschen zu zählen sind, die in aller Regel *Affluents*, *HNWIs* und zum Teil *U-HNWIs* sind.

Philanthropie im Allgemeinen und als Vermächtnis

Wie auch bezüglich des Reichtumsbegriffs gibt es zum Verständnis von Engagement keinen eindeutigen wissenschaftlichen Konsens. Nichtsdestotrotz lassen sich grundsätzlich zwei Diskussionszusammenhänge ausmachen. Zum einen wird die Thematik im Sinne einer individuellen Nutzenorientierung aufgegriffen, beispielsweise um berufliche Vorteile aus dem Engagement zu erzielen. Im Zusammenhang mit der Individualisierungsthese lässt es sich auch als sinnstiftend für das eigene Leben und insofern als nutzenbringend identifizieren. Zum anderen gibt es die bereits erläuterte Debatte um Zivilgesellschaft und Bürgerschaftlichkeit, bei der das gemeinschaftliche Wohl im Fokus der Argumentation steht (vgl. Lauterbach/Ströing 2012).

Bürgerschaftliches Engagement lässt sich übergreifend als all diejenigen Aktivitäten definieren, die außerhalb der Privatsphäre, ohne Profitgedanken und zum allgemeinen Wohl durchgeführt werden. Sie finden außerhalb des engen sozialen Umfelds wie Familie oder Nachbarschaft statt (vgl. Braun 2002). Laut jüngstem Armuts- und Reichtumsbericht der Bundesregierung umfasst bürgerschaftliches Engagement ein breites Feld von informellem Engagement über Interessensvereinigungen bis hin zu formeller Mitarbeit in Parteien und Verbänden sowie allen anderen Ehrenämtern (vgl. Deutsche Bundesregierung 2013: 199). Auch wenn Spendentätigkeiten und das Mitwirken in wohltätigen Stiftungen in diesen Ausführungen nicht explizit genannt werden, sind sie aus dieser Definition nicht auszuschließen, denn ihre Eigenschaften entsprechen den oben genannten Kriterien.

Eine weitere Unterscheidung in der theoretischen Debatte lässt sich anhand des Gebrauchs der Begriffe Philanthropie und bürgerschaftliches Engagement ausmachen. Debatten, in denen der Begriff der Philanthropie gebräuchlich ist, drehen sich um Spenden, Stiftungen und Mäzenatentum, während bürgerschaftliches Engagement im Zusammenhang mit freiwilligen gemeinnützigen Tätigkeiten verwendet wird (vgl. Krimphove 2010).

Innerhalb dieser Analyse werden die Begriffe synonym verwendet, da sie beide gesellschaftliche Verantwortungsübernahme widerspiegeln (vgl. Adam 2001). Das hier vorliegende Verständnis von gesellschaftlicher Verantwortungsübernahme bedeutet die Bereitstellung materieller und immaterieller Güter für öffentliche, kulturelle, soziale und bildungsfördernde Zwecke. Sie ist freiwillig, nicht gewinnorientiert und dient dem öffentlichen Wohl (vgl. Lauterbach/Ströing 2012; Haibach 2010).

Der Fokus der folgenden Analyse liegt auf der Frage, inwiefern die Befragten planen, ihren Nachlass ganz oder teilweise gemeinnützigen Zwecken zugutekommen zu lassen. Dabei ist von Interesse, wie viele reiche Personen einen derartigen Vermögenstransfer planen und inwiefern dies alternativ oder parallel zur Vererbung an anderer Erbnehmer, insbesondere der Familie, vonstattengeht. Darüber hinaus wird untersucht, inwiefern sich diejenigen Erblasser, die Gemeinnützigkeit in ihrem Erbe planen, von denen unterscheiden, die dies nicht tun.

Daten

Um die Vererbungspraktiken der Befragten zu analysieren, werden folgend die Daten der *ViD*-Studie vorgestellt, die Angaben zu 472 Haushalten beziehungsweise 831 Personen umfasst. Es handelt sich hierbei um die erste Erhebung, die mit einem standardisierten Instrument quantitative Daten derartig vermögender Personen und Haushalte generiert. Verschiedene Gründe bedingen die vergleichsweise kleine Stichprobe, die anhand eines Free-Find-Verfahrens ermittelt wurde.

Zunächst einmal ist es schwierig, Daten von als reich definierten Personen zu generieren. Gerade in Deutschland sind sie tendenziell zurückhaltend mit Auskünften über ihre eigene Person, Lebensumstände oder finanzielle Belange. Darüber hinaus handelt es sich um eine sehr kleine Gruppe innerhalb der Gesamtbevölkerung. Um eine Zufallsstichprobe mit 500 Fällen und einem frei verfügbaren Kapitalvermögen von mindestens 250.000 Euro zu erhalten, müsste man 16.700 Personen finden, die bereit sind, über ihre finanzielle Situation Auskunft zu geben. Die hier untersuchte Gruppe besteht aus Haushalten mit einem frei verfügbaren Kapitalvermögen[3] von mindestens 200.000 Euro (vgl. Kortmann 2011).

Inhaltlich wurden Informationen zur Reichtumsgenese und -verwendung erhoben. Darüber hinaus machten die Teilnehmer unter anderem Angaben zu ihrer persönlichen, beruflichen und familiären Situation, Einstellungen und Werten, gesellschaftlichem Engagement und ihren Erbschaftsplänen (vgl. Lauterbach/ Kramer/Ströing 2011). Da es sich um eine Querschnittstudie handelt, lässt sich nicht feststellen, inwieweit die Pläne mit dem eigenen Nachlass tatsächlich vollzogen werden. Nichtsdestotrotz bieten die prospektiven Antworten wichtige Informationen über Vorstellungen zum Umgang mit dem eigenen Nachlass und dem diesbezüglichen gesellschaftlichen Engagement.

Im Durchschnitt verfügen die *ViD*-Haushalte, die sich den reichsten drei Prozent in Deutschland zuordnen lassen, über ein Vermögen von 2,5 Millionen Euro. Mehr als die Hälfte (55,6 Prozent) verdienen mindestens 80.000 Euro im Jahr (vgl. Lauterbach/Ströing 2012). Die Befragten sind zwischen 28 und 87 Jahre und durchschnittlich 56 Jahre alt. Vergleiche mit bevölkerungsrepräsentativen Daten aus dem Mikrozensus bezüglich des Jahres 2008 zeigen, dass die *ViD*-Befragten vergleichsweise alt sind. 79 Prozent von ihnen sind mindestens 45 Jahre als, was lediglich für 63 Prozent der Deutschen gilt (vgl. StaBu 2013).

Die Fragen zu Erbschaftsplänen erheben, ob die Befragten bereits darüber nachgedacht haben, wie sie ihren Nachlass vermachen möchten und, wenn ja, wem: nahen oder fernen Verwandten, Freunden oder Bekannten, gemeinnützigen Zwecken oder anderen Nutznießern. Darüber hinaus wurde erhoben, ob sie jeweils einen kleinen oder großen Teil beziehungsweise ihr gesamtes Erbe für die jeweiligen Erbnehmer verplanen. Bevor diese Daten ausgewertet werden, wird ein gesamtdeutscher Überblick über Vererbungspraktiken als Vergleichshorizont gegeben. Aufgrund der besonderen Stichprobe ergeben sich beachtliche Unterschiede, die die Relevanz der vorliegenden Untersuchung unterstreichen, denn die *ViD*-Teilnehmer vererben nicht nur häufiger, sondern auch wesentlich höhere Beträge als die Gesamtbevölkerung.

---

3   Frei verfügbares Kapitalvermögen setzt sich aus der Summe der Geldanlagen des Haushalts ohne den Rückkaufwert von Lebens- und privaten Rentenversicherungen und nach Abzug gegebenenfalls vorhandener privater Kreditverpflichtungen zusammen.

Vererbungspraktiken

Gerade in Bezug auf vergleichsweise geringe Erbschaftssteuern und hohe Freibeträge ist von Interesse, wie insbesondere reiche Personen ihren Nachlass verwenden und ob sie planen, einen Teil davon für gemeinnützige Zwecke zu geben. Je nach verwandtschaftlicher Nähe zwischen Erblasser und Erbe und Höhe des Transfers rangieren die Steuern zwischen sieben und 50 Prozent. Dabei ist zu bedenken, dass die höchste Rate nur erreicht wird, wenn mindestens 13 Millionen Euro an Personen ohne jegliche verwandtschaftliche Beziehung transferiert werden, was äußerst selten vorkommt. Die Freibeträge liegen im Fall verwandtschaftlicher Beziehungen zwischen 200.000 und 500.000 Euro (vgl. Bundesministerium für Justiz 2013). Aus diesen Gründen sind Erbschaftssteuern mit einem Anteil von weniger als einem Prozent der gesamten staatlichen Steuereinnahmen von sehr geringer gesamtgesellschaftlicher Bedeutung (vgl. Beckert 2009). Ebenfalls zu bedenken ist die aktuell konstatierte „Erbschaftswelle" infolge der Vermögensakkumulation nach dem zweiten Weltkrieg und dem aktuellen Transfer sehr hoher Vermögen (vgl. Kohli (u.a.) 2006; Lauterbach/Lüscher 1996; Szydlik 2009). Das geschätzte Volumen jährlicher Vermögensübertragungen zwischen 2006 und 2015 betrug 236 Milliarden Euro (vgl. Braun/Metzger 2007). Aufgrund der in Deutschland hohen Vermögenskonzentration verfügen gerade reiche Personen über einen erheblichen Anteil dieser Erbschaften (vgl. Frick/Grabka 2009; Grabka 2014; Grabka/Frick 2007).

Mehr als die Hälfte der deutschen Haushalte haben bisher geerbt oder erwarten zukünftig eine Erbschaft. Nur in den wenigsten Fällen von 2,5 Prozent handelt es sich jedoch um extrem hohe Transfers von mehr als 500.000 Euro. Zwei Drittel erben im Wert von weniger als 50.000 Euro (vgl. Beckert 2005).

Soziologische Debatten rund um Erbschaften korrespondieren meist mit Fragen zu sozialen Ungleichheiten, wobei unterschiedliche Ergebnisse konstatiert werden. Kohli u.a. (2006) machen einen harmonisierenden Effekt anhand der Daten des Sozio-oekonomischen Panels[4] (SOEP) aus. Sie argumentieren, dass Haushalte ohne Vermögen mit einer Erbschaft die Möglichkeit erhalten, erstmals ein solches aufzubauen. Für Haushalte, die bereits vermögend sind, macht der Zugewinn durch eine Erbschaft keinen spürbaren Unterschied für ihr Gesamtvermögen. Gleichzeitig zeigt der Gini-Koeffizient[5] von 0,7 aber eine starke Ungleichheit in Bezug auf die Möglichkeit, durch Erbschaften Vermögen zu generieren. Darüber hinaus fallen Erbschaften häufiger in Westdeutschland an und sind hier höher als in Ostdeutschland. Dies liegt in erster Linie daran, dass es vor der Wiedervereinigung in den neuen Bundesländern nicht möglich war, Vermögen aufzubauen.

4   Das Sozio-oekonomische Panel (SOEP) ist eine für Deutschland repräsentative Langzeitstudie, die seit 1984 jährlich durchgeführt wird. Daten für Ostdeutschland werden seit 1990 ebenfalls erhoben (vgl. Schupp/Szydlik 2004; Szydlik/Schupp 2004).
5   Der Gini-Koeffizient ist ein Maß für die relative Konzentration beziehungsweise Ungleichheit. Sein Wert liegt zwischen 0 bei absoluter Gleichheit und 1 bei absoluter Gleichheit. Je höher der Koeffizient, desto höher die Ungleichheit (vgl. Statistische Ämter des Bundes und der Länder 2011).

Im Gegensatz zu Kohli u.a. konstatiert Szydlik (2001) steigende Ungleichheiten durch Erbschaften: „Wer hat, dem wird gegeben." Er argumentiert mit ungleichen Erbschaftschancen sowie einer Ungleichverteilung der Höhe ererbten Vermögens. Die regionalen Unterschiede werden auch hier angeführt. Daneben zeigt Szydlik einen noch stärkeren positiven Einfluss des Bildungsniveaus auf Erbschaften und ihre Höhe. Neben dem SOEP basieren die Daten auf dem Alterssurvey[6]. Weitere Einflussfaktoren sind ein Migrationshintergrund (negativ), das Alter (positiv) und die Geschwisterzahl (negativ). Szydlik fügt außerdem hinzu, dass intergenerationale Transfers schon zu Lebzeiten Ungleichheiten erzeugen, da vermögende Eltern ihren Kindern eine höhere Bildung ermöglichen können, woraus besser bezahlte Jobs resultieren (vgl. Schupp/Szydlik 2004; Szydlik 1999, 2001; Szydlik/Schupp 2004).

Mit einem Anteil von zwei Dritteln gehen die meisten privaten Erbschaften auf die eigenen (Schwieger-)Eltern zurück, der unter Einbezug der Großeltern auf drei Viertel ansteigt. Daher ist die Lebenszeit der Eltern der wichtigste Indikator für zukünftig erwartete Erbschaften. Nur drei Prozent derjenigen, deren Eltern bereits verstorben sind, erwarten eine zukünftige Erbschaft. Wenn die Eltern noch leben, beträgt dieser Anteil 53 Prozent (vgl. Schupp/Szydlik 2004; Szydlik 1999, 2001; Szydlik/Schupp 2004).

Bei Betrachtung dieser gesamtdeutschen Ergebnisse ist zu erwarten, dass Erbschaften innerhalb von *ViD* überdurchschnittlich häufig vorkommen und höher ausfallen, da die Befragten vergleichsweise älter und höher gebildet sind (vgl. Lauterbach/Tarvenkorn 2011). Zudem sind die meisten Befragten Westdeutsche ohne Migrationshintergrund. Direkte Vergleiche zwischen den Daten sind schwierig. Die Erhebung von Erbschaften erfolgte in den hier verwendeten *ViD*-Daten unter Einbezug von Schenkungen, welche nicht differenziert abgebildet werden. Somit ist eine leichte Überschätzung der Häufigkeit und Höhe intergenerationaler Transfers in Bezug auf Erbschaften zu erwarten.

Die Unterschiede fallen jedoch so exorbitant hoch aus, dass sie eine eindeutig höhere Rate sowie höhere Werte von Erbschaften der *ViD*-Befragten aufzeigen: Gut 80 Prozent der Befragten erhielten mindestens eine Erbschaft oder Schenkung (siehe Abb. 3).

Abbildung 3: Erbschaften/Schenkungen (Haushalte, > 20.000 Euro, in Prozent)

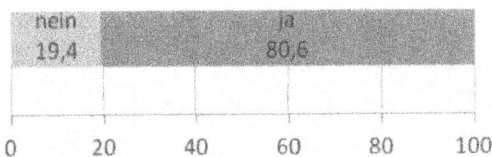

nein	ja
19,4	80,6

0   20   40   60   80   100

Quelle: ViD; eigene Berechnungen; N = 433

6   Die 1996 erhobenen, repräsentativen Zufallsdaten enthalten Informationen über 5.000 Personen im Alter von 40 bis 85 Jahren in Deutschland (vgl. Szydlik 2004: 35).

Der Gesamtwert dieser Transfers beträgt für die oberen 40 Prozent mindestens 500.000 Euro (siehe Tab. 1). Dies ist ein enormer Unterscheid zur gesamtdeutschen Bevölkerung mit einer analogen Rate von 2,5 Prozent. Im Vergleich zu zwei Dritteln der Erben in Deutschland erhielten nur knapp sieben Prozent der *ViD*-Befragten Vermögensübertragungen im Wert von unter 50.000 Euro. Gut die Hälfte erbt/erhält Schenkungen im Wert von 50.000 bis 500.000 Euro. Dies zeigt, dass die reichen *ViD*-Teilnehmer häufiger und von höherem Wert erben als alle Deutschen zusammen gesehen.

Tabelle 1: Gesamtwert aller Erbschaften/Schenkungen (Haushalte, gruppiert)

Wert (Euro)	Absolute Häufigkeiten	Relative Häufigkeiten	Kumulierte Häufigkeiten
< 50.000	17	6,6	6,6
50.000 – 500.000	138	53,7	60,3
> 500.000	102	39,7	100,0
Gesamt	257	100,00	

Quelle: ViD; eigene Berechnungen

Die Daten erlauben keine Analyse der Quelle von Erbschaften und Schenkungen, jedoch kann untersucht werden, wem die Befragten selbst ihr Erbe weiterzugeben planen. Tabelle 2 zeigt, dass 95 Prozent der Studienteilnehmer einen großen Teil ihrer Erbschaften für die eigene Familie verplanen. Das gesamtdeutsche Ergebnis, dass die meisten Vermögensübertragungen von den eigenen (Groß-)Eltern kommen, spiegelt sich somit auch für explizit reiche Personen wider. Knapp drei Prozent der Befragten wollen einen großen Teil gemeinnützig vererben. Demgegenüber sind es immerhin 38,8 Prozent, die einen geringen Teil ihres Erbes philanthropisch verplanen. Zusammengenommen möchten mehr als zwei Fünftel der Reichen mindestens einen Teil ihres Vermächtnisses im Sinne des Gemeinwohls verwenden.

Tabelle 2: Pläne mit dem eigenen Erbe (Zeilenprozente)

	Kein Teil	Geringer Teil	Großer Teil / Alles	N
Familie	2,1	3,0	94,9	333
Freunde/Bekannte	84,4	13,7	1,9	320
Philanthropische Zwecke	58,4	38,8	2,8	317

Quelle: ViD; eigene Berechnungen

Abbildung 4 zeigt darüber hinaus, dass vor allem diejenigen mit mindestens einem Kind einen großen Teil ihres Vermächtnisses der Familie zu überlassen gedenken. Im Vergleich dazu ist der analoge Anteil der Kinderlosen 18 Prozentpunkte niedriger. Zumindest in Bezug auf einen kleinen Anteil lässt sich eine hohe Bereitschaft, für philanthropische Zwecke zu geben, erkennen. Sowohl in Bezug auf Eltern als auch hinsichtlich Kinderloser wird dies öfter geplant als Freunde und/ oder Bekannte zu bedenken. Die häufig getroffene Annahme, dass Erbschaften an das Gemeinwohl insbesondere für Kinderlose eine Rolle spielen, trifft in der Tendenz nicht zu. Eltern verplanen ihr Erbe zwar seltener als Kinderlose für gemeinnützige Zwecke, jedoch geben sie deutlich häufiger für diese Zwecke als für Freunde und/oder Bekannte. In Bezug auf die relative Höhe der Erbschaft unterscheiden sich die Ergebnisse deutlicher. Lediglich 0,4 Prozent der Eltern verplanen einen großen Teil ihres Nachlasses für Freunde, Bekannte oder das Gemeinwohl. Demgegenüber sind insbesondere philanthropische Zwecke mit einem Anteil von 14,5 Prozent, aber auch Freunde und/oder Bekannte (8,8 Prozent) für Kinderlose häufiger ein Thema in Bezug auf den Großteil ihres Vermächtnisses. Erbschaften an das Gemeinwohl spielen demnach für Kinderlose dann eine explizit größere Rolle als für Eltern, wenn es um einen großen Teil des Erbes geht.

Abbildung 4: Pläne mit dem eigenen Erbe nach Elternschaft (in Prozent)

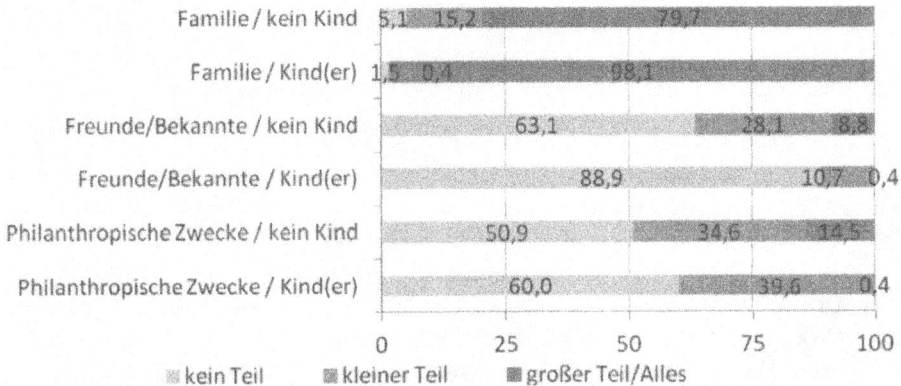

Quelle: ViD; eigene Berechnungen; N (Familie/Freunde/Bekannte/Philanthropische Zwecke) = 331/318/315; Chi² = 40***/31***/33***; Koeffizient signifikant zum *< 0,1, **< 0,05 und ***< 0,01-Niveau.

Eine nähere Betrachtung (siehe Abb. 5) zeigt, dass der Großteil der Befragten mit einem Anteil von 57 Prozent an die Familie und nicht philanthropisch vererben möchte. Im Gegensatz dazu geben gut zwei Fünftel sowohl an die Familie als auch an das Gemeinwohl. Nur jeweils etwa ein Prozent möchten ihren Nachlass weder der Familie noch der Allgemeinheit oder nur der Allgemeinheit vermachen.

Abbildung 5: Pläne mit dem eigenen Erbe an die Familie und/oder philanthropische Zwecke (in Prozent)

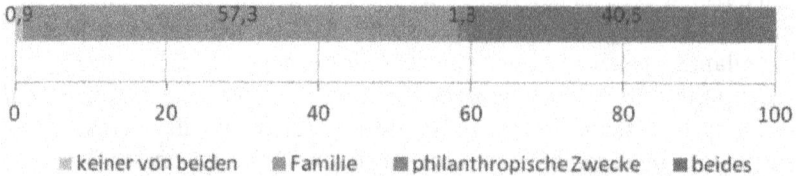

0,9	57,3	1,3	40,5

0   20   40   60   80   100

▨ keiner von beiden   ▨ Familie   ▨ philanthropische Zwecke   ▨ beides

Quelle: ViD; eigene Berechnungen; N = 316

Somit verbleibt ein Großteil der Erbschaften innerhalb der Familie. Das Vorhaben, philanthropische Zwecke einzubeziehen, ist in diese Pläne integriert und fungiert in aller Regel nicht als Alternative.

Zusammenfassend zeigen die Ergebnisse, dass die reichen *ViD*-Befragten häufiger und von höherem Wert erben als die Deutschen insgesamt. Wie allgemein üblich, geben auch die Befragten in erster Linie innerhalb der eigenen Familie. Daneben lassen sich 42 Prozent ausmachen, die dem Allgemeinwohl zumindest einen Teil ihres Vermächtnisses zukommen lassen möchte. Im folgenden Kapitel werden die Faktoren untersucht, die die Integration philanthropischer Zwecke im eigenen Nachlass beeinflussen. Die zentrale Frage hierbei ist, wer dies plant und wer nicht.

Philanthropie als Vermächtnis: Ergebnisse

Philanthropie als Teil des Nachlasses ist eine spezielle Möglichkeit, über die eigene Lebenszeit hinaus gesellschaftliche Verantwortung zu übernehmen. In Hinblick auf soziale Tendenzen in Richtung Individualisierung, Pluralisierung der Familienformen und den steigenden Wunsch, aktiv an der Gesellschaftsgestaltung mitzuwirken, gewinnt dies an Bedeutung. Durch die schwindende Konzentration und Orientierung an Kernfamilie, Normalarbeitsverhältnis und traditionellen Werten kann der Wunsch nach anderweitiger Orientierung und Gemeinschaft entstehen. Hinzu kommt die schwindende finanzielle Kraft und Bedeutung des Nationalstaats vor dem Hintergrund der Globalisierung und dem auch daraus resultierenden Wunsch der Bürger, Gesellschaft aktiv zu gestalten und in ihrem Sinne zu verbessern.

Die der Analyse zugrundeliegende Annahme ist, dass biografische, familiale und generationale Faktoren den Wunsch, einen Teil des eigenen Nachlasses oder auch den gesamten Nachlass philanthropisch zu vergeben, beeinflussen. Der erste Teil der empirischen Untersuchung zeigt deskriptive Ergebnisse anhand von Kreuztabellenanalysen. Darüber hinausgehende Erkenntnisse bietet eine logistische Regressionsanalyse, die die Relevanz der einzelnen Faktoren in Relation zu den übrigen zeigt.

Einkommen und Vermögen

Wie bereits deutlich geworden ist, sind Erbschaften an das Allgemeinwohl keine Alternative zu Transfers an die Familie, sondern werden in den allermeisten Fällen parallel geplant. Je mehr Einkommen und Vermögen vorhanden ist, desto mehr kann theoretisch für gemeinnützige Zwecke gegeben werden, ohne dass die Familie ausgeschlossen werden muss oder spürbar niedrigere Nachlässe erhalten könnte. Das führt zu der Annahme, dass mehr Reichtum auch die Wahrscheinlichkeit erhöht, dass Philanthropie in den Nachlass integriert wird.

Tabelle 3: Geplante Philanthropie über den Tod hinaus nach Nettoäquivalenzeinkommen und Gesamtvermögen (Spaltenprozente)

Nettoäquivalenz-einkommen	<200%	200 – <300%	300%	Gesamt
Nein	59,0	62,0	53,1	56,0
Ja	41,0	38,0	46,9	44,0
Gesamtvermögen	(über)durchschnittlich	Affluent	HNWI	Gesamt
Nein	56,6	61,0	60,0	58,4
Ja	43,4	39,0	40,0	41,6

*Quelle: ViD; eigene Berechnungen; N = 234/317; Chi² = 1/10; Koeffizient signifikant zum *< 0,1, **< 0,05 und ***< 0,01-Niveau*

Die Ergebnisse (siehe Tab. 3) zeigen jedoch, dass die konkrete finanzielle Situation reicher Individuen für philanthropische Erbschaftspläne irrelevant ist. Es lässt sich weder eine Tendenz erkennen, noch sind die Ergebnisse statistisch signifikant[7]. Offensichtlich sind zur Unterscheidung zwischen mortis causa philanthropisch Engagierten und Nicht-Engagierten andere Aspekte von Bedeutung.

Reichtumsgenese

Ein anderer Indikator ist der hauptsächliche Grund, aus dem Personen reich geworden sind. Vermutlich planen gerade diejenigen, die aufgrund einer Erbschaft reich wurden, dieses „unverdiente Vermögen" (vgl. Beckert 2004) zu würdigen, indem sie philanthropische Zwecke in ihren eigenen Nachlass integrieren. Gründe für diese Annahme liegen auch darin, dass die betreffenden Personen bereits für das Thema Erbschaften sensibilisiert sind und sich in jedem Fall schon damit beschäftigt haben. Zudem könnte Dankbarkeit eine Rolle spielen.

---

7   Die statistische Signifikanz wird anhand der Pearson-Chi²-Statistik gezeigt. Ein Wert größer 0 ist ein erster Hinweis auf einen Zusammenhang zwischen beiden Variablen. Dieser Zusammenhang kann (vorerst) angenommen werden, wenn er auf einem Signifikanzniveau von 1-, 5- oder 10 Prozent von 0 abweicht (vgl. Benninghaus 2007; Hackl/Katzenbeisser 1994).

Abbildung 6: Geplante Philanthropie über den Tod hinaus nach Reichtumsgenese (in Prozent)

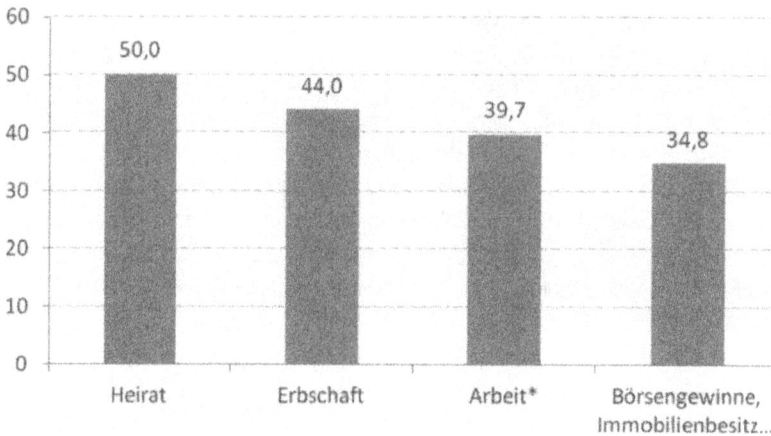

Quelle: ViD; eigene Berechnungen; N = 315; Chi² = 2; Koeffizient signifikant zum *< 0,1, **< 0,05 und ***< 0,01-Niveau; * abhängige Erwerbsarbeit, Selbständigkeit und Unternehmertum

Die Ergebnisse (siehe Abb. 6) zeigen keinen signifikanten Zusammenhang. Es kann jedoch gezeigt werden, dass Personen, die selbst hauptsächlich durch eine Erbschaft reich wurden, die zweithöchste Rate derjenigen aufweisen, die Philanthropie in ihren Nachlass zu integrieren planen. Den höchsten Anteil verzeichnen die hauptsächlich aufgrund ihrer Heirat reich Gewordenen. Dies spricht dafür, dass Reichtum, der Personen geschieht und den sie nicht aktiv selber generieren, dafür sensibilisiert, sich mit philanthropischem Vererben auseinanderzusetzen. So werden passiv reich gewordene Individuen in Bezug auf die Verwendung ihres Reichtums aktiv und „verdienen" ihn damit nachträglich.

Bildungsniveau

Das Bildungsniveau wirkt sich in Bezug auf gesellschaftliches Engagement im Allgemeinen positiv aus: Je höher dieses ist, desto höher ist auch der Anteil derer, die Geld spenden oder freiwillig tätig sind (vgl. Gensicke/Geiss 2010; Sommerfeld/Sommerfeld 2010). Demnach wird vermutet, dass auch die Rate derjenigen Reichen, die philanthropische Zwecke in ihren Nachlass zu integrieren planen, mit steigender Bildung zunimmt. Es zeigt sich eine erkennbare Tendenz in diese Richtung (siehe Tabelle 4). Gerade zwischen Personen mit einem niedrigen Abschluss und denjenigen mit mittlerem Abschluss liegt eine hohe Beteiligungsdifferenz von knapp 10 Prozentpunkten.

Tabelle 4: Geplante Philanthropie über den Tod hinaus nach höchstem Schulabschluss
(Spaltenprozente)

	Hauptschule	Mittlere Reife	Fachhochschulreife/Abitur	Gesamt
Nein	67,4	57,6	56,4	58,4
Ja	32,6	42,4	43,6	41,6

*Quelle: ViD; eigene Berechnungen; N = 317; Chi² = 1; Koeffizient signifikant zum *< 0,1, **< 0,05 und
***< 0,01-Niveau*

Insgesamt lässt sich die Tendenz ausmachen, dass höhere Bildung zu einer steigenden Rate des Anteils derjenigen führt, die das Allgemeinwohl als Teil ihres
eigenen Erbes planen. Insbesondere an der Schwelle vom niedrigsten zum mittleren Bildungsniveau mit einer Differenz von knapp zehn Prozentpunkten wird
dies deutlich.

Alter

Je älter Personen sind, desto eher haben sie bereits darüber nachgedacht, was nach
ihrem Leben mit ihrem Vermögen geschehen soll. Zusammen mit dem Faktum, dass
mit steigendem Alter auch der Spenderanteil zunimmt (vgl. Sommerfeld/Sommer-
feld 2010), lässt sich annehmen, dass auch der Anteil derjenigen, die einen Teil des
eigenen Nachlasses für gemeinnützige Zwecke zu geben planen, mit dem Alter zunimmt. Die Ergebnisse lassen diesen Effekt erkennen (siehe Abb. 7): Mit steigendem
Alter nimmt der Anteil derjenigen zu, die Philanthropie in ihr Erbe integrieren
möchten. Auch dieser Zusammenhang ist jedoch statistisch nicht signifikant.

Abbildung 7: Geplante Philanthropie über den Tod hinaus nach Alter (in Prozent)

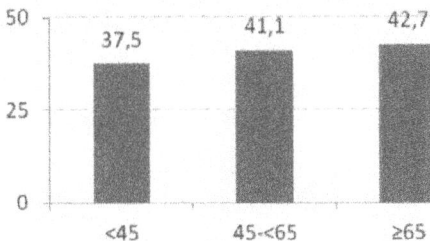

*Quelle: ViD; eigene Berechnungen; N = 313; Chi² = 0; Koeffizient signifikant zum *< 0,1, **< 0,05 und
***< 0,01-Niveau*

Elternschaft

Vermögenstransfers für gemeinnützige Zwecke werden oft mit Personen in Verbindung gebracht, die aufgrund fehlender Nachkommen eine für sie sinnvolle
Alternative suchen, ihren Nachlass an die nächste Generation weiterzugeben. So

zeigen beispielweise die Ergebnisse der StifterStudie, dass 42 Prozent aller Stifter kinderlos sind (vgl. Timmer 2005). Wenn es darum geht, ob Philanthropie in das eigene Erbe integriert werden soll, ist der Anteil derer ohne Kinder mit 49 Prozent tatsächlich höher als der analoge Anteil der Eltern (40 Prozent). Dabei sind die Unterschiede jedoch nicht statistisch signifikant (siehe Anhang, Tab. A1).

Religiosität und gesellschaftliches Verantwortungsbewusstsein

Schon zu Lebzeiten ist Religiosität[8] ein wichtiger, positiv wirkender Indikator für gesellschaftliche Verantwortungsübernahme in Form freiwilligen Engagements, Spenden oder Stiftertum (vgl. Gensicke/Geiss 2010; Sommerfeld/Sommerfeld 2010; Timmer 2005). Daher kann angenommen werden, dass dieser Zusammenhang für Philanthropie mortis causa ebenfalls relevant ist. Abbildung 8 zeigt genau diesen statistisch signifikanten Zusammenhang: Je religiöser sich Personen selbst einschätzen, desto höher ist der Anteil derjenigen, die einen Teil ihres Erbes beziehungsweise ihr gesamtes Erbe für gemeinnützige Zwecke verplanen. Die Differenz zwischen nicht Religiösen und sehr Religiösen ist mit mehr als 30 Prozentpunkten sehr hoch.

Abbildung 8: Geplante Philanthropie über den Tod hinaus nach Religiosität und gesellschaftlichem Verantwortungsbewusstsein (in Prozent)

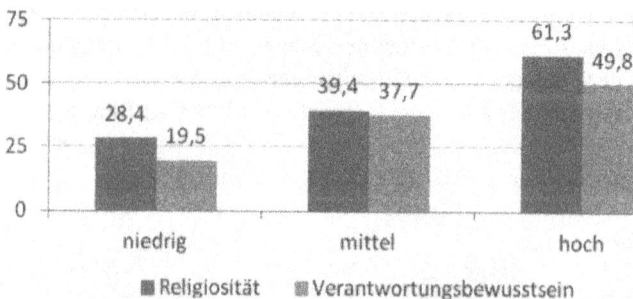

Quelle: ViD; eigene Berechnungen; N = 314/306; Chi² = 20***/11***; Koeffizient signifikant zum *< 0,1, **< 0,05 und ***< 0,01-Niveau

Zur Erklärung sozialen Engagements zu Lebzeiten ist auch das gesellschaftliche Verantwortungsbewusstsein[9] ein relevanter positiver Einflussfaktor. Personen,

8   Individuelle Religiosität wird über folgende Frage ermittelt: „Sind sie religiös in Bezug auf eine traditionelle Religion? Bitte stufen Sie ihre Religiosität auf einer Skala von ‚1' für ‚gar nicht religiös' bis ‚7' für ‚sehr religiös' ein." Die Kategorien wurden zu niedriger (1,2), mittlerer (3, 4, 5) und hoher (6, 7) Religiosität zusammengefasst.
9   Das gesellschaftliche Verantwortungsbewusstsein wird durch einen Summenscore aus drei Items gemessen. Diese werden einer Fragenbatterie über die soziale Dimension der Bereitschaft, gesellschaftliche Verantwortung zu übernehmen, entnommen. Die Fragen wurden anhand einer siebenstufigen Skala von ‚1' für ‚trifft gar nicht zu' bis ‚7' für ‚trifft voll zu' beantwortet. Die drei gewählten Items sind das Ergebnis einer Faktorenanalyse und bilden das allgemeine gesellschaftliche Verantwortungs-

die sich im Allgemeinen für die Gesellschaft verantwortlich fühlen, zeigen häufiger eine aktive gesellschaftliche Verantwortungsübernahme als Personen mit niedrigem Verantwortungsbewusstsein (vgl. Moschner 1994; Timmer 2005). Auf dieser Basis kann angenommen werden, dass sich der Zusammenhang auch auf die Pläne bezüglich des Erbes auswirkt. Wie Abbildung 8 zeigt, ist das gesellschaftliche Verantwortungsbewusstsein in Bezug auf die vorliegende Stichprobe hinsichtlich gesellschaftlicher Verantwortungsübernahme als Teil des letzten Willens ein positiver und statistisch signifikanter Erklärungsfaktor. Während weniger als ein Fünftel der Befragten mit einem niedrigen Verantwortungsbewusstsein planen, einen Teil ihres Nachlasses gemeinnützig zu verwenden, gilt genau dies für fast die Hälfte derjenigen mit einem hohen Verantwortungsbewusstsein.

Philanthropie zu Lebzeiten

Der entscheidende Erklärungsfaktor für Philanthropie *mortis causa* dürfte die Übernahme gesellschaftlicher Verantwortung zu Lebzeiten sein. Sehr wahrscheinlich planen Personen, die schon zu Lebzeiten engagiert[10] sind, deutlich häufiger, dies auch in ihren Nachlass zu integrieren, als diejenigen, die keine gesellschaftliche Verantwortung übernehmen. Mit einer statistisch signifikanten Differenz von mehr als 15 Prozentpunkten lässt sich die Annahme bestätigen (siehe Anhang, Abb. A1). Während elf Prozent der Personen, die nicht gesellschaftlich engagiert sind, planen, Philanthropie in ihr Erbe zu integrieren, trifft dies auf knapp die Hälfte (47 Prozent) der Personen zu, die schon zu Lebzeiten gesellschaftliche Verantwortung übernehmen.

Im Folgenden bringt ein logistisches Regressionsmodell Klarheit darüber, wie die einzelnen Faktoren unter Einbezug der übrigen wirken und welche Einflüsse stärker sind als andere.

Logistisches Regressionsmodell[11]

Bei der logistischen Regressionsanalyse werden die Erklärungsfaktoren Einkommen und Vermögen ausgeschlossen, da sie anhand der Kreuztabellenanalyse weder Tendenzen aufzeigen noch statistisch signifikante Unterschiede zwischen

bewusstsein ab. Der Summenscore wurde in niedriges (< 16), mittleres (16 – 19) und hohes (> 19) Verantwortungsbewusstsein gruppiert. Für weitere Informationen siehe Lauterbach/Ströing 2012.

10 Die in *ViD* erfragten Varianten von Engagement sind Geld- und Sachspenden, die Organisation von oder Mitarbeit in Hilfsprojekten, aktive Mitgliedschaften in Vereinen oder ähnlichen Organisationen, Stiftungstätigkeiten und andere, offen erfragte, Varianten, sich zu engagieren.

11 Anders als bei linearen Regressionsmodellen ist die abhängige Variable der logistischen Regression nicht metrisch, sondern nominal skaliert. Das Modell berechnet die Chancen des Ereigniseintritts, in diesem Fall geplante Philanthropie mortis causa, in Relation zur Referenzkategorie der betrachteten unabhängigen Variable. Anhand des Koeffizienten, dem Odds Ratio, wird gezeigt, wie wahrscheinlich das Ereignis eintritt, wenn die unabhängige Variable sich von der Referenzkategorie entsprechend unterscheidet. Die Gesamtgüte des Modells wird durch das Mc Fadden Pseudo R^2 und den Likelihood-Ratio-Chi^2 Wert überprüft (vgl. Backhaus u. a. 2008; Kohler/Kreuter 2006).

mortis causa-Engagierten und nicht-Engagierten erklären. Die übrigen sozio-
ökonomischen Faktoren sind nicht statistisch signifikant, zeigen jedoch eine auch
theoretisch basierte, sinnvolle, eindeutige Tendenz. Daher werden sie neben den
signifikanten persönlichen Faktoren der Religiosität, des gesellschaftlichen Ver-
antwortungsbewusstseins und der Philanthropie zu Lebzeiten in das Regressionsmodell integriert.

Die Ergebnisse der multivariaten Analyse (siehe Tab. 5) unterstreichen nahezu alle
deskriptiven Ergebnisse. Personen, die hauptsächlich durch eine Erbschaft reich
wurden, haben eine doppelt so hohe Wahrscheinlichkeit gegenüber aufgrund von
Arbeit reich gewordenen Personen, Philanthropie mortis causa zu planen. Auch
die Zugehörigkeit zum höchsten Bildungsniveau und Kinderlosigkeit wirken positiv. Sie verdoppeln die Wahrscheinlichkeit, gemeinnützige Zwecke in das eigene
Erbe integrieren zu wollen. Das Alter wiederum ist irrelevant, wie auch in der
deskriptiven Analyse festgestellt wurde. Hinzu kommt, dass die Tendenz eines
positiven Zusammenhangs fast vollständig verschwindet.

Die Einschätzung der eigenen Religiosität bleibt relevant mit einem statistisch
signifikanten Koeffizienten von 1,8 für mittlere sowie 3,9 für hohe Religiosität. Das gesellschaftliche Verantwortungsbewusstsein unterstützt den deskriptiven Zusammenhang mit einer 1,8- beziehungsweise 2,3-fachen Ereignischance,
jedoch ohne statistische Signifikanz. So ist die Relevanz von Religiosität und
Philanthropie zu Lebzeiten im direkten Vergleich wichtiger als gesellschaftliches
Verantwortungsbewusstsein.

Dort lässt sich schließlich auch der stärkste Effekt verorten: Philanthropie zu Lebzeiten führt zu einer 6-fachen Wahrscheinlichkeit, auch nach dem Tod philanthropisch aktiv sein zu wollen.

Tabelle 5: Geplante Philanthropie über den Tod hinaus (logistische Regression, Odds Ratios)

Unabhängige Variable	Odds Ratio
Reich durch Arbeit (Referenzkategorie)	
Reich durch Immobilienbesitz, Börsengewinne...	0,5
Reich durch Heirat	
Reich durch Erbschaft	1,7
	2,1**
Hauptschulabschluss (Ref.)	
Mittlere Reife	1,5
Fachhochschulreife/Abitur	2,1*
Unter 45 Jahre (Ref.)	
45 bis unter 65 Jahre	1,1
Mindestens 65 Jahre	1,2
Kind/er (Ref.)	
Kein Kind	1,9*

Niedrige Religiosität (Ref.)	
Mittlere Religiosität	1,8*
Hohe Religiosität	3,9***
Niedriges Verantwortungsbewusstsein (Ref.)	
Mittleres Verantwortungsbewusstsein	1,8
Hohes Verantwortungsbewusstsein	2,3
Keine Philanthropie zu Lebzeiten (Ref.)	
Philanthropie zu Lebzeiten	6,1***
N	293
Chi	50***
Pseudo R2	0,13

*Quelle: ViD; eigene Berechnungen; Koeffizient signifikant zum *< 0,1, **< 0,05 und ***< 0,01-Niveau*

Fazit

Einen Teil oder die Gesamtheit des eigenen Erbes für gemeinnützige Zwecke zu geben, ist eine Möglichkeit gesellschaftlicher Verantwortungsübernahme, die im Zuge der Individualisierung und gesellschaftlichen Wandlungstendenzen an Bedeutung gewonnen hat. Durch die niedrigen Erbschaftssteuern und die hohen Freibeträge hat diese Frage in Deutschland ist besondere Relevanz. Darüber hinaus ist die betrachtete Gruppe reicher Personen von besonderem Interesse, da sie aufgrund ihrer finanziellen Möglichkeiten ein erhöhtes Potenzial gesellschaftlicher Verantwortungsübernahme aufweisen.

Philanthropie als Teil des Vermächtnisses ist keine Ausnahme unter Reichen. Gut 40 Prozent der in der Studie *Vermögen in Deutschland* Befragten planen, einen (großen) Teil ihres Erbes gemeinnützigen Zwecken zuzuführen. Hinzu kommt die Erkenntnis, dass – anders als oft vermutet – gesellschaftliche Verantwortungsübernahme mortis causa keinen Ersatz bei fehlenden Deszendenten darstellt, sondern zusätzlich zur Familie in die Erbplanung integriert wird.

Hinsichtlich der Erklärung, wer sich mit seinem Erbe philanthropisch engagiert und wer nicht, lässt sich zeigen, dass eine Differenzierung nach Einkommen oder Vermögen innerhalb der Gruppe der Reichen keine relevanten Ergebnisse bringt. Dagegen lässt sich hinsichtlich der Genese feststellen, dass diejenigen, die hauptsächlich aufgrund einer Erbschaft reich wurden, eine vergleichsweise hohe Beteiligung an geplantem Engagement aufweisen. Auch hohe Bildung und Kinderlosigkeit begünstigen Philanthropie als Teil des Vermächtnisses.

Einen bereits in der deskriptiven Auswertung deutlichen Einfluss üben Einstellungen und Werte in Form von Religiosität und gesellschaftlichem Verantwortungsbewusstsein aus. Von besonders großer Bedeutung ist gesellschaftliche Verantwortungsübernahme zu Lebzeiten.

Die Ergebnisse führen zu dem Fazit, dass besonders Religiosität und vor allem Philanthropie zu Lebzeiten den Plan, einen Teil des Erbes beziehungsweise das Erbe für philanthropische Zwecke zu geben, begünstigen. Die Einstellung und Handlungsweise zu Lebzeiten wirkt sich somit auf die Verwendung des Eigentums nach dem Leben aus.

Auf der Basis dieser Ergebnisse ließen sich weitere Analysen anschließen. Interessant wäre beispielsweise, etwas über die Höhe der geplanten Transfers für philanthropische Zwecke zu erfahren, um ihre gesellschaftliche Bedeutung einzuordnen. Damit ließe sich einschätzen, ob die in Deutschland vergleichsweise niedrigen Erbschaftssteuern und hohen Freibeträge auf diese Art zumindest im Ansatz kompensiert werden. Darüber hinaus lässt sich die Frage stellen, ob gemeinnützige Erbschaften die Ungleichheitsentwicklung aufgrund der „Erbschaftswelle" und der stark ungleichen Vermögensverteilung in gewisser Hinsicht ausgleichen.

Anhang

Tabelle A1: Geplante Philanthropie über den Tod hinaus nach Elternschaft (Spaltenprozente)

	Kein Kind	Kind/er	Gesamt
Nein	50,9	60,0	58,4
Ja	49,1	40,0	41,6

*Quelle: ViD; N = 315; Chi² = 2; eigene Berechnungen; Koeffizient signifikant zum *< 0,1, **< 0,05 und ***< 0,01-Niveau*

Abbildung A1: Geplante Philanthropie über den Tod hinaus nach Philanthropie zu Lebzeiten (in Prozent)

*Quelle: ViD; eigene Berechnungen; N = 312; Chi² = 19***; Koeffizient signifikant zum *< 0,1, **< 0,05 und ***< 0,01-Niveau*

Literatur

Adam, T. (2001): Bürgergesellschaft und moderner Staat. Ein deutsch-amerikanischer Vergleich. In: Becker, Roland (u. a.): Eigeninteresse und Gemeinwohlbindung. Kulturspezifische Ausformungen in den USA und Deutschland. Konstanz: UVK Verlagsgesellschaft. 191 – 211.

Backhaus, K. (u. a.) (2008): Multivariate Analysemethoden. Eine anwendungsorientierte Einführung. Heidelberg: Springer.

Beckert, J. (2004): Unverdientes Vermögen. Soziologie des Erbrechts. Frankfurt am Main, New York: Campus.

Beckert, J. (2005): Das Ungleiche Erbe. In: Böll Thema, 1. 28 – 29.

Beckert, J. (2009): Vermögen und Besteuerung. In: Druyen, Thomas; Lauterbach, Wolfgang und Grundmann, Matthias (Hrsg.): Reichtum und Vermögen. Zur gesellschaftlichen Bedeutung einer Reichtums- und Vermögensforschung. Wiesbaden: VS-Verlag für Sozialwissenschaften. 146 – 157.

Benninghaus, H. (2007): Deskriptive Statistik. Eine Einführung für Sozialwissenschaftlicher. Wiesbaden: VS-Verlag für Sozialwissenschaften.

Braun, S. (2002): Begriffsbestimmung, Dimensionen und Differenzierungskriterien von bürgerschaftlichem Engagement. In: Enquete-Kommission „Zukunft des bürgerschaftlichen Engagements" (Hrsg.): Bürgerschaftliches Engagement und Zivilgesellschaft: auf dem Weg in eine zukunftsfähige Bürgergesellschaft. Opladen: Leske + Budrich. 55 – 72.

Braun, R./Metzger, H. (2007): Exkurs: Erbschaften. In: Braun, Reiner und Metzger, Heiko (Hrsg.): Trends in der Entwicklung von Vermögen und Vermögenseinnahmen zukünftiger Rentengenerationen. Endbericht für das Bundesministerium für Arbeit und Soziales, Bonn. Berlin: empirica Forschung und Entwicklung. Kapitel 7.

Capgemini/Merrill Lynch (2000): World Wealth Report 2000. Capgemini und Merrill Lynch.

Capgemini/Merrill Lynch (2003): World Wealth Report 2003. Capgemini und Merrill Lynch.

Capgemini/Merrill Lynch (2006): World Wealth Report 2006. Capgemini und Merrill Lynch.

Capgemini/Merrill Lynch (2009): World Wealth Report 2009. Capgemini und Merrill Lynch.

Capgemini/RBC Wealth Management (2012): World Wealth Report 2012. Capgemini und RBC.

Capgemini/RBC Wealth Management (2013): World Wealth Report 2013. Capgemini und RBC.

Capgemini/RBC Wealth Management (2014): World Wealth Report 2014. Capgemini und RBC.

Capgemini/RBC Wealth Management (2015): World Wealth Report 2015. Capgemini und RBC.

Deutsche Bundesregierung (Hrsg.) (2001): Lebenslagen in Deutschland. Der 1. Armuts- und Reichtumsbericht der Bundesregierung. Berlin: Bundesministerium für Arbeit und Soziales.

Deutsche Bundesregierung (Hrsg.) (2005): Lebenslagen in Deutschland. Der 2. Armuts- und Reichtumsbericht der Bundesregierung. Berlin: Bundesministerium für Arbeit und Soziales.

Deutsche Bundesregierung (Hrsg.) (2008): Lebenslagen in Deutschland. Der 3. Armuts- und Reichtumsbericht der Bundesregierung. Berlin: Bundesministerium für Arbeit und Soziales.

Deutsche Bundesregierung (Hrsg.) (2013): Lebenslagen in Deutschland. Der 4. Armuts- und Reichtumsbericht der Bundesregierung. Berlin: Bundesministerium für Arbeit und Soziales.

Frick, J. R./Grabka, M. M. (2009): Zur Entwicklung der Vermögensungleichheit in Deutschland. In: Berliner Journal für Soziologie, 19. 577 – 600.

Gensicke, T./Geiss, S. (2010): Hauptbericht des Freiwilligensurveys 2009. Ergebnisse der repräsentativen Trenderhebung zu Ehrenamt, Freiwilligkeit und Bürgerschaftlichem Engagement. Berlin: Bundesministerium für Familie, Senioren, Frauen und Jugend.

Grabka, M. M./Frick, J. (2007): Vermögen in Deutschland wesentlich ungleicher verteilt als Einkommen. In: DIW Wochenbericht 45. 665 – 683.

Grabka, M. M. und Frick, J. (2008): Schrumpfende Mittelschicht – Anzeichen einer dauerhaften Polarisierung der verfügbaren Einkommen? In: DIW Wochenbericht 10. 101 – 108.

Grabka, M. M. (2014): Verteilung und Struktur des Reichtums in Deutschland. In: Lauterbach, Wolfgang; Hartmann, Michael und Ströing, Miriam (Hrsg.): Reichtum, Philanthropie und Zivilgesellschaft. Wiesbaden: Springer VS. 21 – 45.

Hackl, P./Katzenbeisser, W. (1994): Statistik für Sozial- und Wirtschaftswissenschaften. München/Wien: R. Oldenbourg.

Haibach, M. (2010): Großspenden in Deutschland: Wege zu mehr Philanthropie. Köln: Major Giving Solutions.

Hauser, R./Becker, I. (2007): Integrierte Analyse der Einkommens- und Vermögensverteilung. Abschlussbericht zur Studie im Auftrag des Bundesministeriums für Arbeit und Soziales. Berlin: Bundesministerium für Arbeit und Soziales.

Kohler, U./Kreuter, F. (2006): Datenanalyse mit Stata. Allgemeine Konzepte der Datenanalyse und ihre praktische Anwendung. München/Wien: R. Oldenbourg.

Kohli, M. (u. a.) (2006): Erbschaften und ihr Einfluss auf die Vermögensverteilung. In: Vierteljahrshefte zur Wirtschaftsforschung, 75 (1). 58 – 76.

Kortmann, K. (2011): Vermögen in Deutschland – die methodische Anlage der Untersuchung. In: Lauterbach, Wolfgang; Druyen, Thomas und Grundmann, Matthias (Hrsg.):

Vermögen in Deutschland. Heterogenität und Verantwortung. Wiesbaden: VS-Verlag für Sozialwissenschaften. 15–28.

Krimphove, P. (2010): Philanthropie im Aufbruch. Ein deutsch-amerikanischer Vergleich. Wien: Sigmund Freund University Press.

Lauterbach, W./Lüscher, K. (1996): Erben und die Verbundenheit von Lebensverläufen von Familienmitgliedern. In: Kölner Zeitschrift für Soziologie und Sozialpsychologie, 48. 66–95.

Lauterbach, W./Ströing, M. (2009): Wohlhabend, Reich und Vermögend – Was heißt das eigentlich? In: Druyen, Thomas; Lauterbach, Wolfang und Grundmann, Matthias (Hrsg.): Reichtum und Vermögen. Zur gesellschaftlichen Bedeutung der Reichtums- und Vermögensforschung. Wiesbaden: VS-Verlag für Sozialwissenschaften.

Lauterbach, W./Kramer, M./Ströing, M. (2011): Vermögen in Deutschland: Konzept und Durchführung. In: Lauterbach, Wolfgang; Druyen, Thomas und Grundmann, Matthias (Hrsg.): Vermögen in Deutschland. Heterogenität und Verantwortung. Wiesbaden: VS-Verlag für Sozialwissenschaften. 29–53.

Lauterbach, W./Tarvenkorn, A. (2011): Homogenität und Heterogenität von Reichen im Vergleich zur gesellschaftlichen Mitte. In: Lauterbach, Wolfgang; Druyen, Thomas und Grundmann, Matthias (Hrsg.): Vermögen in Deutschland. Heterogenität und Verantwortung. Wiesbaden: VS-Verlag für Sozialwissenschaften. 57–94.

Lauterbach, W./Ströing, M. (2012): Philanthropisches Handeln zu Lebzeiten und über den Tod hinaus. Berliner Journal für Soziologie, 22. 217–246.

Merz, J./Hirschel, D./Zwick, M. (2005): Struktur und Verteilung hoher Einkommen – Mikroanalysen auf der Basis der Einkommensteuerstatistik. Beitrag zum zweiten Armuts- und Reichtumsbericht der Bundesregierung. Berlin: Bundesministerium für Arbeit und Soziales.

Moschner, B. (1994): Engagement und Engagementbereitschaft. Differentialpsychologische Korrelate ehrenamtlichen Engagements. Regensburg: S. Roderer.

Schervish, P. G./Havens, J. J. (2001): Extended report of the wealth with responsibility study. Boston College: Social Welfare Research Institute Boston College.

Schupp, J. (u. a.) (2003): Repräsentative Analyse der Lebenslagen einkommensstarker Haushalte. Erbschaft, soziale Herkunft und spezielle Lebenslagenindikatoren. Berlin: DIW (Deutsches Institut für Wirtschaftsforschung).

Schupp, J./Szydlik, M. (2004): Zukünftige Vermögen – wachsende Ungleichheit. In: Szydlik, Marc (Hrsg.): Generation und Ungleichheit. Wiesbaden: VS-Verlag für Sozialwissenschaften. 243–264.

Sen, A. K. (1999): Development as Freedom. Oxford: Oxford University Press.

Sommerfeld, J./Sommerfeld, R. (2010): Spendenanalysen. In: Deutsches Zentralinstitut für soziale Fragen (DZI) (Hrsg.), 2010: Spendenbericht Deutschland 2010. Daten und Analysen zum Spendenverhalten in Deutschland. Berlin: DZI. 23–92.

Statistische Ämter des Bundes und der Länder (2011): Gini-Koeffizient der Äquivalenzein-
kommen. [online aus dem Internet] <http://www.amtliche-sozialberichterstattung.de/
A3gini-koeffizient.html> [abgerufen am 12. Februar 2013].

Statistisches Bundesamt (2013). Mikrozensus – Bevölkerung, Erwerbstätige, Arbeitslose:
Deutschland, Jahre, Geschlecht, Altersgruppen. [online aus dem Internet] <https://
www.genesis.destatis.de/genesis/online;jsessionid=1EE0ED23ACF8604558DFF6542EC
6FC74.tomcat_GO_2_2?operation=previous&levelindex=2&levelid=1382257008818&s
tep=2> [abgerufen am 20.10.2013]

Ströing, M. (2015): Reichtum und Gesellschaftliches Engagement in Deutschland. Empirische Analyse der Determinanten philanthropischen Handelns reicher Personen.
Wiesbaden: Springer VS.

Szydlik, M. (1999): Erben in der Bundesrepublik Deutschland. Zum Verhältnis familialer
Solidarität und sozialer Ungleichheit. In: Kölner Zeitschrift für Soziologie und Sozialpsychologie, 52. 80 – 104.

Szydlik, M. (2001): Wer hat, dem wird gegeben. Befunde zu Erbschaften und Schenkungen
in Deutschland. In: ISI (Informationsdienst Soziale Indikatoren) 25. 5 – 8.

Szydlik, M. (2004): Inheritance and Inequality: Theoretical Reasoning and Empirical Evidence. In: European Sociological Review 20, 1. 31 – 45.

Szydlik, M. (2009): Reich durch Erbschaft und Schenkung? In: Druyen, Thomas; Lauterbach, Wolfgang und Grundmann, Matthias (Hrsg.): Reichtum und Vermögen. Zur
gesellschaftlichen Bedeutung der Reichtums- und Vermögensforschung. Wiesbaden:
VS-Verlag für Sozialwissenschaften. 135 – 145.

Szydlik, M./Schupp, J. (2004): Wer erbt mehr? Erbschaften, Sozialstruktur und Alterssicherung. Kölner Zeitschrift für Soziologie und Sozialpsychologie, 56. 609 – 629.

Timmer, K. (2005): Stiften in Deutschland. Die Ergebnisse der Stifter Studie. Gütersloh:
Verlag Bertelsmann Stiftung.

Volkert, J. (2005): Armut und Reichtum an Verwirklichungschancen. Amartya-Sens-
Capability-Konzept als Grundlage der Armuts- und Reichtumsberichterstattung. Wiesbaden: VS-Verlag für Sozialwissenschaften.

Verwaltung von Stiftungsvermögen in Zeiten der finanziellen Repression

von Thomas Landwehr

In den vergangenen Jahren wurde in der Fachpresse viel über die Herausforderungen bei der Anlage von Stiftungsvermögen im aktuell herrschenden Niedrigzinsumfeld berichtet. Seitdem die westlichen Zentralbanken die Folgen der Finanz- und Verschuldungskrise mit immer tieferen Leitzinsen und unkonventionellen Eingriffen an den Märkten für Staatsanleihen bekämpfen, gehen die Zinserträge von Stiftungen und anderen Kapitalsammelstellen kontinuierlich zurück. Seit der letzten großen Finanzkrise im Jahre 2008/2009 gelten andere Regeln. Bonitätsmäßig einwandfreie Staaten wie die Bundesrepublik müssen kaum noch Zinsen für das geborgte Geld zahlen. Im Frühjahr 2015 rentierten zehnjährige Bundesanleihen am Tief mit 0,17 Prozent pro Jahr; kürzere Laufzeiten wiesen bereits negative Zinssätze auf. Schwächere Staaten zahlen nur noch ein bis maximal zwei Prozent pro Jahr. Sie erhalten von den Kreditmärkten nur deshalb Geld, weil die Zentralbanken sie in der Krise aufgefangen haben und dies aller Wahrscheinlichkeit nach wieder tun werden.

Schätzungen gehen davon aus, dass circa ein Drittel aller deutschen Stiftungen ihren Stiftungszweck nicht mehr erfüllen können. Dabei sind kleinere Stiftungen, die sich kein professionelles *Asset Management* leisten können, noch wesentlich stärker betroffen als große Stiftungen, die teilweise bereits in der Vergangenheit ihr Portfolio breiter diversifiziert und ihr Vermögen in Sachwerte wie Aktien, Immobilien, Beteiligungskapital und Infrastruktur investiert hatten.

Das wahre Ausmaß der finanziellen Unterdeckung ist erst im Ansatz zu sehen, da Stiftungen, aber auch Versicherungen, zurzeit immer noch ganz wesentlich von einem Altbestand an Anleihen mit relativ hohen nominalen Coupons leben. Das heißt, die Buchgewinne, die in diesen Vermögenspositionen bestehen, werden ausgeschüttet und bei Endfälligkeit einer Anleihe ist eine neue Anlage mit einem vergleichbaren Zinsertrag nicht mehr möglich. Dabei deckt die aktuelle Zinslandschaft nur die schon seit langem bestehenden strukturellen Defizite der rentenlastigen Vermögensverwaltung auf. In der Vergangenheit haben sich viele Investmentgremien von den höheren nominalen Zinserträgen leiten lassen und teilweise dem realen Ertrag nach Inflation und Kosten nicht ausreichend Aufmerksamkeit geschenkt.

Nur am Rande sei bemerkt, dass auch noch eine große Diskrepanz zwischen der offiziell veröffentlichten, niedrigen und der „tatsächlich erlebten" Inflationsrate besteht – ein Phänomen, das besonders Stiftungen in ihrem Aufgabenbereich betrifft. In den Vereinigten Staaten gibt es deutlich mehr Untersuchungen und statistische Daten, die diese Beobachtung belegen: Im Bildungsbereich, der für viele Stiftungen relevant ist, liegt die Inflationsrate beziehungsweise die Kostensteigerung leicht zwischen fünf und sieben Prozent im Jahr. Anekdotische Evidenz: Als unser 16-jähriger Sohn letztes Jahr für vier Wochen dasselbe *Summer Camp* in Maine besuchte wie sein älterer Bruder zehn Jahre zuvor, war die Rechnung um 90 Prozent höher. Da sich bei einem Zinssatz von sieben Prozent das Kapital in einem Zeitraum von 10 Jahren verdoppelt, bestätigt sich in diesem Beispiel die oben erwähnte Preisentwicklung. Alternative Analysten in den Vereinigten Staaten gehen davon aus, dass, falls der Konsumentenpreisindex noch unverändert wie in der Vergangenheit berechnet würde, wir ebenfalls zu einer Preissteigerungsrate der allgemeinen Lebenshaltungskosten von fünf bis sechs Prozent pro Jahr kämen.

Allerdings gelten hier große regionale Unterschiede wie das Stadt-Land-Gefälle sowie soziale Unterschiede, die sehr stark die jeweiligen Konsumgewohnheiten beeinflussen. Auch wird von den jeweiligen statistischen Ämtern der Warenkorb regelmäßig so verändert, dass teilweise teurere Produkte durch günstigere ersetzt werden. Genauso spielt der sogenannte hedonische Berechnungsansatz eine wesentliche Rolle, wonach tatsächliche oder vermeintliche Produktivitätsfortschritte in der Inflationsmessung abgezogen werden. Diese Vorgehensweise bedeutet, dass wenn ein Computer nach einem Jahr eine zehnprozentige Steigerung seiner Rechnerleistung bei gleichem Preis aufweist, diese Leistungssteigerung bei der Berechnung des Warenkorbes entsprechend von der Inflationsrate abgezogen wird. Demgegenüber werden aber durchaus häufig auftretende Qualitätsverschlechterungen bei Produkten nicht in der statistischen Inflationsbemessung berücksichtigt. Man denke beispielsweise an die zum Teil absichtlich herbeigeführten verkürzten Lebenszyklen bei „langlebigen" Haushaltsgeräten. Diese Vorgehensweise führt in letzter Konsequenz zu verzerrten Ergebnissen, die aber natürlich für die Selbstdarstellung der Regierungen sehr nützlich sind. Außerdem können die Notenbanken so ihre fortgesetzte Tiefzinspolitik rechtfertigen. Zu guter Letzt ist allgemein bekannt, dass viele Elemente der sogenannten *Asset Price Inflation* gar nicht im Warenkorb auftauchen. Wenn also in München ein kleines Reihenhaus circa eine Million Euro kostet, geht dies nicht in die Inflationsmessung ein. Wenn aber eine Stiftung beispielsweise einen Kindergarten in einer deutschen Großstadt bauen möchte, dann unterliegt sie in jedem Bereich, sowohl hinsichtlich der Grundstückskosten als auch der Baukosten, einer Preissteigerungsrate, welche die veröffentlichte um ein Vielfaches übersteigt.

Womit wir beim Titel dieser kurzen Ausführungen angekommen sind: Ganz offensichtlich soll die öffentliche Misswirtschaft und ihre gewaltige Verschuldung durch eine konsequente finanzielle Repression erleichtert werden. Die durchschnittlichen Steigerungen der Lebenshaltungskosten für den täglichen Bedarf werden zu niedrig ausgewiesen. Das dient der Rechtfertigung für die quasi Null-Zins-Politik. Diese macht die öffentlichen Schulden erträglicher, die Anleger und

Sparer erhalten jedoch fast keine Vergütung für ihr Kapital. Gleichzeitig wird jedes Jahr die Schuldenlast der öffentlichen Hand durch die offizielle und versteckte Inflationsrate real erleichtert. Private Anleger und Stiftungen werden sukzessive „entreichert" beziehungsweise enteignet und gleichzeitig werden die gewaltigen öffentlichen Schulden sukzessive entwertet. Das wiederum bedeutet, wenn Investoren aus Vorsicht nicht ausreichend an der Preisblase für einige Vermögenswerte teilnehmen, werden sie gegenüber den unternehmerischer agierenden Anlegern relativ zurückfallen. Wenn dann der Außenwert unserer Währung tendenziell durch die Notenbankpolitik vorsätzlich und bewusst geschwächt wird, erleiden wir weitere Vermögens- und relative Kaufkrafteinbußen im internationalen Vergleich. Stellen Sie doch einmal die Waren und Dienstleistungen, die Sie vor 20 Jahren in Rom, London, New York oder gar in Singapur für 200 Deutsche Mark erhalten haben, denen gegenüber, die Sie heute für 100 Euro dort kaufen können.

Die Finanzgeschichte kennt diverse Beispiele für ausgedehnte Perioden der finanziellen Repression. Als Beispiel sei die Phase nach dem Vietnamkrieg in den Vereinigten Staaten erwähnt. Damals entstand auch das geflügelte Wort zum US-Dollar von Richard Nixons damaligem Finanzminister John Conally: „It is our currency, but it is your problem."

Die gesamte Geschichte ist voll von Versuchen der Regierungen, ihre Schuldenproblematik durch interne und/oder externe Abwertungen zu lösen. Gerade die Deutschen haben das im 20. Jahrhundert leidvoll erfahren müssen. Diese bitteren Erfahrungen führten zur Begründung der unabhängigen und starken Position der Bundesbank in der jungen Nachkriegsbundesrepublik – einem Konzept, das zum Beispiel von Frankreich („L'Etat, c'est moi") und den Südländern im Allgemeinen immer unverstanden war und bis zum heutigen Tage abgelehnt wird. Dementsprechend werden in der Europäischen Zentralbank (EZB) unter der Leitung von Mario Draghi die deutschen Forderungen regelmäßig abgelehnt und überstimmt. Man kann mit Fug und Recht sagen, dass der Einfluss der Deutschen Bundesbank als ernst zu nehmendem Gegner von verantwortungsloser Fiskalpolitik kaum noch spürbar ist.

Von Lenin stammt das bekannte Zitat: „Wer die Kapitalisten vernichten will, muss ihre Währungen zerstören." Man könnte die provozierende Frage stellen, ob die westlichen Notenbanken in Zusammenarbeit mit ihren jeweiligen Regierungen die Verwirklichung dieser Strategie übernommen haben.

Wir leben also in einer ganz außergewöhnlichen Epoche, die erfordert, dass wir über das Tagesgeschäft hinaus blicken. Als Verantwortliche für Familien- und Stiftungsvermögen, das über Generationen langfristig real erhalten bleiben soll, müssen wir auch einen erweiterten Blick auf die politischen Rahmenbedingungen, die strukturellen Risiken der Finanzarchitektur und die offensichtliche und versteckte Verschuldensproblematik der öffentlichen Hand werfen. Deshalb sollen an dieser Stelle einige kurze Gedanken zur Strategie der Notenbanken angeführt werden.

Seit im Jahr 1987 Alan Greenspan die Leitung der US-amerikanischen Federal Reserve (FED) übernommen hat, sind die Notenbanken dazu übergegangen, Krisen im Finanzsystem mit drastischen Zinssenkungen und enormen Liquiditätsmengen zu bekämpfen. Unter FED-Präsident Paul Volcker und auch unter dem Regime von Helmut Schlesinger bei der Deutschen Bundesbank bestand noch eine Haltung von natürlicher Gegnerschaft den jeweiligen Regierungen gegenüber. Eine Regierung, die übermäßige Schulden machte, wurde durch steigende Zentralbankzinsen sanktioniert. Bei mangelnder Solidität wurde notfalls auch eine Rezession in Kauf genommen, um die Regierung wieder zu einem soliden Haushaltsgebaren zu veranlassen. Dieses Verhalten wurde natürlich noch durch die Angst vor zukünftigen Wahlverlusten unterstützt. Alan Greenspan und seine Nachfolger bei der FED – und nun auch in besonderem Maße bei der EZB – haben diese natürliche Position von „checks and balances" vollständig auf den Kopf gestellt. Seit 1987 wurde jeder Verschuldungsexzess der Regierung und die sich anschließenden Krisen durch die Politik des billigen Geldes und einer Tiefzinsstrategie letztlich auch noch unterstützt.

Ergänzend möchte ich noch einen etwas abweichenden Erklärungsansatz aufführen, den des sogenannten „Weltsparüberschusses". Alan Greenspan bezog sich auf ihn mit dem Ausdruck „conondrum" in seiner Überraschung, dass trotz steigender Kurzfristzinsen die große Nachfrage nach langfristigen US-Staatsanleihen zu steigenden Anleihenkursen am langen Ende und damit zu Renditesenkungen führte. Die ungebrochen große Nachfrage nach „sicheren Staatsanleihen" aus dem großen globalen Topf des Sparaufkommens hatte bereits vor der quantitativen Lockerung der Notenbanken zu einem Nachfrageüberhang bei Staatsanleihen und damit zu einer kontinuierlichen Zinssenkung bei langlaufenden Anleihen beigetragen. Nun aber, nachdem alle Hemmungen bei der FED und der EZB gefallen sind und auch die Bank von England bereits circa ein Drittel aller ausstehenden englischen Staatsanleihen aufgekauft hat, muss man mit Fug und Recht bei diesen Papieren von der größten staatlich verursachten Blase aller Zeiten sprechen. Hier ist die Marktwirtschaft vollständig ausgehebelt worden.

Dazu schreibt Thomas Meyer in der *Frankfurter Allgemeinen Sonntagszeitung* vom 03.05.2015: „Eine viel schwerer wiegende Quelle der Unsicherheit für Investoren dürften aber die Verzerrungen der Finanzierungsbedingungen auf den Kapitalmärkten sein [...]. Nach dem Platzen der Immobilienblase im Jahr 2007 bemächtigten sich die Zentralbanken, mit ihrer Politik der Nullzinsen und der quantitativen Lockerung, der Kapitalmärkte, wie es zuvor nur die zentralen Planer in den sozialistischen Ländern getan hatten." Im Weiteren bezieht sich Meyer sogar auf den Nachfolger von Alan Greenspan bei der FED, Ben Bernanke. Dieser habe bemerkt, dass bei einem negativen Referenzzins sogar ein Projekt zur Einebnung der Rocky Mountains für die Verbesserung der Autobahnverbindung zwischen der amerikanischen West- und der Ostküste sinnvoll erschiene. Gleichzeitig gehe der theoretische Kapitalwert bestehender Produktionsanlagen gegen unendlich. In dieser aus den Fugen geratenen Welt ergebe jede Investition Sinn – oder auch keinen.

Wir kommen im Weiteren noch auf die Preiskonsequenzen bei Aktien, Immobilien und unternehmerischen Beteiligungen, für die natürlich die Ausführungen genauso gelten. Diese Entwicklung stellt alle Personen, denen die Verantwortung für Vermögen übertragen wurde, vor die große Problematik, ob unsere Währungen langfristig überhaupt noch als Wertaufbewahrungsinstrument geeignet sind. Natürlich sind dabei nominale Geldforderungen mit geringem Zinssatz am meisten betroffen.

Strategische Ausrichtungen für das Stiftungsvermögen

Alle voran gemachten Aussagen führen zu der Erkenntnis, dass auch in der Verwaltung von Stiftungsvermögen die Schwerpunkte von zinsorientierten Anlagen in Richtung qualitativ guter, einen nachhaltigen Ertrag erwirtschaftender Sachwerte und sogar unternehmerisch ausgerichteter Investmentkonzepte verschoben werden sollten, sofern es die Satzung und die regulatorischen Rahmenbedingungen zulassen.

Die Strategie der Yale-Stiftung

Als herausragendes Beispiel für eine frühzeitige Verwirklichung dieser Anlagemaximen sei die Strategie der Yale-Stiftung genannt, die der *Chief Investment Officer* David Swensen in seinem Buch *Pro aktive Portfolio-Strategie* (2005) beschreibt.

Seine Asset Allocation per 30. Juni 2013 setzte sich wie folgt zusammen:

- *Absolute Return*   17,8 *Prozent*
- *Inländische Aktien*   5,9 *Prozent*
- *Festverzinsliche Wertpapiere* 4,9 *Prozent*
- *Ausländische Aktien*   9,8 *Prozent*
- *Rohstoffe*   7,9 *Prozent*
- *Private Equity/Beteiligungen* 32 *Prozent*
- *Immobilien*   20,2 *Prozent*
- *Barreserve*   1,6 *Prozent*

Die Yale-Stiftung erzielte trotz der schweren Kapitalmarktkrise des Jahres 2008 in der Periode 2003 bis 2013 einen durchschnittlichen Nettoertrag in Höhe von etwa elf Prozent im Jahr. Die herausragenden Leistungen von David Swensen und seinem Team sind in der Fachpresse vielfach beschrieben worden.

Es ist klar, dass diese Leistungen nur sehr eingeschränkt auf die regulatorischen und kulturellen Rahmenbedingungen deutscher Stiftungen übertragbar sind. Dabei gilt diese Einschränkung in besonderem Maße für kleine und mittlere Stiftungen. David Swensen betont in seinem Buch, dass nur wenige große institutionelle Investoren und Stiftungen, die über ein sehr umfangreiches Vermögen verfügen, einen guten Zugang zu hochqualitativen komplexeren Investmentstrategien haben.

Dennoch ist der grundsätzliche Ansatz im heutigen Niedrigzinsumfeld nützlicher denn je. In der Praxis ist ein Mix aus kostengünstigen passiven Investmentinstrumenten ohne Managementkomponenten und einzelnen Aktienstrategien beziehungsweise Beteiligungskonzepten bei der Erreichung des Stiftungszwecks und der Erhaltung des realen Vermögens zielführend.

Unternehmerische Investmentstrategien

Bei den unternehmerischen Beteiligungen gibt es einige Segmente, die sich durch ein auch für Stiftungen geeignetes Risikoprofil auszeichnen. In diesem Zusammenhang möchte ich nur beispielhaft Branchenkonsolidierungskonzepte mit *Buy-and-Build*-Ansatz und einem hohen *CashFlow* hervorheben. Gerade der Gesundheitsbereich bietet dafür gute Konjunktur- und vom Börsenzyklus unabhängige Möglichkeiten. *Venture Capital*-Beteiligungen passen dagegen selten in das Anforderungsprofil.

Auf der Suche nach Zinserträgen hatten Unternehmensanleihen in den Jahren nach der Finanzmarktkrise im Jahr 2008 zunehmend an Bedeutung gewonnen. Allerdings zahlen inzwischen Unternehmensschuldner guter Bonität auch kaum noch nennenswerte Zinsaufschläge gegenüber guten staatlichen Emittenten.

Traditionell sind für Stiftungen vermietete Immobilien ein Grundpfeiler der Vermögensanlage, wenn sie sich in guten, begehrten Lagen befinden und effektiv und professionell verwaltet werden. Viele Anleger kaufen daher Wohn- und Gewerbeimmobilen mit adäquaten Mieterträgen in der Erwartung, dass die Mieten langfristig inflationsbereinigt weiter steigen werden und sich damit der Wert der Immobilie ebenfalls real weiter positiv entwickeln wird.

Eine weitere immobilienbezogene Anlageklasse für Stiftungen sind Nachrangdarlehen auf eine vermietete Immobilie. Wenn die Annahmen über die Werthaltigkeit des Objektes stimmen, wird das Hauptrisiko vom Eigenkapitalgeber getragen. Der Kreditgeber im Nachrang sollte einen Ertrag in Höhe von sechs bis acht Prozent anstreben. Dafür hat er bei entsprechend sorgfältiger Prüfung und Auswahl eine gute Besicherung für seinen Kapitaleinsatz.

Grundpfandrechtlich gesicherte erstrangige Darlehen

Ein etwas anders strukturiertes konkretes Beispiel, Teile des Anleihen-Portfolios zu ersetzen, wurde von einer norddeutschen Stiftung bereits als konservative Strategie umgesetzt. Der Stiftungsvorstand hat in Abstimmung mit der Hamburgischen Stiftungsaufsicht ein einfaches Anlagekonzept entwickelt.

Nach der letzten Finanzkrise wurden die Banken weltweit stärker reguliert. Das führte unter anderem dazu, dass die Banken nur noch Darlehen an Schuldner vergeben dürfen, wenn die Schuldner in der Lage sind, das Darlehen aus einem *Cash Flow* zu bedienen. Das heißt, im Immobilienbereich werden in der Regel nur noch Immobilien mit Mieteinkünften beliehen. Reine sogenannte Sicherheitenkredite dürfen von den Banken nur unter erschwerten Umständen gegeben werden. Diese Entwicklung wirft verschiedene Probleme auf: Gerade im Immobilienentwicklungsgeschäft muss der Unternehmer Grundstücke vorhalten, um sie dann zu entwickeln. Hier eröffnet sich eine Chance für Stiftungen, die nicht den Bankregularien unterliegen und die „nur" auf eine sichere Anlage und einen angemessenen Ertrag achten müssen.

Das Anlagekonzept setzt voraus, dass der Schuldner über Grundstücke verfügt, die liquidierbar sind, sprich für die es eine breite Nachfrage gibt. Wichtig ist, dass jederzeit die Verkaufbarkeit des Grundstücks gegeben ist. Daher ist es zu empfehlen, nur Grundstücke zu beleihen, die kurz vor der Entwicklung oder dem Weiterverkauf stehen. Ferner müssen diese Grundstücke unbelastet sein, damit im schlechtesten Fall der Gläubiger das Grundstück übernehmen kann, um es dann zu vermarkten. Die Werthaltigkeit sollte durch einen Gutachter festgestellt werden. Es sollten erstrangige dingliche Sicherheiten eingetragen werden. Die Beleihung sollte nicht über 75 Prozent des Marktwertes hinausgehen, konservativer ist eine Obergrenze von 50 Prozent des Verkehrswertes.

In unserem konkreten Beispiel arbeitet die Stiftung mit einem Immobilienentwickler in den Vereinigten Staaten in Dallas zusammen. Auf den Kreditmärkten sind die Margen in den Vereinigten Staaten traditionell und auch heute noch erheblich besser als in der Bundesrepublik oder Europa. Banken haben eine Marge von drei bis vier Prozent auf ihre Bilanz. Im Vergleich zu Europa sind das gute zwei bis drei Prozent mehr. In der Vergangenheit war die Kreditvergabe vieler Banken zu lax, insbesondere in den Vereinigten Staaten. Als Folge der Krise werden heute Banken sehr viel stärker reguliert. Die sogenannte Pfandleihe ist daher kaum noch möglich. Das heißt, Banken dürfen heute nur noch an Schuldner Geld geben, wenn der Schuldner mit dem Investment unmittelbar Erträge erwirtschaftet. Dies führt bei der reinen Grundstücksfinanzierung zu Engpässen. Investoren können daher oft ein Grundstück nur noch mit Eigenkapital erwerben. Hier eröffnen sich Chancen für Geldgeber, die im Grunde Zinserträge erzielen wollen, jedoch im Fall eines unplanmäßigen Verlaufs des Investments auch gut mit dem

Umstand leben können, ein Grundstück statt der Forderung zu besitzen. Die Amerikaner nennen das „Lend-to-own". Bei diesem Konzept, das insbesondere in den Vereinigten Staaten praktiziert wird, sind folgende Grundsätze zu beachten:

Erstens muss die Grundstückssicherheit leicht verwertbar sein. Das heißt, die Vollstreckung muss rechtlich unproblematisch und das Grundstück gut verwertbar sein. Es müssen also für dieses Grundstück leicht Nutzer zu finden sein.

Zweitens muss die Dokumentation und die Sicherheiten-Registrierung einwandfrei sein. Dazu bedarf es eines Treuhänders vor Ort, der die Abläufe sorgfältig begleitet. Die Hypothek kann auch in Euro eingetragen werden. Zu beachten ist, dass der Grundstückswert natürlich in US-Dollar realisiert wird und daher genügend Spielraum für Wechselkursschwankungen einzurechnen ist. Das Währungsrisiko kann jedoch durch ein Devisentermingeschäft abgesichert werden. Zurzeit ist die Zinsdifferenz zwischen US-Dollar und Euro äußerst gering; demnach schmälern Kosten für die Absicherung nur minimal den Zinsertrag.

Drittens sollte der Beleihungswert eines Grundstücks maximal 50 bis 60 Prozent des Verkehrswertes ausmachen. Damit werden Wertschwankungen und Verwertungskosten aufgefangen. Die Basis für jede Entscheidung sollte ein neutrales Wertgutachten sein. Zusätzlich sollte ein ortskundiger und vertrauenswürdiger Fachmann den Prozess begleiten. Die Parteien sollten erfolgsorientiert honoriert werden und um möglichst weitgehend Interessenkonflikte zu begrenzen, sollten sie erhebliche Vorleistungen erbringen und den Großteil der unternehmerischen Risiken selber tragen. Wenn diese Voraussetzungen erfüllt sind, können grundpfandrechtlich gesicherte Darlehen einen wertvollen Beitrag für das Stiftungsvermögen liefern.

Resümee

Zusammenfassend kann man sagen, dass es in diesem außergewöhnlichen Niedrigzinsumfeld keinen einfachen Lösungsweg gibt. Wir müssen mit diesen Rahmenbedingungen vermutlich noch längere Zeit leben und nur ein ganzes Bündel von Maßnahmen kann dazu beitragen, dass die deutschen Stiftungen auch weiterhin ihren wertvollen Beitrag für unser Gemeinwesen leisten können.

Dazu gehören insbesondere auch organisatorische Maßnahmen wie schmerzhafte Kosteneinsparungen, eventuelle Zusammenschlüsse zu größeren „Investmenteinheiten" und natürlich ein reger Informationsaustausch. Befreundete Stiftungen berichten bereits von notwendigen Streichungen der Stiftungsaufgaben, die vollumfänglich nicht mehr zu leisten sind. Um diese harten Konsequenzen abzumildern sind insbesondere kleine und mittlere Stiftungen darauf angewiesen, zusätzliche Spenden einzusammeln.

Eine unternehmerisch ausgerichtete Vermögensanlage kann Lösungswege aus dem Zinstal weisen. Zusammenfassend sind eine angemessene Aktienquote und besonders ein gut strukturiertes *Private Equity-*/Beteiligungsportfolio zu nennen. Dabei sollte der Schwerpunkt auf Beteiligungen liegen, die von Anfang an einen hohen und gesicherten *Cash Flow* aufweisen; *Buy-and-Build-*Strategien bieten sich insbesondere im Gesundheitsbereich an. Immobilien und immobilienbezogene Darlehen können diese Strategie abrunden.

Auch diese Krise bietet Chancen zu einer kreativen Neuausrichtung, um gewohnte Verhaltensmuster und Denkstrukturen zu hinterfragen und neue mutige Wege zu gehen. Das betrifft auch unsere Haltung dem Risiko gegenüber. Lange Zeit wurde weitgehend Volatilität mit Risiko gleichgesetzt; jetzt eröffnet sich die Chance, die Fehlentwicklungen zu korrigieren, die aus einem Übergewicht an zinsorientierten Anlagen herrühren. Vielleicht müssen wir akzeptieren, dass es risikoarme Investments, wie wir sie in der Vergangenheit definierten, nicht (mehr) gibt.

Vielleicht ist dies auch ein Weckruf an alle, bei aller gebotenen Um- und Vorsicht in Investmententscheidungen wieder etwas mutiger zu werden. Dieser Gedanke könnte auch als Metapher für die Bewältigung der drängenden gesamtgesellschaftlichen Themen stehen, die ebenfalls beherzteres und mutigeres Handeln von uns Bürgern erfordern. So können auch unsere Kinder und Enkelkinder in einer guten Umwelt mit einem funktionierenden Gemeinwesen leben.

Erben und Vererben: Praxisbezogene Anmerkungen zu relevanten Beratungskompetenzen

von Hubertus A. Jonas

Deutschland hat sich in den letzten Jahrzehnten von einer Industrie- zu einer Wissens- und Informationsgesellschaft entwickelt. Wissen ist zu einer bedeutenden Grundlage des Zusammenlebens geworden. Die Entwicklung zur Wissensgesellschaft verlangt von den Menschen und im Besonderen von den Berufstätigen ein lebenslanges Lernen. Lebenslanges Lernen erfordert besondere Kompetenzen. Für den Lernenden ist neben einer kontinuierlichen Bereitschaft zum Lernen (versus eines Selbstverständnisses als abgeschlossene Person) auch die Fähigkeit zur Identifikation neuer Themengebiete im Verlauf des Lebens notwendig. Gleiches gilt für die „Lehrenden". Sie müssen sich mit neuen Themen frühzeitig identifizieren und adäquat vorbereitet sein. Die Lehrenden müssen mit fachlichen Kompetenzen, aber auch persönlicher Reife ausgestattet sein, um diese komplexe Lernsituation bewältigen zu können. Die Lernenden sollten Reife anstreben und Fachkompetenz erwerben wollen.

Die Zukunft unserer Gesellschaft wird im Wesentlichen davon geprägt sein, ob und wie es uns gelingt, dass mehrere Generationen miteinander leben und vor allen Dingen voneinander lernen können, das heißt, wie gut uns die Wissensvermittlung gelingt. Man spricht daher auch von der Wissensverteilung in der Mehrgenerationengesellschaft oder im Speziellen von der Intergenerationalität des Wissens. Für die Mehrheit der Bevölkerung bedeutete dies in der Vergangenheit Überlebenswissen und das Bewahren von Traditionen. Mit dem Aufkommen des Bürgertums und einer Mittelschicht hat sich in der Breite der Gesellschaft (mit bereits früheren Ausnahmen des Adels, der Kaufleute und freier Bauern) zu diesem Überlebenswissen auch die Möglichkeit materieller Transfers gesellt. In der deutschen Gegenwart zählt nun zu diesem Wissen die Kompetenz, den Erbfall so zu regeln, dass dieser konfliktfrei abläuft, die Bedürfnisse aller Beteiligten befriedigt und die materiellen Werte bewahrt. Hier liegt ein Unterschied zu anderen Ländern vor. Große gesellschaftliche Veränderungen und Kriege verzögern logischerweise das breite gesellschaftliche Phänomen einer „Erbengeneration", während sich in anderen Ländern, zum Beispiel dem Vereinigten Königreich oder den Vereinigten Staaten aufgrund von gesellschaftlicher Stabilität (zumindest für eine weiße Mittel- und Oberschicht) bereits gesellschaftliche Konventionen und Handlungswissen für die Gestaltung des Erbfalls herausgebildet haben.

Neben der Zunahme des materiellen Wohlstands – es gibt etwas Substantielles zu Vererben – haben schon der demografische Wandel und Veränderungen in den Familienstrukturen in letzter Zeit die Bedeutung intergenerationaler Beziehungen immer mehr in das Blickfeld des sozialwissenschaftlichen, politischen und auch des wirtschaftlichen Interesses gerückt. Die Ansätze intergenerationalen Denkens und Handelns werden gerade für den wirtschaftlichen Bereich immer bedeutsamer.

Innerhalb dieser Intergenerationalität geht es nicht nur um eine Übertragung von (im)materiellen Gütern, Wissen, Einstellungen und Erfahrungen auf die eigenen Kinder oder Patenkinder, sondern auch auf Kollegen, berufliche Partner und Freunde in professioneller Funktion.

Im Privaten sorgen größere Familienverbände oder ein altersheterogener Freundeskreis für diese Herausforderung und bieten auch die frühe Möglichkeit, intergenerationales Wissen, Einstellungen und Erfahrungen aufzubauen und weiterzugeben. Der Erfolg einer Wissensübertragung hängt in hohem Maße von der Persönlichkeit sowie besonderen situativen Kompetenzen des Wissensvermittlers beziehungsweise des Lehrenden ab. Individuen, Familien und Institutionen benötigen oft Hilfe oder Beratung in der Gestaltung und erfolgreichen Bewältigung von intergenerationalen Wissensarbeitsprozessen. Hierfür müssen bei den professionellen Beratern besondere Kompetenzen vorliegen. Dabei handelt es sich nicht nur um Faktenwissen, sondern auch um eine authentische Beratungspersönlichkeit, die ihre Botschaft so weitergeben kann, dass diese für die Empfänger nachvollziehbar wird.

Eine besondere Herausforderung der (intergenerationalen) Wissensvermittlung stellt die konfliktfreie, produktive und kontrollierte Gestaltung des Erbens und Vererbens und deren Umsetzung dar. Voraussetzung, ja unerlässlich für eine erfolgreiche Arbeit in diesem Kontext ist jedoch ein umfangreiches und ausgeprägtes Kompetenzprofil sowie eine zielgerichtete Gesprächskompetenz, die die Anforderungen für diffizile und komplexe Beratungskontexte berücksichtigt.

Erben und Vererben

Erben und Vererben, aber auch der Tod allgemein sind nach wie vor Tabuthemen in unserer Gesellschaft und werden daher oftmals ganz verdrängt oder eine Auseinandersetzung findet viel zu spät statt (vgl. Jonas/Jonas 2012; Przyembel/Jonas/Knaevelsrud 2011). Dieses brisante Thema wird von den meisten verdrängt und wenn nicht, professionalisiert, das heißt Berufsgruppen überlassen, die scheinbar mehr dazu berufen sind. Ein Beispiel hierfür ist das ins Krankenhaus verlagerte Sterben. Da das Thema Erben und Vererben mit dem Tod zu tun hat, scheint es im Widerspruch zu einer auf Wachstum und Gewinn ausgerichteten Gesellschaft zu stehen.

Diese tabuisierte Einstellung ist aber nicht nur allgemein in der Gesellschaft vertreten, sondern das ‚Tabuthema' setzt sich im Speziellen, also in den beruflichen

Bereichen, fort, in denen ein professioneller Kontakt zwischen Erblassern und Erben einerseits und Berufsvertretern andererseits besteht.

Ziel ist es, Denkanstöße für Veränderungen aufzuzeigen, das Thema zu enttabuisieren und weiter ein menschliches Miteinander für alle Beteiligen im Kontext der Intergenerationalität anzuregen. Eine assoziative Liste der Berufsgruppen, die sich mit dem Thema der Beratung von Erblassern und Erben beschäftigen könnten, beginnt mit Rechtsanwälten und Notaren und führt über Steuerberater und Mitarbeiter von Banken und Sparkassen bis hin zu Ärzten, Pflegepersonal, Theologen, Psychologen und Mediatoren. Vermutlich ist diese Liste nicht umfassend und auch andere Berufsgruppen und Personenkreise können von Beratungserfahrungen oder Beratungserwartungen im professionell-privaten Bereich berichten. Gerade solche Berufe, die „dicht" am Menschen sind, stoßen früher oder später auf das Thema. Häufig entsteht es nicht im Kontext eines thematisch darauf abgestimmten (Beratungs-)Termins, sondern eher zufällig, „en passant" im Gespräch, welches sich eigentlich um etwas ganz anderes gedreht hat. Der Mitarbeiter in der häuslichen Pflege hört plötzlich die Frage seiner Klientin, wie man denn ihren eigenen Erbfall regeln könnte. Oder die Mitarbeiterin eines Kreditinstituts soll einem Ehepaar einen Ratschlag geben, wie der zu erwartende Erbfall bezogen auf ihre Kinder zu gestalten wäre, während das eigentliche Thema die Wiederanlage von investiertem Geld ist.

Was ist die häufige Reaktion in diesem Fall? „Sie sind doch noch so gesund, da brauchen Sie sich doch noch keine Sorgen zu machen", wäre eine eindeutig vermeidende Antwort. Sie ist nicht so unwahrscheinlich. In Kreditinstituten ist die Antwort oftmals noch erweitert um die Formel, dass man keine Rechtsberatung betreiben dürfe. Aus der Sicht der Ratsuchenden sind beide Antworten wenig befriedigend. Damit ist der Informationsbedarf der Menschen einerseits wieder „sicher" in die Tabuzone „Tod" gedrängt und andererseits ist eine hohe Zugangshürde festgelegt: die Notwendigkeit der Rechtssicherheit. Bei allem Verständnis für professionelle Begrenzungen der Rechtsberatung muss man sich fragen, ob es darum in diesem Moment gehen muss. Es ist nicht ganz unwahrscheinlich, dass den Betroffenen zunächst ein empathischer Zugang helfen würde. So ein Zugang würde die Bedeutung des Themas unterstreichen, vielleicht eigene Betroffenheit und Erfahrungen vermitteln und mit den Kunden oder Klienten prozesshaft versuchen, Lösungsansätze zu entwickeln, beispielsweise, von wem man Rechtsberatung erhalten kann. So ein empathischer Zugang erfordert jedoch persönliche Reife und professionelle Kompetenzen.

Im Fokus steht hierbei besonders das Kreditgewerbe, da sich in dieser Branche intergenerationale Anwendungs- und leider auch Konfliktfelder vermehrt finden. Mit dem Anspruch auf eine adäquate Beratung in allen Lebenslagen ist diese Branche mit hohen Anforderungen konfrontiert, die derzeit aber noch zu selten, so die These, umgesetzt werden. Den in dieser Branche Tätigen muss vermittelt

werden, dass es im Beratungsbereich bei Erben und Erblassern nicht um ein nor-
males Gespräch und um den reinen Verkauf von Produkten geht, sondern um
einen Beratungsauftrag, bei dem der Kunde im Mittelpunkt steht. Das bedeutet
nicht, dass die Interessen beispielsweise der Banken nachgeordnet sind, sondern
nur, dass einzig über den zentral stehenden Kunden ein erfolgreiches Miteinander
zu erreichen ist. Für die Inhalte bei der Ausbildung, Weiterbildung und Wissensvermittlung für Mitarbeiter und Mitarbeiterinnen enthält der Artikel Anregungen
und Empfehlungen. Besonderes Augenmerk liegt hierbei auf der Sensibilisierung
der Mitarbeiter und Mitarbeiterinnen für diesen unzweifelhaft diffizilen Bera-
tungsprozess.

Wie groß ist der Handlungsbedarf?

Man liest heute häufig von der ‚Erbenrepublik Deutschland'. Deutschland erlebt
derzeit die historisch größte Erbschaftswelle. Allen Schätzungen zufolge gehen
diese in den Bereich von hunderten Milliarden Euro. Bis zum Jahr 2020 wird
dieser Betrag jährlich noch ansteigen, das heißt, man kann davon ausgehen, dass
bis zu ein Drittel des deutschen Privatvermögens seine generationalen Verwalter
wechselt. Wichtig ist auch, dass sich diese Summe nicht nur aus Großvermögen
zusammensetzt, sondern dass eine Vielzahl von kleinen Erbschaften (kleiner als
50.000 Euro) ebenso hierzu beiträgt. Zudem gilt, dass Großvermögen häufig besser auf die generationale Übertragung vorbereitet sind als kleine. Erstere sind
häufiger in *Family Offices* untergebracht oder haben schlichtweg eine größere
Beratungsnähe. Auch könnte man denken, dass bei ihnen „mehr auf dem Spiel
steht" als bei den kleinen Vermögen. Rein monetär betrachtet ist dies vielleicht
auch so, was aber den psychologischen Schaden und den relativen materiellen
Verlust bei kleinen Vermögen nicht geringer werden lässt. Eine Erbstreitigkeit, bei
der Anwalts- und Gerichtskosten das gesamte Erbe verbrauchen, ist bei kleinen
Vermögen viel wahrscheinlicher als bei größeren.

Insbesondere werden in der Zukunft immer häufiger Immobilien hinterlassen –
die Anzahl steigt von Jahr zu Jahr stetig. Auch Kunst und Antiquitäten sind in der
Erbmasse immer häufiger zu verzeichnen. Die Erbenrepublik Deutschland vererbt
nun nicht mehr nur die vergoldete Uhr, sondern die Sammlung goldener Uhren.
Wir sind zu Wohlstand gekommen. Interessant ist in diesem Zusammenhang, dass
nur geschätzte 20 bis 30 Prozent der Deutschen ein wirksames, gültiges Testament
verfasst haben. Nimmt man noch das Lebensalter hinzu, sinkt diese Prozentzahl
in der jüngeren Generation weiter, das heißt, das Thema wird als ein Altersthema
angesehen. Die Fragen, die wir uns stellen müssen, sind daher zwei: Muss das so
sein? Und warum ist das so? In anderen europäischen Ländern wie den skandi-
navischen Ländern und den Niederlanden werden bereits junge Erwachsene dazu
aufgefordert, ein notariell beglaubigtes Testament zu hinterlegen und dieses alle

fünf bis sieben Jahre auf die Passung zu ihrer aktuellen Lebenssituation hin zu prüfen. Diese an sich lobenswerte Aufforderung birgt noch eine andere Konsequenz in sich. Es muss beraten werden und es muss beraten werden können. Anders formuliert: Das Thema muss aus der Tabuzone befreit werden und es müssen kompetente Berater zur Verfügung stehen.

Wer sind die Zielgruppen im Kreditgewerbe?

Für die Wissensvermittlung kommen in erster Linie Führungskräfte, Mitarbeiter und Mitarbeiterinnen von Kreditinstituten wie Banken und Sparkassen, Volks- und Raiffeisenbanken sowie Steuerberater, Versicherungen und Rechtsanwälte und Führungskräfte von *Family Offices* in Frage.

Zum Selbstverständnis und den Aufgaben einer guten Führungskraft zählen unter anderem Eigeninitiative, Ergebnis- und strategische Orientierung, vernetztes und ganzheitliches Denken sowie Durchsetzungsfähigkeit, Teamfähigkeit und Sozialkompetenz, besonders die Informations- und Kommunikationsfähigkeit. Sie kommuniziert empfängerorientiert, gibt Wissen und Informationen zeitnah weiter und schafft Transparenz durch gezielte Informationen. Diese wichtigen Merkmale beziehungsweise Kompetenzen lassen sich auch gezielt auf den Beratungskontext Erbplanung und Erbfall übertragen. Wenn diese Potentiale nicht vorhanden beziehungsweise nicht genügend ausgeprägt und auf dem aktuellen Fort- und Weiterbildungsstand sind, ist die Voraussetzung für ein verantwortungsbewusstes und ergebnisorientiertes Beratungsgespräch nicht gegeben.

Spezielles Training ist notwendig

Es ist natürlich nicht so, dass auf diesem Gebiet keine Aus- oder Weiterbildungsangebote existieren. In der Tat liegen in den Bereichen *Family Offices* und *Wealth Management* umfassende Ausbildungsmöglichkeiten vor. Im Europäischen Kontext bietet beispielsweise das Center for Philanthropic Studies (http://giving.nl) an der Freien Universität Amsterdam entsprechende Kurse für Mitarbeiter im Bank- und Kreditwesen an. An der Universität Basel unterhält das Center for Philanthropy Studies (https://ceps.unibas.ch) ein Weiterbildungsprogramm, das sich an Mitarbeiter von Stiftungen, NGOs und auf die Philanthropie bezogenen Institutionen richtet. Ebenso wird von der European Business School (EBS) in Oestrich Winkel ein Masterstudiengang in *Private Finance and Wealth Management* angeboten (EBS 2015). Gemein ist all diesen Angeboten der Fokus auf vermögende Kunden, deren Interesse das Bewahren und Vergrößern von Familienvermögen ist, die sich philanthropisch engagieren oder eigene Stiftungen errichten wollen. In diesem Kontext und im Zusammenhang mit längerfristigen Beratungsbeziehungen geht es demnach eher darum, die abstrakten Ziele zu definieren. Die Ausführung oder Umsetzung bekommt dann oft den Stellenwert einer nachgeordneten Serviceleistung.

Doch wie sieht das Beratungsangebot für die Mittelschicht, für den „kleinen Mann" aus? Natürlich gibt es auch hier Angebote. Viele Sparkassen und Genossenschaftsbanken bieten Beratung an. Die einfachste Version stellen Informationen aus dem Internet dar. Die Analyse zeigt, dass in diesen Angeboten der Schwerpunkt auf den juristischen oder prozeduralen Aspekten liegt (beispielsweise ein Angebot einer Sparkasse zu diesem Thema: Sparkasse Langenfeld 2015). In einem zweiten Schritt ist auch eine persönliche Beratung möglich. Interessanterweise wird der Zugang zu dieser Beratung vielfach hinter der Hürde des *Private Banking* platziert. Dies bedeutet, dass zumindest ein Grundstock von Vermögen vorhanden sein muss, um in den Genuss dieser persönlich überbrachten Information zu kommen. Wer diese Hürde nicht erreicht, bleibt vermutlich außen vor. Betriebswirtschaftlich ist dies nachvollziehbar, gesellschaftlich verantwortlich ist es nicht.

Unabhängig vom Zugang sind die Beratungsangebote insgesamt als defizitär zu bezeichnen, was folgende Fragen angeht: „Was will ich eigentlich? Was ist gut für mich, meine Familie und meine Erben?" Diese Fragen stellen eine große Herausforderung für die Berater dar, da sie hier weniger fachlich, sondern persönlich gefordert sind.

Wo gibt es Defizite?

Defizite gibt es einerseits strukturell in Form von fehlenden Unternehmensstrukturen und andererseits auf der individuellen Ebene der Mitarbeiter. Die Mitarbeiter und Mitarbeiterinnen, die die Beratungsleistungen erbringen sollen, sind für dieses Spezialthema sehr oft nicht ausgebildet und haben daher Angst, dieses sensible Tabuthema überhaupt anzusprechen, um keine Fehler zu machen. Es gibt vermutlich kaum eine absolut richtige Art und Weise, das Thema zu behandeln, sondern nur die persönliche Reife und Erfahrung, mit jedem individuellen Kunden einen Weg zu finden, das Thema besprechbar zu machen.

Aus Vermeidung, aber auch aus Unkenntnis und fehlender Weitsicht verkaufen Mitarbeiter und Mitarbeiterinnen der Kreditinstitute nach wie vor – obwohl es sich teilweise schon etwas verbessert hat – fast nur Produkte (reine Orientierung am Produktverkauf und am persönlichen Bonus), aber keine langfristige Beratung und Planung. Eine Finanzberatung, in der der Kunde im Mittelpunkt steht, in der der Vertrauensaufbau eine wesentliche Rolle spielt und nicht die kurzfristige Rendite der Institutionen, wird oft nicht in der Praxis umgesetzt; auch weil sie den direkten Abteilungs- oder Unternehmenszielen widersprechen kann.

Aber nicht nur bei Banken, sondern auch in anderen Branchen liegt die Beratung im Argen. Der Kreis der Steuerberater beachtet oft nur die steuerliche Sicht. Ziel ist es, für die Erben ein günstiges steuerliches Ergebnis zu ereichen. Was steuerlich günstig erscheinen mag, kann jedoch familiär gesehen desaströs wirken. Rechtsanwälte und Notare legen überwiegend eine rein juristische Sicht an den Tag und vergessen dabei, dass Recht nur eine Möglichkeit von vielen ist, menschliches Zusammenleben und Intergenerationalität zu strukturieren. In diesem Kontext werden oftmals Recht und Gerechtigkeit verwechselt. Die Erben und Erblasser kommen mit dem Anspruch auf Gerechtigkeit zu juristisch geschulten Personen, erwarten also eine Antwort, die über das schlichte Recht hinausgeht, erhalten aber nur die rechtlich korrekte Aussage. Mit anderen Worten: Das rechtlich korrekte Testament, unter Mitwirkung eines Notars oder Anwalts entstanden, muss von den Erben nicht als gerecht empfunden werden. Jonas und Jonas (2012) zeigen dies am Beispiel verschiedener distributiver Gerechtigkeitsmodelle auf. Während das Erbrecht (auch durch das Instrument des Pflichtteils) eine Aufteilung zu gleichen Teilen nahe legt, kann auf der Basis von Anteilsmodellen oder Gleichheitsgrundsätzen eine andere Aufteilung im Einzelfall als viel gerechter erscheinen. Dies ist beispielsweise dann der Fall, wenn ein Kind die Eltern lange gepflegt hat oder ein großer Unterschied bezüglich des Wohlstands mehrerer Kinder besteht. Das Erbrecht kann hierzu wenig Hilfe bieten, persönliche Beratung ist gefragt.

Alle genannten Gruppen fokussieren sich oft ausschließlich auf ihren professionellen Bereich und setzen ein ‚einseitiges Denken' in nur eine Richtung um. Der ganzheitliche Ansatz wird vielfach in der Praxis vernachlässigt. Fairerweise muss gesagt werden, dass es Ausnahmen gibt und dass viele Vertreter der oben genannten Gruppen innerhalb ihrer Ausbildung nicht oder nicht genügend mit dem sensiblen Thema vertraut gemacht werden. Die Anzahl besonders geschulter Fachkräfte ist gemessen am Bedarf und im internationalen Vergleich noch zu gering. Wenige Rechtsanwälte oder Notare lernen zu hinterfragen, bevor sie ein Testament aufsetzen, wenige Steuerberater lernen, intergenerationale oder gar unwirtschaftliche Anlageentscheidungen mitzubedenken und Mitarbeiter von Kreditinstituten erfragen oft nur Kompetenzen der Anleger in Sachen der Produktrisikoklasse, nicht aber deren tiefer liegende Anlageziele. Interessanterweise wissen viele Mitglieder der genannten Gruppen um ihre Defizite. Sie haben entsprechende Situationen in ihrer beruflichen Praxis bereits miterlebt und die Sprachlosigkeit und das Tabu erfahren.

Die Konsequenz dieser mangelnden beruflichen Kompetenz sind einerseits Erblasser und Erben, die sich alleingelassen fühlen. Andererseits können, beispielsweise bei Kreditinstituten wie Banken und Sparkassen, hohe wirtschaftliche Verluste entstehen, weil große Vermögen nach einem Erbfall in kleinere geteilt werden, beispielsweise, wenn Anlagen aufgelöst werden müssen und mit den geteilten Beträgen eine geringere Rendite zu erzielen ist – wobei dies ein Verlust vornehmlich für die Anleger ist. Das Kreditinstitut gewinnt möglicherweise durch eine Vielzahl von Prämien und Ausgabeaufschläge. Wenn durch Erbfälle Vermögen ganz abgezogen werden, da die Erben keine Kunden des Instituts sind, trifft dies die Institute in der Tat. Kundenbindung muss also frühzeitig beginnen, um solche Verluste auszugleichen. Doch die wenigsten Kreditinstitute sorgen sich, wenn Kinder (oder andere Erben) die zunächst beim „elterlichen" Institut Kunden sind, zu einem Konkurrenten abwandern.

Sie zurückzugewinnen ist im Erbfall fast unmöglich. Bei Mitarbeitern mit einer ausgeprägten Persönlichkeitsentwicklung beziehungsweise einem entsprechenden Qualifikationsprofil kann es trotzdem gelingen, sie zu halten und im Erbfall das Vermögen beim bisherigen Kreditinstitut zu lassen. Voraussetzung hierfür ist jedoch eine Sensibilisierung für das diffizile Thema und eine ausgeprägte Beratungskompetenz. Beide Kriterien müssen aber frühzeitig erkannt und aufgebaut werden, um hier erfolgreich im Erbkontext bei den Erben zu agieren.

Im Fokus: Beratungskompetenz und Vertrauensbildung

Hoch komplexe, diffizile Beratung wie sie im Erbschaftskontext erforderlich ist, setzt Beratungskompetenzen und eine besonders Maß an Persönlichkeitsentwicklung voraus. Die erfolgreiche Umsetzung einer Wissensvermittlung in der Praxis bedarf bei Führungskräften und Beraterinnen und Beratern einer Sensibilisierung für den psychologisch-systematischen Umgang mit Menschen in Erbschaftskontexten.

Frühzeitig sollte eine langfristige Betreuung der speziellen Kunden, idealerweise über Generationen hinweg, aufgebaut, entwickelt und gepflegt werden. Dieser Bereich ist daher gerade nicht nur Vermögensmanagement, sondern stellt eine ganzheitliche, persönliche und langfristige Aufgabe dar. In kleineren Instituten auf dem Lande ist es strukturell bedingt noch wahrscheinlicher, dass diese persönliche Bindung aufgebaut und aufrechterhalten wird. Einsparungen und Schließungen von Zweigstellen sorgen aber auch hier für einen „Kahlschlag" in die falsche Richtung. Vertrauen wird auch außerhalb der Bank aufgebaut, bei gemeinsamen Aktivitäten in Vereinen, beim ehrenamtlichen Einsatz und in der Kommunalpolitik. Fällt all dies weg, muss das Vertrauen mühsam anderweitig aufgebaut werden. Die Umsetzung für diese Ziel- und Bedarfsgruppe außerhalb der *Family Offices* oder des Kreises der vermögenden Privatkunden ist gerade für geschulte Mitarbeiter und Mitarbeiterinnen aus dem Privatkundenbereich der Kreditinstitute wichtig.

Empathische Kundenbeziehung kontra Gewinnmaximierung

Wie bei der Generationenplanung geht es nicht nur um wirtschaftliche, sondern auch um emotionale Aspekte, das heißt, Werte sollen erhalten und in die richtigen Hände weitergegeben werden. Dies ist ein zentrales Anliegen für Erblasser in der dritten Lebensphase. Lebenswerke von Privatpersonen und Unternehmen oder Unternehmergenerationen, die sie erschaffen haben, sollen mit Objektivität und Neutralität verwaltet und erhalten werden. Hierbei geht es oft nicht um eine Steigerung des Vermögens, sondern um den Erhalt der „Sache" und des Privat- oder Familienvermögens. Steuerliche Optimierungen und hohe, spekulative Renditen sind nach Einstellung der Vermögenden zweitrangig. Ihre größte Sorge gilt der Werterhaltung. Für die Mehrheit hat dies eine hohe Bedeutung. Nur eine Minderheit sieht in der Steigerung der Werte beziehungsweise des Vermögens eine hohe Relevanz. Weil gerade in der dritten Lebensphase diese Denk- und Handlungsweise ein zentrales Element der Vorsorge- und Generationenplanung ist, sollte sich die Beratung auch auf sie fokussieren. Dies steht oftmals im Widerspruch zum Ansatz der Gewinnmaximierung in der Bank- oder Steuerberatung.

Aktiver Handlungsbedarf für Unternehmen und Privatpersonen

In Zeiten der Finanzkrise stehen für die Kreditinstitute reale Werte wieder hoch im Kurs. Die Zielgruppe der Vermögenden rückt in den Fokus, um Vermögen über Generationen hinweg zu sichern. Fraglich ist, ob die Erbengeneration noch Vertrauen zu den Kreditinstituten hat. In der heutigen Zeit der Finanzkrise ist dies für Institutionen eine wichtige Frage, die beantwortet werden und je nach Ergebnis zu einem Umdenken und Handeln anregen sollte. Denn gerade im Wandel der Finanzmärkte sind vertrauensbildende Maßnahmen und eine Wissensvermittlung und Beratung von großer Wichtigkeit.

Was müssen die Berater als Wissensvermittler leisten?

Wichtige Voraussetzung für eine erfolgreiche Übertragung von Wissen ist der vertrauensvolle Umgang von Wissensvermittler und Wissensnehmer. Einstellungen und Erfahrungen können nicht in der Form eines ‚Oberlehrers' übertragen werden. Die Vermittlung von Wissen als Empfehlungen, Anregungen, durch Geschichten aus den Erfahrungsbereichen des Wissensvermittlers ist oft erfolgreicher. Dem Beratungsklienten werden so Anregungen und Potenziale für eine praxisnahe Umsetzung aufgezeigt. An nachstehenden Beispielen der Wissensvermittlung im Bereich Erben und Vererben folgt die Betrachtung von besonderen Aspekten der

Beratungskompetenz. Der Absatz behandelt die zentralen Fragen: „Welches Wissen sollte in diesem Kontext für die erfolgreiche Umsetzung vermittelt werden und wie ist das möglich?"

Beratungspotentiale bei diffizilen Gesprächen

Grundbedingung für eine moderne Wissensvermittlung ist die Anpassung der unternehmerischen Beratungsstrukturen auf die Bedürfnisse des Kunden. Dies kann am Beispiel der Organisationsanalyse und -entwicklung eine einheitliche Entwicklung und Erarbeitung von Beratungsinstrumenten sein, wie beispielsweise die Analyse von Kundendaten oder die Erhebung von regelmäßigen Bedürfnissen mittels Fragebögen et cetera. Weiterhin kann eine Bedarfsanalyse für die besondere Ausrichtung der Beratungsleistungen und -produkte auf die Bedürfnisse des Kunden vorgenommen werden, beispielsweise Spendenengagement oder Stiftungsberatung.

Eine Sensibilisierung der MitarbeiterInnen für die psychologisch-systematische Beratung bei Erblasser und Erben ist ebenso wichtig wie Antworten auf die Frage: „Wie erreiche ich ein spezielles Vertrauensverhältnis und was ich kann ich für eine langfristige Kundenbindung tun?" Bei den Grundlagen des Vererbungsprozesses geht es darum, über die Typologie der Erblasser beziehungsweise die Erbentypologie umfangreiche und tiefe Kenntnisse zu haben – und diese ins Beratungsgespräch einzubinden.

Das Erbgeschehen wird wesentlich durch die ‚Eigenarten' der Erben und Erblasser beeinflusst. Bei den Erbentypologien unterscheidet man – nach Braun und Pfeifer (2011) – folgende Typen: den pflichtbewussten Bewahrer, den Selbstverwirklicher, den Manager, den Überrumpelten, den Versorgten und den autonomen Verwalter. Diese Charakteristika wirken sich maßgeblich auf die Beratungsgespräche aus. Typologien von Erblassern reduzieren sich zumeist auf die sich gegenüberstehenden Dimension Versorgung und Kontrolle.

An nachstehenden Details erkennt man die Vielschichtigkeit und sensiblen Aspekte bei der Beratung. Bei den Ansprüchen geht es oft um die Sicherung des eigenen Wohlstands oder die Anpassung an den eigenen Lebensweg. Hierbei tauchen Fragen auf: „Will ich das geerbte Unternehmen überhaupt übernehmen?" Oder: „Will ich mich der neuen, umfangreichen Verantwortung stellen?" Ebenfalls stellt die Flexibilisierung des Erbes wie Wohnort, Ort des Erbes und die Kontrolle neue Herausforderungen beziehungsweise Aufgaben für die Erben dar. Auch geht es um die Bewahrung des Andenkens der Erblasser, beispielsweise in Form von Spenden und Stiftungen. Dies wird zunehmend wichtiger in der ‚kinderlosen Gesellschaft'. Letztlich wollen Erben mit dem Nachlass auch einen nachhaltigen, bleibenden Effekt erzeugen, beispielsweise das Familienunternehmen in der dritten Generation weiterführen. Psychisch gesundes Erben muss also vorbereitet und begleitet werden. Aussagen wie: „Ich bin jetzt reich, aber unglücklich", spiegeln die Komplexität der Situation wider.

Was müssen die Berater wissen?

Es ist nicht immer leicht, Wissen, Erfahrungen und Einstellungen an Menschen zu vermitteln. Berater können ihre eigene ‚Wissensarbeit' im Fall von Erben und Vererben auf spezifische Inhalte ausrichten. Oft motiviert eine verbesserte Gesprächskompetenz für diffizile und komplexe Beratungskontexte den Berater, unterstützt die Kundenbindung sowie eine vertrauensvolle Beziehung zwischen Institution, Berater und Kunde. Um das Thema nachvollziehbar und nachfühlbar zu gestalten, sollen nachstehende Zitate (kursiv) von Erben oder Erblassern über die Einschätzung von vorangegangenen Beratergesprächen (aus Kreditinstituten) deren Bedürfnisse verdeutlichen.

Zunächst wurde deutlich, dass nicht nur seitens der Berater die Hürden hoch liegen, sich dem Thema zu nähern, sondern auch auf der Kundenseite. Das Thema ist mit Angst belegt und wird, wenn möglich, vermieden.

„Der Gedanke an meinen Tod macht mir Angst."

„Ich empfinde das Thema ‚Vererben' als ein Tabu, über das ich ungern spreche oder mir überhaupt Gedanken mache."

Allerdings bestand bei einer Reihe von Kunden ein klares Motiv, welches doch eine Auseinandersetzung notwendig machte. Die Motivlage erstreckt sich von einem Kontrollverlust bis hin zu der Wahrnehmung, dass nun noch einmal erzieherisch eingreifend gewirkt werden kann.

„Ich mache mir Sorgen, dass mein letzter Wille nicht so umgesetzt wird, wie ich das will."

„Ich bin der Meinung, dass die Verteilung des Erbes die letzte Möglichkeit darstellt ‚erzieherisch' zu wirken."

Klar ist: Die Kunden wollen über das Thema sprechen, es lagen eindeutige Motive dazu vor; andererseits ist das Thema auch mit einer Vermeidungstendenz belegt. In dieser gemischten Lage hilft es wenig, wenn die Kompetenzen der Berater in Zweifel gezogen werden oder man auf Unverständnis stößt. Noch dramatischer wird die Beratungssituation, wenn die Kunden das Gefühl bekommen, dass ihre Interessen nicht im Vordergrund stehen. Die folgenden drei Zitate belegen das klar:

„Ich habe das Gefühl, der Berater hat Angst, mit mir über das Thema zu sprechen."

„Der Berater - so mein Eindruck - versteht mich nicht."

„Es geht dem Berater nur – so mein Gefühl – um Produktverkauf und die damit verbundene Provision, nicht um meine Belange."

Die Aussagen und Inhalte der Zitate drücken klar den Handlungsbedarf aus und verdeutlichen die Defizite, die das Beratungsgespräch in der Praxis negativ belasten (können). Was muss sich also auf der Beraterseite ändern? Welche Kompetenzen müssen erworben werden?

Grundlagenwissen und Umsetzungsinstrumente bei der Beratung im Vererbungsprozess

Gerade bei der gezielten Vorarbeit für ein erfolgreiches Beratungsgespräch treten in der Praxis umfangreiche Defizite auf. Diese Vorarbeit wird sehr oft unterschätzt. Man beginnt sofort mit der Umsetzung der Beratung, obwohl wenig oder gar keine Vorinformationen bekannt sind. Ein gutes Gerüst an Informationen ist die Basis für ein erfolgversprechendes Beratungsgespräch. Dies reicht von der Ermittlung des richtigen Ansprechpartners bis hin zu Details über finanzielle, private und soziale Hintergründe. Das Erst-Klientengespräch entscheidet oft über Vertrauen, Anerkennung von Fachkenntnis, Professionalität und damit letztlich über den Erfolg. Dieser Erfolg stellt sich nicht ein, wenn ein Beratungsgespräch bei Erben mit der stotternden Einleitungsformel beginnt: „Kann ich mal den Totenschein oder Erbschein bekommen?" Dann überwiegt der Eindruck einer kleinteiligen Abarbeitung und nicht der des Aufbaus einer Vertrauensbeziehung.

Neben einer Vorarbeit erzielt eine gute und gezielte Wissensvermittlung in der Praxis oft sinnvolle Ergebnisse. So genannte Psychoedukation, also die fachliche Bildung des Klienten, um dessen Reflexionsprozesse zu stimulieren, ist oftmals ein hilfreiches Instrument (natürlich in den Grenzen der Reflexionsfähigkeit der jeweiligen Klienten). Zum vermittelbaren Grundlagenwissen zählen: das Verständnis dafür, dass Vererbung als Prozess zu verstehen ist, eine Einführung in die Typologie der Erblasser beziehungsweise der Erbentypologie. Auch kann auf Ziele der Erben und mögliche Umgangsformen mit dem Erbe eingegangen werden, um hier nur einige der wichtigen Themen zu erwähnen. So erkennen die Klienten die Kompetenz des Beraters und können sich selbst entlang abstrakter Modelle besser verorten. Allerdings kann dieser Prozess nur dann gelingen, wenn der Berater erstens über das Wissen selbst verfügt, es zweitens auch instrumentell einsetzen und drittens das Gespräch steuernd und stützend begleiten kann.

Die Umsetzungsinstrumente basieren auf einem Phasenmodell in der Kundenbegleitung, welches im Verlauf auf wechselnde kundenseitige Wünsche, Ansprüche, Veränderungen beziehungsweise Krisen eingeht. Eine Vermittlung des Wissens und der Erfahrung aus erlebten Beratungsgesprächen könnte beispielsweise folgende Fragen behandeln: Welche Konflikte könnten auftreten und wie gehe ich damit um? Wenn ‚Erbenkrisen' auftreten, wie kann ich eine ganzheitliche Prozessbegleitung durchführen? ‚Krisen' bedeuten beispielsweise Todestage, erbrechtliche Auseinandersetzungen, Reflexion des adäquaten Umgangs mit dem Erben. Als letzter Schritt folgt dann die fachliche Kernberatung, die nun besser vorbereitet und auf Vertrauen und Kompetenz gebettet ist.

Persönlichkeits- und Beratungskompetenz

„Nur wer sich selbst führen kann, kann auch andere erfolgreich und verantwortungsbewusst führen und begleiten."

„Wenn ich selbst über eine Sache zu wenig weiß, eventuell sogar selbst Angst habe, vielleicht sie gar als Tabuthema erlebe, wie soll ich dann Wissen vermitteln und jemand anderen motivieren, etwas zu verändern?"

Diese beiden Aussagen beschreiben im Kern die Notwendigkeit zur Veränderung der Beraterkompetenz und der Persönlichkeit. Weitere Merkmale einer vorbildlichen Führungspersönlichkeit sind unter anderem Glaubwürdigkeit, Offenheit und Verlässlichkeit sowie Vertrauenswürdigkeit.

Beide Begriffe, Beratungs- und Persönlichkeitskompetenz, sind nicht voneinander zu trennen oder gar separat zu betrachten. Der Sozialpsychologe Klaus Linneweh hat sich schon früh mit der Persönlichkeitsentwicklung in der Praxis auseinandergesetzt, zum Beispiel in seinem Buch *Erfolgsfaktor Persönlichkeit* (1997). Aus seiner Sicht ist der erste wichtige Schritt auf dem Weg zu einem gelebten, erfolgreichen Persönlichkeitsmanagement der Entschluss und das formulierte Ziel, für die Zukunft die Verantwortung für das eigene Leben, im privaten wie im beruflichen Bereich, zu übernehmen.

Ein individuelles Persönlichkeitsmanagement – mit dem Fokus der Zielformulierung und Kontrolle – könnte sich in folgenden fünf Schritten vollziehen:

Schritt 1: Standortbestimmung

Der erste Schritt besteht aus dem Bewusstmachen der eigenen Situation, um Antworten zu finden auf die Fragen: „Wer bin ich und wo stehe ich jetzt?"

Schritt 2: Zielbestimmung

Im zweiten Schritt wird ein realistischer Zielkatalog formuliert: „Wie möchte ich künftig leben und arbeiten? Wo will ich selbst von jetzt an in meinem Leben und in meinem Business die Prioritäten setzen? Möchte ich mein Wissen, meine Erfahrungen und Einstellungen weitergeben? Gilt dies besonders im intergenerationalen Kontext?

Schritt 3: Strategieentwicklung

Im dritten Schritt werden anhand der persönlichen Zielsetzung Strategien zur Umsetzung entwickelt: „Welche Schritte sind notwendig, damit meine Lebenseinstellungen Realität werden?"

Schritt 4: Realisierung

Im Anschluss müssen die geplanten Veränderungen realisiert werden.

Schritt 5: Kontrolle

In einer erneuten Standortbestimmung wird abschließend die Realisierung kontrolliert: „Was habe ich erreicht? Welche Auswirkungen haben die Veränderungen auf mich selbst und auf meinen Beziehungen zu meinen Mitmenschen im Beruf und im Privatleben? Was könnte ich in Zukunft noch verändern oder verbessern?"

Persönlichkeitsmanagement ist keine Aufgabe auf Zeit, sondern ein dauernder Prozess lebenslangen Lernens und lebenslanger Veränderungsbereitschaft. Denn jede reflektierte Erfahrung, die wir mit uns und unserem Leben machen, dient der Entwicklung unserer Persönlichkeit. Im Erbkontext erkennen Kunden „Persönlichkeiten" unter den möglichen Beratern, das heißt Mitarbeiter mit einem erfolgreichen Persönlichkeitsmanagement, und bevorzugen diese gegenüber den „Thema-Vermeidern" oder denjenigen, die nur zu „mechanischen" Handlungen bereit sind, ohne auf die Beziehungsebene zu wechseln.

Fazit

Für eine erfolgreiche Umsetzung des hochsensiblen Themas Erben bedarf es einer hohen Beratungskompetenz. Voraussetzung hierfür ist eine Persönlichkeitskompetenz im Sinne lebenslangen Lernens und lebenslanger Veränderungsbereitschaft. In der Praxis ist klar erkennbar: Beratungskompetenz ist von Persönlichkeitskompetenz nicht zu trennen. Eine Beraterpersönlichkeit, die sich ihrer Vorbildfunktion bewusst ist, erlebt und lebt die Beratungskompetenz aus einem Kompetenzbündel: der Fachkompetenz, der Methoden- und Sozialkompetenz und der Persönlichkeitskompetenz. Gerade beim Thema Beratungskompetenz ist für diffizile und komplexe Gespräche ein Verständnis einer generationenübergreifenden Weitergabe und Übertragung von Wissen, Einstellungen und Erfahrung unerlässlich.

Für die Beratungsgeber sichert eine erfolgreiche Umsetzung dieser Voraussetzungen neben Vertrauensbildung und langjähriger Kundenbindung Marktanteile und schöpft wichtige Marktpotenziale aus. Der Beratungsansatz für die Zusammenarbeit mit speziellen Zielgruppen, der Erben und Erblasser, folgt dem klassischen Muster: die Analyse, das Beratungskonzept, daraus folgernd das Beratungsgespräch und letztlich die Umsetzung. Der Nutzen einer Beratungsleistung, das heißt der Beratungserfolg, hängt sehr davon ab, inwieweit bei allen Gesprächen mit den Kunden beziehungsweise Klienten eine enge Zusammenarbeit praktiziert wird. Das Ergebnis hängt von den gemeinsam erarbeiteten Resultaten ab.

Die Umsetzung stellt – unter der Voraussetzung, dass Erblasser und Erben immer im Mittelpunkt stehen und eine spezielle Vertrauensbasis entsteht – eine Rendite verbuchende Nische und ein Alleinstellungsmerkmal für die Institutionen dar. Aufgrund der heutigen Situation am Finanzmarkt und der Entwicklung zur ‚Erbenrepublik Deutschland‘ wäre diese Form der Beratung somit ein zusätzliches, wichtiges Instrument für die Erkennung und Nutzung von interessanten Marktchancen für die Zukunft.

Für der Beratungsnehmer besteht die Chance, den komplexen Entscheidungsprozess *Erbe* konfliktlos und erfolgreich zu gestalten, so dass auch Raum bleibt für Trauerbewältigung und die Gestaltung einer Zukunft.

Literatur

Braun, R./Pfeiffer, U. (2011): Erben in Deutschland. Volumen, Verteilung und Verwendung. empirica ag, forschung + Beratung, im Auftrag: Des Instituts für Deutsche Altersvorsorge, Köln http://www.empirica-institut.de/kufa/erben_in_d_bis_2020.pdf.

EBS (2015): https://www.ebs.edu/weiterbildung/zertifikatsprogramme/private-finance-and-wealth.html.

Fritz, S./Prottengeier, M./Roller, R. (2011): Gesteuerte Vermögensübertragung: Erfolgreiche Nachfolgeplanung und deren Umsetzung durch Banken und Sparkassen. Vermögensübertragung praktikabel und steuergünstig auf die gewollten Erben. Heidelberg: Finanz Colloquium.

Hofmann, L. M./Linneweh, K./Streich, R. K. (Hrsg.) (1997): Erfolgsfaktor Persönlichkeit. Managementerfolg durch Persönlichkeitsentwicklung. München: C.H. Beck.

Jonas, K. J./Jonas, H. A. J. (2012): Konfliktfrei vererben: Ein Ratgeber für eine verantwortungsbewusste Erbgestaltung. Göttingen: Hogrefe.

Przyrembel, M./Jonas, K. J./Knaevelsrud, U. (2011): Todesnachrichten übermitteln. Weinheim: Beltz.

Sparkasse Langenfeld (2015): https://www.sparkasse-langen feld.de/privatkunden/erben/in dex.php?n=%2Fprivatkunden%2Ferben_und_vererben%2F.

Ererbter Lebenssinn:
Weitergabe von ideellem Vermögen in Unternehmensdynastien

von Beatrice Rodenstock und Felix-Michael Weber

In Deutschland zeigt sich ein besonderes Phänomen: Familienunternehmen beziehungsweise Unternehmer-Dynastien sind weitaus häufiger anzutreffen als in anderen Ländern der Welt. Die Weitergabe von Vermögen innerhalb der Familie hat hier seit Jahrhunderten einen hohen Stellenwert. Heute existieren in der Bundesrepublik circa 300 große Familienunternehmen[1], die kennzeichnet, dass sie vor mehr als 100 Jahren gegründet wurden und von den Erben des Gründers geleitet werden.[2] Diese Unternehmen erwirtschafteten im Jahr 2013 über 400 Milliarden Euro Umsatz, was in etwa 10 Prozent des Gesamtumsatzes aller deutschen Großunternehmen darstellt.[3] Damit leisten sie über Generationen hinweg für die Familie, aber auch für das mit ihnen verbundene Umfeld einen hohen wirtschaftlichen und sozialen Beitrag. Die Nachkommen der Gründer verwalten durch den geerbten Mehrheitsbesitz am stimmberechtigten Kapital ein beträchtliches Vermögen und tragen damit direkt die Verantwortung gegenüber ihren Mitarbeitern, ihrer Umwelt – ja zum großen Teil gegenüber der Gesellschaft. Sie erben das Lebenswerk des Gründers und haben somit eine Aufgabe und Gestaltungsmöglichkeit in die Wiege gelegt bekommen. Wird auch der Lebenssinn vererbt?

In der öffentlichen Wahrnehmung stehen die Mitglieder der Unternehmerfamilie als Garanten für Stabilität und Werte. Sie dienen auch in Talkshows gerne als Ratgeber, Meinungsführer und Vorbilder. Die Aura dieser Unternehmerdynastien wird von der Öffentlichkeit heute vermehrt positiv bewertet. Familien wie Oetker, Haniel oder Boehringer gelten als wertbeständig und als Rückgrat der Deutschen Wirtschaft und Gesellschaft. Über die Faszination Unternehmer-Dynastie berichten zudem viele bunte Blätter. Auch die Forschungstätigkeit zu diesen und angeschlossenen Themen in der Wissenschaft steigt. Darüber hinaus sind zunehmende Beratungsangebote für die Zielgruppe Unternehmerfamilie zu verzeichnen. Ist die

---

1 Um den Begriff Mehrgenerationen-Familienunternehmen in dieser Arbeit begrifflich abzustimmen, wurde die Gründerfamilie nach Felix Michael Weber (2005) in Verbindung mit Arend Oetker (1969) wie folgt definiert: Langlebige Mehrgenerationen-Familienunternehmen werden in der hier vorliegenden Arbeit als familiäre Verbund angesehen, dem nach dem Ausscheiden des Unternehmensgründers die operativen Kontrollrechte über das Unternehmen übergeben wurden.

2 Berechnet nach Angaben der Hoppenstedt-Datenbank (2003), klassifiziert als Großunternehmen nach der Empfehlung der Europäischen Union vom 20.05.2003, Art. 2 ff. Demnach setzen sich Großunternehmen aus Unternehmen zusammen, die mehr als 250 Personen beschäftigen oder einen Jahresumsatz von mehr als 50 Millionen Euro erzielen.

3 Deutsches Bundesamt für Statistik: Eigene Berechnungen nach steuerpflichtigen Umsätzen deutscher Unternehmen mit einem Umsatz über 50 Millionen Euro in 2002. Quelle: www.destatis.de, Hoppenstedt Firmendatenbank.

Zunahme ein Indikator für eine besondere Stellung solcher Unternehmen beziehungsweise Familien?

Aufgrund einer Novellierung der Erbschaftssteuer in Deutschland konnten seit 2011 Unternehmen weitestgehend erbschafts- und schenkungssteuerlich steuerfrei übertragen werden. Somit wurden gerade in den letzten Jahren viele Unternehmen vererbt. Allein in 2013 wurden über 250 Milliarden Euro übertragen, das Dreifache des Werts von 1993. Bis 2020 dürfte der Betrag auf 330 Milliarden Euro ansteigen.[4] Das Deutsche Institut für Altersvorsorge (DIA 2015) geht für 2014 davon aus, das bis 2020 2,6 Billionen Euro vererbt werden. Die Weitergabe von materiellem Vermögen – insbesondere in Form von Unternehmen – ist mehr denn je von großer Relevanz für die Gesellschaft. Dies zeigt sich auch durch die aktuelle politische Diskussion zum Thema Verteilungsgerechtigkeit und Erbschaftssteuer.

Aber wie steht es um die Relevanz der Weitergabe von immateriellen Vermögen? Der Gründer einer Dynastie war meist eine prägende Persönlichkeit, welcher oftmals durch unternehmerische Innovationen den wirtschaftlichen Aufstieg seiner Familie manifestierte. In diesem Sinne sind Gründer auch Sinnstifter für nachfolgende Generationen und sind richtungsweisend für Lebenssinn und -weg späterer Generationen. Die Zugehörigkeit zu einer Dynastie und die damit einhergehende Verpflichtung werden oft auch als Bürde empfunden. Bedeutet die Annahme des Erbes Segen oder Fluch?

Unternehmer-Dynastien und monetäre Anreize

Deutsche Dynastien 1903 – 2013

Unternehmerfamilien beziehungsweise -dynastien sind Familien, bei denen sich der maßgebliche Einfluss der Post-Gründer-Generation durch Kontrollrechte, in der Regel Management- oder Stimmrechte, auch durch eine gemeinsame Vermögensverwaltung in einem Unternehmen bündelt. In dieser Arbeit wird unterschieden in Dynastien und Unternehmer-Dynastien. Dabei wird von Unternehmer-Dynastien gesprochen, wenn sich das Unternehmen mindestens in der zweiten Postgründer-Generation befindet und als Familienunternehmen definiert ist (vgl. Weber 2005: 25). Hingegen sind Vertreter von Dynastien auch solche, die nur noch zu geringen Teilen am Unternehmen beteiligt sind, oder ihre unternehmerische Aktivität in anderen als den Ursprungsunternehmen fortführen. Zur besseren Verdeutlichung sei das Beispiel der Siemens-Dynastie angeführt:

Die Siemens AG ist per Definition kein Familienunternehmen mehr, da im Verlauf der Jahrzehnte der Kontrolleinfluss reduziert und die Beteiligung durch verschiedene Kapitalerhöhungen stark verwässert wurde. Die Familie des Firmengründers

4   Deutsches Institut für Wirtschaft, Allensbach Studie im Auftrag der Postbank (2014).

Werner von Siemens ist durch ihren Aktienbesitz an der Siemens AG mit über sechs Prozent nach wie vor größter Anteilseigner[5] und die Dynastie mit Gerd von Brandenstein im Aufsichtsrat vertreten. Somit ist entsprechend unserer Betrachtungsweise und Definition die Familie von Siemens eine Dynastie, das Unternehmen Siemens aber kein Familienunternehmen.

Ein Unternehmen ist gemäß der Europäischen Union als Großunternehmen zu definieren, wenn es entweder einen Jahresumsatz von über 50 Millionen Euro erwirtschaftet oder eine Mitarbeiterzahl von über 250 Personen aufweist.[6] Im Rahmen der Untersuchung wurden ausschließlich Dynastien in Großunternehmen untersucht. In Deutschland gab es Ende 2013 circa 4.500 Familienunternehmen, die aufgrund des Jahresumsatzes als Großunternehmen einzustufen waren (vgl. Lamsfuß et al. 2014: 5). Insgesamt gab es 2010 in Deutschland in etwa 3 Millionen Familienunternehmen (vgl. Haunschild 2010: 8). Davon wurden 308 deutsche Familienunternehmen vor 1913 gegründet und sind damit über 100 Jahre alt. Da üblicherweise eine Generation über 30 Jahre andauert, sind diese 308 Unternehmen mindestens in der zweiten Post-Gründer-Generation und als Dynastien anzusehen. Diese Unternehmen erwirtschafteten 2013 einen Gesamtumsatz von über 400 Milliarden Euro und beschäftigten über 1,4 Millionen Menschen weltweit.[7] Die vorliegenden Zahlen verdeutlichen die wirtschaftliche und gesellschaftliche Relevanz von Dynastien, trotz des relativ geringen Anteils der Unternehmer-Dynastien an den großen Familienunternehmen insgesamt.

Vermögen der heutigen Erben (Post-Gründer)

Die Historie der Außenwahrnehmung von Familienunternehmen zeigt, dass die Persönlichkeit des Eigentümers ein zentrales Kriterium dafür ist, dass spätere Generationen sich dem Gründer und dem Unternehmen insgesamt verbunden fühlen. Brun-Hagen Hennerkes sagt: „Die Persönlichkeit des Unternehmers ist die entscheidende Stärke des Familienunternehmens." (Hennerkes 2004: 28) Diese Persönlichkeit nimmt vorerst Einfluss auf die Kernfamilie. Die in Stämmen gewachsene „institutionelle" Familie wird über den Zeitverlauf eine „dynastische" Familie (vgl. Klein 2002: 17). Die Kernfamilie, bestehend aus Vater, Mutter und den unmündigen Kindern, hat als „Institution" in einer Gesellschaft die Funktion des biologischen, wirtschaftlichen, emotionalen Erhaltens der individuellen Statuszuweisung. Allerdings weist Sabine Klein darauf hin, dass die Beschreibung

---

5   Die Familie wird als Dynastie wahrgenommen, da sie nach wie vor Teile Ihres Vermögens in der Gesellschaft von Siemens-Vermögensverwaltung GmbH in München und der Werner von Siemens Stiftung in Zug (Schweiz) bündelt. Diese Aktivitäten werden unter anderem durch Nathalie von Siemens, einer Ur-Ur-Enkelin von Werner von Siemens, geleitet.

6   Vgl. http://oc.europa.eu/enertprise/plicies/Sme/files/sme_definitions/sme_user_guide_de.pdf., S. 5.

7   Eigene Berechnungen aufgrund von Daten des Deutschen Bundesamts für Statistik nach steuerpflichtigen Umsätzen deutscher Unternehmen mit einem Umsatz über 50 Millionen Euro in 2002. Quelle: www.destatis.de, Hoppenstedt Firmendatenbank.

der heutigen Kernfamilie in Bezug auf Unternehmerfamilien nicht in allen Punkten weit genug geht (vgl. Klein 2010: 68). Diese müsse um die Dimensionen Zeit und Vermögen ergänzt werden.

Eine Dynastie begründet Ihr Selbstverständnis durch eine Familiengeschichte, welche zum einen den Werdegang der Familie und zum anderen die Entstehung des Vermögens beinhaltet (determiniert in der Person des Unternehmensgründers). „Eine dynastische Familie ist demnach eine Gruppe von Menschen, die aus einer oder mehreren Kernfamilien und weiteren Einzelpersonen besteht, die ihr Zusammengehörigkeitsgefühl auf die Abstammung von einer klar benannten Kernfamilie herleitet, die ein Familienvermögen aufbaut oder erhält." (Klein 2010: 69)

Selbstverständnis und Identität entwickeln sich in den Dynastien in der Post-Gründer-Generation, indem die unternehmerischen Leistungen des Gründers in Schriften, Erzählungen, Denkmälern und Traditionen verfestigt werden. Nach Klein kann festgehalten werden: „Der Unternehmer der Gründerzeit war ein Einfluss suchender und Einfluss nehmender ‚homo politicus'. Unternehmer befanden sich im Zentrum der wirtschaftlichen Entwicklung. [...] Unternehmer waren deshalb in den wenigsten Fällen ‚nur' Unternehmer." (Klein 2010: 29) Viele Familientraditionen und das Selbstverständnis von Familien stammen in den heutigen Dynastien noch aus der Gründerzeit. Nach Baus (2010) gewannen zu Beginn des vergangenen Jahrhunderts immaterielle Werte an Bedeutung, welche der generationenübergreifenden Absicherung des Familienzusammenhaltes dienten (vgl. Baus 2010: 116). Hierunter sind auch Maßnahmen zur Identitätsbildung der Dynastien wie gesellschaftlicher und politischer Einfluss, aber auch Mildtätigkeit und ehrenamtliches Engagement zu verstehen.

Beteiligung der Post-Gründer am operativen Geschäft

Die Untersuchung von Dynastien ab der zweiten Post-Gründer-Generation bestätigt, dass die Beteiligung am operativen Geschäft, insbesondere der Geschäftsleitung, meist nicht aktiv, sondern eher passiv-überwachend ist (vgl. Weber 2005: 66). Es werden externe Geschäftsführer engagiert, welche dem Unternehmen Innovationsschübe und zusätzliches Know-how vermitteln. Darüber hinaus bedingt externes Management eine höhere Objektivität und Messbarkeit von Geschäftsprozessen. Analysen zu Eigentum und Kontrolle (vgl. Nowak/Ehrhardt 2007: 16) bestätigen, dass der familiäre Kontrolleinfluss maßgeblich für eine langfristig erfolgreiche Unternehmensführung ist. Wenn die Post-Gründer nicht operativ beteiligt sind, werden im Wesentlichen folgende zwei Gründe genannt, an der Gesellschaft beteiligt zu bleiben:[8] erstens die Verbundenheit mit dem Unternehmen, den Mitarbeitern und der Region sowie zweitens die Anlage des wesentlichen Teils des Vermögens in Form einer unternehmerischen Beteiligung. Die Unternehmer-Dy-

---

8   Vgl. hierzu Weber 2005 und Erfahrungen aus der Beratungspraxis von Beatrice Rodenstock.

nastien identifizieren sich als Unternehmer-Familie und sind zusätzlich von der Werthaltigkeit ihrer Beteiligung überzeugt. Sie sind zudem überzeugt, durch den Kontrolleinfluss auch bei geringer operativer Beteiligung die richtigen Weichen stellen zu können und das Unternehmen nachhaltig zu steuern.

Unternehmensdynastien und ideelles Vermögen

Auswertung von Leitbildern von Familienunternehmen

In den Dynastien werden die unternehmerischen Leistungen der Gründer in Schriften, Erzählungen, Denkmälern und Traditionen verfestigt und dienen den Nachkommen damit zur Identifikation. Neben den unternehmerischen Leistungen wird aber auch das ideelle Vermögen – insbesondere wertorientiertes Handeln – gerne und oft kommuniziert. Die Identifikation mit dem Gründer findet sich heute auf nahezu allen Homepages von Familienunternehmen, insbesondere von Dynastien, in Form von Leitbildern, *Mission Statements* oder *Code of Conducts*. Sie dienen dem Unternehmen, den Mitarbeitern und Eigentümern als Orientierung. Die Dynastien setzte sich heute ernsthaft mit der grundsätzlichen Frage der Ausrichtung der Unternehmung auseinander, welche dann von Familienmitgliedern, den Geschäftsführern und Mitarbeitern nachvollzogen und mitgetragen wird. Eine Untersuchung der betrachteten Dynastien ergibt, dass die Leitbilder im Wesentlichen Formulierungen von Grundsätzen und Leitlinien sind, die hervorheben, welche Werte gepflegt, bewahrt und gestärkt werden sollen.

Exemplarisch soll das Leitbild der Haniel-Dynastie dargestellt werden. Es zeigt sehr klar das Selbstverständnis der Familie, die sich seit 1756 vom Duisburger Kolonialwarenhändler zur Investmentgesellschaft in Familienhand entwickelt hat. Die über 500 Familienmitglieder verwalten ein diversifiziertes Portfolio an unternehmerischen Beteiligungen (davon keine mehr aus dem ursprünglichen Unternehmenszweck) und verfolgen eine langfristige und nachhaltige Investmentstrategie. Aus dem *Code of Conduct* der Franz Haniel & Cie. GmbH[9] aus Duisburg wird auszugsweise zitiert.

> Die *„Franz Haniel & Cie. GmbH ist mit der Vielfalt ihrer geschäftlichen Aktivitäten selbst und über ihre Geschäftsbereiche in unterschiedlichsten wirtschaftlichen, regulatorischen, kulturellen und sozialen Umfeldern tätig. Seit der Gründung beruhen die Geschäftspraktiken von Haniel auf Integrität, Ehrlichkeit, fairem Geschäftsverhalten und der Einhaltung aller geltenden Gesetze. Haniel steht für nachhaltiges und gesellschaftlich verantwortliches Handeln in den Bereichen Ökonomie, Ökologie und Soziales und erwartet dies auch von den Geschäftspartnern. Haniel-Mitarbeiter unterstützen und*

9 Aufzurufen unter http://www.haniel.de/de/verantwortung/corporate-governance/code-of-conduct, zuletzt aufgerufen am 13.03.2015.

*leben dieses Bekenntnis in ihrer täglichen Arbeit. [...] Haniel hat ein grund-
legendes Werteverständnis von Offenheit und Integrität. Alle geschäftlichen
Aktivitäten von Haniel werden von 9 Grundprinzipien bestimmt."*

Dazu exemplarisch die Grundprinzipien 7 und 8:

*„Der verantwortungsvolle Umgang mit der Umwelt und natürlichen Ressour-
cen ist für Haniel selbstverständlich. Wir verwenden natürliche Ressourcen
zweckmäßig und sparsam um sicherzustellen, dass unsere Aktivitäten einen
möglichst geringen Einfluss auf die Umwelt haben. Wir fördern das Umwelt-
bewusstsein bei unseren Mitarbeitern und setzen uns für die Verbreitung
und Anwendung umweltfreundlicher Technologien ein."* (Grundprinzip 7)

*„Als verantwortungsvolles Mitglied der Gesellschaft gewährt Haniel Geld-
und Sachspenden für Bildung und Wissenschaft, Kunst und Kultur und für
soziale und humanitäre Projekte. Haniel leistet keinerlei politische Spenden
(Spenden an Politiker, politische Parteien oder politische Organisationen).
Wir fördern ehrenamtliches Engagement unserer Mitarbeiter."* (Grundprinzip 8)

Die Franz Haniel & Cie. GmbH unterwirft sich – so wie viele andere Unternehmerdynastien – trotz ihrer marktorientierten Ausrichtung einer klar formulierten
Selbstverpflichtung. Es sind Werte zu erkennen, welche das Unternehmen, die
Mitarbeiter und Partner beeinflussen. Die Unternehmen und ihre Eigentümer zeigen somit besondere Verantwortung und Haltung.

Selbstverpflichtung von Familien

Die Interviewergebnisse von Weber[10] zeigen, dass neben der renditeorientierten
Unternehmenssteuerung zusätzliche Werttreiber des Unternehmenserfolges als
Orientierungsgröße anerkannt werden. Zivilgesellschaftliches Engagement wird
in diesem Zusammenhang anhand der Relevanz und Ausprägung von gemeinnützigen Stiftungen quantifiziert. Aktivitäten, durch welche sich zivilgesellschaftliches Engagement in Familienunternehmen ausdrückt, sind deutlich zu erkennen. Die Erben zeichnen sich durch die Motivation aus, einen gemeinnützigen
Beitrag für das Gemeinwohl zu leisten.

Die von uns interviewten und beratenen Dynastienvertreter bestätigen, dass die
Erträge des Unternehmens sowie langfristiger Vermögensaufbau wichtig, aber
nicht entscheidend sind. Durch den Zusammenhalt der Familie soll langfristig
die finanzielle Unabhängigkeit und Sicherheit der Dynastie gewährleistet bleiben.

---

10 Als Gesprächspartner standen dankenswerterweise die Unternehmen E. Merck, Rob. Sloman, Güter-
mann. C. Freudenberg, Boehringer Ingelheim, Henkel, Giesecke & Devrient, C&A, WIV (ehem. Pieroth),
Wacker Construction Equipment, Delius Klasing, Dr. August Oetker, Klett Verlag, Kastner & Öhler, J.
Schmidts Erben, Gebr. Weiß Carl Schlenk sowie drei vertraulich bleibende Unternehmen zur Verfügung.

Insbesondere solchen Familienmitgliedern, die alleine nicht in der Lage wären, ihr Vermögen entsprechend gut zu verwalten, kommt diese Zielsetzung zugute.

Ein weiterer Werttreiber ist, die wachsende Familie zusammenzuhalten und ihr neben dem materiellen Nutzen Chancen zu Austausch und Identität zu geben. Durch die Identität der Familie manifestiert sich bei den Post-Gründern die Unternehmenstradition, deren Erhalt mehrfach als alternativer Werttreiber genannt wurde. Zwei Vertreter von jeweils über 100 Familienmitglieder umfassenden Unternehmen argumentierten, dass neben einer angemessenen Ausschüttung auch der Vorteil des familiären Zusammenhalts einen weiteren Mehrwert bildet. Durch die langjährige Verbundenheit zur Gesellschafterfamilie entsteht ein Treueverhältnis, welches sich in einem besonderen Verantwortungsgefühl der Familie wiederfindet.

Philanthropische Aktivitäten deutscher Unternehmerdynastien

Weber zeigt eine deutlich erkennbare Relevanz von philanthropischen Aktivitäten in deutschen und österreichischen großen Mehrgenerationen-Familienunternehmen (vgl. Weber 2005: 98). Die Motivation für philanthropische Aktivitäten ist vielfältig und kann auf christliche Werte, die Verbesserung der Reputation des Unternehmens oder die Demonstration wirtschaftlicher Kraft der Dynastie zurückgeführt werden. Auf die Frage, ob Familienunternehmen mehr gesellschaftliches Engagement leisten als Nicht-Familienunternehmen, antworteten bereits 2005 knapp 80 Prozent der Gesprächsteilnehmer von Weber mit ‚Ja'. Die heutigen Erkenntnisse im Rahmen der Beratungspraxis zeigen, dass sich die Dynastien in besonderer Weise zum Standort bekennen und die Belange ihrer Mitarbeiter fördern. So hat zum Beispiel ein von Rodenstock beratenes Unternehmen sich bewusst entschieden, den Produktionsstandort in der Region auszubauen, anstatt im kostengünstigen Ausland zu investieren.

Im Rahmen dieser Analyse wird die Hypothese zugrunde gelegt, dass die Stiftung für Dynastien ein besonders beliebtes Mittel darstellt, das Gemeinwohl zu fördern. Die untersuchten Dynastien haben im Jahr 2003 70 eingetragene Stiftungen (14 Prozent aller neu gegründeten Stiftungen)[11] initiiert, im Jahr 2013 hat die Stiftungsaktivität in den Dynastien deutlich zugenommen. Im Gegensatz zu den ausgeprägten philanthropischen Aktivitäten bei Dynastien lassen sich bei weniger als 10 Prozent der vor 1903 gegründeten großen Nicht-Familienunternehmen Stiftungsinitiativen zuordnen.[12] Durch die Stiftungen fördern die Dynastien zu 36 Prozent die Aus- und Weiterbildung, zu 17 Prozent Kunst und Kultur, zum sel-

---

11 Berechnet anhand des Hoppenstedt-Stiftungsführers 2003.
12 Die heutigen Nicht-Familienunternehmen waren zu großen Teilen ehemalige Familienunternehmen (Bsp.: Krupp, Siemens). Die Stiftungsinitiative rührt oftmals aus dieser Zeit und auf Initiative der Familien. Nur wenige Stiftungen der Nicht-Familienunternehmen wurden auf Initiative der späteren Gesellschafter gegründet (Bsp. Imhof Schokoladenmuseum in Köln).

ben Prozentsatz Wissenschaft, zu 9 Prozent Betriebsangehörige in Not und Alter, zu je 4 Prozent Umwelt und Medizin und zu 3 Prozent Wohnungsprojekte für ihre Mitarbeiter. Das Stiftungsvolumen kann leider nur geschätzt werden; es herrscht keine Publizitätspflicht.

Philanthropische Aktivitäten finden in Form von finanzieller Unterstützung der Bereiche Kunst, Kultur und Bildung der Zivilgesellschaft statt. Diese Unterstützung ist eine besondere Form, mit der Gesellschaft zu kommunizieren und auf das Unternehmen (manchmal auch auf die Familie) aufmerksam zu machen. Bestätigt werden diese Aussagen durch die Philanthropie-Forschung (vgl. Strachwitz 2002: 62), die seit der Fuggerzeit in Deutschland eine besondere Bedeutung des christlichen Wertesystems und der Reputation (Demonstration wirtschaftlicher Stärke) als Grundlage für die Aktivitäten in Familienunternehmen erkennt. Dieser Ansatz erklärt insbesondere die vielen anonymen Anstrengungen, die ebenfalls von zahlreichen Dynastien „privat" unternommen werden. Andere Dynastien stellen die bislang private Förderpolitik mehr publik, da die gesellschaftliche Wahrnehmung sehr viel strenger ausbleibende Förderungen von Unternehmen kritisiert. Kein Unternehmen will heute als geizig eingeordnet werden. Zudem kommen philanthropische Aktivitäten dem Unternehmen zugute, da hierdurch die Marke des Unternehmens und insbesondere die Glaubwürdigkeit der Produkte gestärkt wird. „Tu Gutes und rede darüber", wurde auch von einem Familienvertreter aus dem Pharmabereich angegeben, der die Vertrauenswürdigkeit des Unternehmens durch Corporate Social Responsibility deutlich gestärkt sieht.

Dynastien nach dem Unternehmensverkauf

Nun ist es nicht jeder Unternehmerdynastie möglich, nach dem Unternehmensverkauf eine solche zu bleiben. Gesellschaftliche und wirtschaftliche Rahmenbedingungen können dafür verantwortlich sein, dass Familienunternehmen nicht im bestimmenden Einfluss der Gründerfamilien gehalten werden können (vgl. Wimmer/Groth/Simon 2009: 92ff.). Dies wurde durch empirische Daten verifiziert, denn weniger als 15 Prozent der Familienunternehmen schaffen es in die vierte Generation (vgl. Hennerkes 1998: 373).

Um das zu verstehen, lohnt es sich, einen Schritt zurück zu gehen und sich nochmals vor Augen zu führen, welche Funktion und Bedeutung das Unternehmen für die Dynastie hat. In den meisten Unternehmerdynastien stellt das Unternehmen circa 80 Prozent des Familienvermögens dar (vgl. Niggemann/Simmert 2011: 268). So erstaunt es nicht, dass das Unternehmen maßgeblich identitätsstiftend für die Unternehmerfamilie ist. Das Unternehmen ist ein Teil der Familie und wird gerne als ein Mitglied der Familie behandelt beziehungsweise betrachtet. Das Unternehmen sitzt größtenteils mit am Tisch und die Familie ordnet sich häufig den Bedürfnissen und Zielen des Unternehmens unter. Oft wird das Wort „wir" verwendet, wenn die Familie vom Unternehmen spricht. Der Unternehmer verbindet sein Dasein mit dem Lebenswerk, der Firma, das er auf- oder ausgebaut hat und für das er sein Leben geben würde. Er opfert oftmals Zeit seines Familienlebens und riskiert damit die enge Verbindung zu seiner Familie. Andererseits wird ihm dadurch Vermögen, Ansehen, Lebensinhalt und Sinn, Macht und Einflussnahme sowie die Teilnahme am wirtschaftlichen, politischen und sozialen Leben ermöglicht, des Weiteren die Chance, etwas zu gestalten und sich ein Denkmal zu setzen. Dies gilt nicht nur für die Gründergeneration, sondern auch für die nachfolgenden Generationen (vgl. Wimmer/Groth/Simon 2009: 92 ff.).

Hinzu kommt, dass der Familienzusammenhalt und die Traditionen hauptsächlich über die Rolle als Eigentümer der Firma geprägt sind. Die Zugehörigkeit und die Familienwerte sind meist stark an den Unternehmenswerten orientiert. Wenn man Mitglieder von Unternehmerdynastien befragt, welche Werte für sie kennzeichnend oder ausschlaggebend sind, dann hört man mehrfach Werte wie Qualität, Nachhaltigkeit, Leistungsbereitschaft und Zuverlässigkeit. Dies sind Werte, die eher dem Unternehmen zugeordnet werden, weniger der Unternehmerdynastie an sich. In Familienunternehmen besteht daher die Verknüpfung von profitorientierter Organisation und Familie. Dies führt im Zeitverlauf zu einer nachhaltigen und tiefgreifenden wechselseitigen Prägung. Zuweilen entsteht sogar eine verschwimmende, symbiotische Überschneidung und Vermischung.

Identität und Strukturen vor dem Unternehmensverkauf

Kommt es zum Verkauf des Unternehmens, dem sogenannten „Cash Event", entstehen automatisch Veränderungen im Verbund der drei Systeme Familiendynastie, Unternehmen und Vermögen. Das System Unternehmen fällt weg, es bleiben die beiden Systeme Familiendynastie und Eigentum/Vermögen. Mit dem Unternehmen geht jedoch eine wichtige und oft maßgeblich sinnstiftende und identitätsstiftende Quelle der Dynastien verloren. So stellt sich die Frage, was den Unternehmerdynastien bleibt, wenn sie ihr Herzstück verkaufen. Oder anders gefragt: Was fehlt ihnen, um als Unternehmerdynastie weiter existieren zu können? Wohlgemerkt wird hier von einem Verkauf und nicht von einer Firmenaufgabe oder Insolvenz ausgegangen. Um festzustellen, wie Unternehmerdynastien mit diesem Transformationsprozess umgehen, muss zuerst die Frage beantwortet werden, welche Bedeutung das Unternehmen bis zum Verkauf für die Familie hatte.

Das Unternehmen hat für Familiendynastien hauptsächlich folgende Funktionen:

Lieferant für Familienidentität und -zusammenhalt: Die erste Funktion ist, die Familie zusammenzuhalten, indem sie sich über die wirtschaftlichen Ziele und Inhalte des Unternehmens und deren materiellen und ideellen Werte identifiziert. Beispielhaft sind die Leistung, die das Unternehmen erzielt, die Verantwortung, die für das Unternehmen und die Mitarbeiter übernommen wird sowie die Stellung, die man in der Region hat, zu nennen.

Vorgabe von Strukturen der Zusammenkunft, der Kommunikation und der Ent-
scheidungswege: Seine zweite Funktion erfährt das Unternehmen, weil in Unternehmerdynastien meistens über mehrere Generationen Strukturen aufgebaut
wurden, in denen sich die Kommunikation und Entscheidungen formalisiert
haben. Die Familie kommt in regelmäßigen Abständen zusammen, um sich aus-
zutauschen – privat, aber auch zu Themen des Unternehmens, um anstehende
Entscheidungen zu treffen oder Information zu verbreiten, die ihre Rolle als Gesellschafter des Unternehmens betreffen.

Vorgabe von Rollen und Verantwortlichkeiten für die Familienmitglieder: Je nachdem, ob die Gesellschafter auch operative Verantwortung im Unternehmen übernommen haben oder sie eher den Aufgaben und Verantwortlichkeiten einer Kon-
trollfunktion nachgekommen sind, ergeben sich Rollen und Verantwortlichkeiten
der einzelnen Familienmitglieder. Diese können auch entstehen, um ausschließlich das Vermögen zu verwalten, unabhängig vom operativen Unternehmen in
vermögensverwaltenden Strukturen.

Vermögens- und Wohlstandsgrundlage für die Dynastie: Das Vermögen der Familie zu generieren, sozusagen ihre Lebensgrundlage, ist eine weitere Funktion der
Unternehmen.

Identität und Strukturen nach dem Unternehmensverkauf

Was ändert sich für die Unternehmerdynastie nach dem Verkauf? Bleibt sie eine
Unternehmerdynastie mit dem unternehmerischen Geist der letzten und künftigen Unternehmer? Oder zerfällt die Familiendynastie in einzelne kleinfamiliale
Strukturen? Bleibt das Vermögen als bindendes Element oder zerfällt das Vermögen oder das Erbe?

Es ist nicht einfach, diese Fragen einheitlich und nach bestimmten Regeln zu
beantworten. Es gibt also nicht „den einen Weg". Stattdessen gibt es so viele Möglichkeiten, wie es Dynastien gibt. Jede Dynastie kann nur den Weg finden, der für
ihre Familienkultur und -ausrichtung passend ist.

Interessant sind allerdings die Ergebnisse der Studien von Sabine Klein und Chris-
tine Blondel, was für den familieninternen Umgang mit der neuen Situation von
besonderer Bedeutung ist. Sie arbeiten folgende Aspekte heraus (vgl. Klein/Blon-
del 2004):

– den Grad der emotionalen Abhängigkeit der Familienmitglieder vom Unternehmen,
– die Ausprägung der Individualisierung und Abgrenzung der einzelnen Mitglieder
  untereinander und zum Unternehmen und
– den Grad der Einflussnahme auf den Verkaufsprozess.

Was gilt es also besonders zu beachten im Umgang mit der Post-Verkaufs-Situa-
tion? Wie die Unternehmerdynastie damit umgehen kann, wie stark „trauma-

tisch" der Prozess empfunden wird oder wie die Dynastie die positiven Seiten für sich verwirklichen kann, hängt nicht nur von der Art und Weise des Verkaufes ab (strategischer Verkauf oder Zwangsverkauf), sondern maßgeblich davon, wie bewusst dieser Prozess vor und nach dem Verkauf für die Dynastie und die Mitarbeiter gesteuert werden kann.

Auch bei finanziell hoch erfolgreichen Verkäufen von Familienunternehmen lassen sich oft starke psychische Folgen wie beispielsweise Depressionen innerhalb der Unternehmerfamilie feststellen – teilweise „zerfällt" der Familienverbund. Der Verkauf des gemeinsamen Familienunternehmens lässt sich als Trauma der Unternehmerfamilie beschreiben (vgl. Hughes 1999: III (2)). Der familieninterne Umgang mit der „traumatischen Erfahrung" ist entscheidend für die zukünftige gemeinsame Interaktions- und Lebensform als Unternehmerfamilie. Dies kommt nun wesentlich auf den Verlauf des Prozesses nach dem Verkauf an, aber auch darauf, wie die Unternehmerdynastie vor dem Verkauf strukturiert war und welche Mechanismen sie gefunden hat, um generationsübergreifend Familienzusammenhalt und -selbstverständnis zu gewährleisten. Eine ganz besondere Rolle spielt die Frage, wie stark die Werte und Traditionen, die Zugehörigkeit und der Zusammenhalt der Familie durch das Unternehmen geprägt sind. Wer steuert den Prozess und wie wird der Prozess in dieser neuen Ära gestaltet?

Bei Unternehmerdynastien über mehrere Generationen kann es vorkommen, dass die Identifikation mit dem Unternehmen selbst nicht mehr intensiv ist, da die Familienmitglieder keine operative Rolle im Unternehmen spielen. Das Unternehmen ist jedoch die Klammer und gibt die Struktur für Zusammenkünfte vor. Im besten Fall gibt es schon Identifikationsfelder, die nicht direkt etwas mit dem Unternehmen, aber mit dem Vermögen zu tun haben oder durch das Vermögen möglich sind (Vermögensverwaltung oder politische und philanthropische Aktivitäten), so dass die Inhalte für die Identifikation, die Struktur des Zusammenkommens, der Kommunikation untereinander sowie die Entscheidungswege schon formalisiert und eingeübt sind und nicht erst neu bestimmt oder aufgebaut werden müssen.

Die durch den Verkauf ausgelösten Veränderungen der System- und Umweltbedingungen der Unternehmerfamilie sind gezielt durch diese zu reflektieren und Umgangsweisen damit zu entwickeln.

Gestaltung des Transformationsprozesses – Re-Definition der Familienstrategie und Vermögensstrategie

Wichtig ist, dass sich die Dynastie so schnell wie möglich eine Ausrichtung, eine Perspektive und die nötige Bezugsgröße (Inhalt) für eine veränderte Identifikation und die Familienzugehörigkeit sowie neue Strukturen für den künftigen Familienzusammenhalt schaffen kann.

Deshalb sollte sich die Unternehmerfamilie Zeit nehmen, um sowohl ihre Familienstrategie zu überarbeiten und auf die neue Situation anzupassen, als auch die Strategie in Bezug auf ihr zusätzlich erworbenes Vermögen. Dieses stellt die Existenzgrundlage für die nächsten Generationen dar und ist ein ebenso wichtiger Bereich, der aktiv und professionell gesteuert und verantwortet werden sollte.

Folgende Punkte sollten auf jeden Fall in der Familie besprochen und festgelegt werden: Es braucht neue Inhalte als Bezugsgröße der veränderten Identität der Unternehmerdynastie. Sprich, es muss eine Umstrukturierung von der Unternehmerdynastie zur Dynastie stattfinden. Daher braucht es neue Strukturen für den zukünftigen Zusammenhalt und der Zukunft der Dynastie. Darüber hinaus müssen neue Rollen und Verantwortlichkeiten für die jetzige und künftige Generationen gefunden werden und es müssen Ziele für den Umgang mit dem zusätzlichen Vermögen vereinbart werden.

Künftige Familienidentität und Zusammenhalt

In einem ersten Schritt sollte die Familie gemeinsam analysieren und festlegen, was sie in Zukunft will und als was sie sich versteht. Es besteht also die Herausforderung für die Unternehmerfamilie, zu sehen, was die Familienidentität und den Zusammenhalt ausgemacht hat, wie stark das Unternehmen dafür prägend war und welche identitätsprägenden und zusammenhaltstiftenden Elemente und Werte nach dessen Wegfall noch vorhanden sind. Reichen diese Werte und Ziele, um sich weiterhin als Unternehmerdynastie zu verstehen? Will die Familie das überhaupt? Braucht die Dynastie einen Ersatz für das ehemals sinnstiftende Unternehmen? Welchen Nutzen, welchen Mehrwert hat die Familie als Gemeinschaft an sich für das einzelne Familienmitglied oder die Familienstämme? Unter welchen Bedingungen kann und will ich mich zu dieser Familie zugehörig fühlen? Kann der Kontakt untereinander weiterhin bestehen, weil sich die einzelnen Familienmitglieder schätzen? Wofür wollen wir uns auch in Zukunft verantwortlich fühlen? Was wollen wir in Zukunft bewegen und bewirken? Wollen wir weiterhin unternehmerisch tätig sein? Oder wollen wir uns sozial oder philanthropisch, kulturell oder politisch engagieren? Was soll der Lebensinhalt sein? Zu was soll er der Dynastie dienen? Ist es Machterhalt, Einflussnahme oder das Ansehen?

Haben alle Mitglieder die gleiche Zielsetzung oder divergieren sie? Gibt es einen kleinen gemeinsamen Nenner für die Ziele und Vorhaben? Wenn ja, wie genau sieht dieser aus? Das heißt, wollen wir als Familienmitglieder zusammen agieren oder geht jeder seinen eigenen Weg?

Diese Fragen sind von enormer Tragweite, weil sie eine andere Dimension haben. Nach dem Verkauf des Unternehmens besteht für die Mitglieder keine Verpflichtung, kein Zwang sich zusammen zu engagieren oder zu agieren. Ab jetzt sind alle Formen der gemeinsamen Vorhaben auf freiwilliger Basis.

Künftige Strukturen für den Zusammenhalt und die Zusammenkunft

Da die formalen Strukturen durch den Unternehmensverkauf meistens hinfällig werden, sollte sich die Familie fragen, wie der Familienzusammenhalt weiterhin gestärkt und ausgebaut werden kann. Was verbindet uns weiterhin als Familie auch nach dem Verkauf des Unternehmens? In welchen Abständen soll die Familie zusammenkommen? Was soll bei diesen Zusammenkünften geschehen? Soll es ein rein privates Familientreffen sein, um den Kontakt und die Beziehungen untereinander zu pflegen? Soll das Treffen auch inhaltliche Themen haben, die mit dem inhaltlichen Band der Familie zu tun haben? Wie soll in Zukunft als Familie kommuniziert werden? Soll die Kommunikation untereinander ein Minimum an Formalisierung haben? Gibt es offizielle Gremien, in denen Familienvertreter repräsentiert sein sollen und als Sprecher der Familie zwischen den internen und externen Themen vermitteln? Wie sollen Informationen fließen, über welche Personen und Kanäle?

Wenn wir uns auf gemeinsame Vorhaben geeinigt haben: Wie sollen Entscheidungen getroffen werden? Mit welchen Mehrheiten und Abstimmungsverfahren? Wie gehen wir mit Konflikten und Unstimmigkeiten um? Wer ist der Vorsitzende der Familie? Wer steuert den Prozess und wer soll am Ende die Verantwortung tragen?

Die Veränderungen der Rollen und Verantwortlichkeiten in Bezug auf Tätigkeitsinhalte und Beschäftigungsfelder

Wird das Unternehmen verkauft, so fallen auch einige Rollen der Unternehmerfamilie weg, über die sich die Mitglieder identifiziert haben – zum Beispiel als Gesellschafter oder geschäftsführender Gesellschafter. Es entfällt damit ein wesentlicher Teil der Einflussnahme auf das Geschehen. Deshalb ist es notwendig, dass die Familienmitglieder ihre neuen Rollen und Verantwortlichkeiten sowohl innerhalb des Familiengefüges als auch für die eigene berufliche Zukunft finden.

Für die nachfolgende Generation bestand häufig seit der Kindheit der bewusste oder unbewusste Wunsch, in das Unternehmen einzutreten. Vielfach wurden die gesamte persönliche Entwicklung und die Ausbildung auf dieses Ziel hin ausgerichtet. Diese Entwicklung und die Zukunftsperspektive sollten unbedingt neu besprochen und geplant werden, gerade in Hinblick auf die Neuausrichtung der Unternehmerdynastie. Für die Fortführung des gemeinsamen Vermögens in der Familie ist gerade die Nachfolgegeneration bedeutsam und sie sollte somit entsprechend eingebunden und ausgebildet werden. Denn wenn es sich eher in Richtung Vermögensverwaltung statt Unternehmensführung beziehungsweise -kontrolle entwickelt, stehen oftmals neue Aufgaben an, für die nicht zwingend ausreichende und entsprechende Kompetenzen vorhanden sind. Dies gilt natürlich auch für andere Bereiche wie vielleicht Philanthropie, Kunst, Politik.

Die zentrale Frage ist: Kann man das Unternehmer sein einfach ablegen? Oder ist es der Familie oder dem Einzelnen wichtig, auch weiterhin unternehmerisch tätig sein zu können? Wer identifiziert sich mit welchen Tätigkeitsbereichen? Wie unternehmerisch wollen einzelne oder alle Familienmitglieder noch sein? Gibt es Alternativen? Im Folgenden sollen exemplarisch Felder genannt werden, in denen sich erfahrungsgemäß Unternehmerdynastien auch nach dem Verkauf noch weiterhin engagieren:

- unternehmerische Beteiligungen,
- philanthropische Aktivitäten,
- politisches Engagement und Mitwirkung und
- die Verwaltung des Vermögens zum Erhalt des Familienvermögens und zu seiner Mehrung.

Vermögensstrategie

Nach dem Verkauf des Unternehmens ist meist ein gewisses Vermögen vorhanden, um das es sich zu kümmern gilt. Es treten diesbezüglich aber oft Know-how-Defizite im Vermögensmanagement zutage. Das Vermögen wird entweder sehr konservativ angelegt, in unklare und nicht verinnerlichte Anlageformen investiert oder auch den falschen Personen anvertraut. Die hierdurch entstandenen Verluste belaufen sich oftmals auf zwischen 10 und 15 Prozent des Verkaufserlöses (vgl. Hughes 1999: 4). Die nächste Generation wächst in sehr vermögenden Verhältnissen auf, hat aber meist im Umgang damit keine Erfahrung. So entsteht die Sorge, dass das erarbeitete Vermögen „durchgebracht" wird und nicht nachhaltig erhalten bleibt. Es fehlen die Ausrichtung, Zielsetzung und die Erfahrung auf ganzer Linie. Konflikte innerhalb der Dynastie sind vorprogrammiert. Umso wichtiger ist die Überarbeitung oder Erarbeitung einer Vermögensstrategie mit den Dynastiemitgliedern.

Je nachdem, wie stark die gemeinsamen Interessen der Dynastiemitglieder sind, sollten sie sich fragen, ob sie auch eine Gemeinschaft bleiben wollen in Bezug auf das Vermögen. Zunächst gilt es, sich als Familiendynastie zu einigen, was man mit dem Vermögen machen will. Dazu braucht es natürlich das Bewusstsein und die Klarheit jedes einzelnen Familienmitgliedes zu dessen individuellen Zielen, Vorstellungen und Bedürfnissen bezogen auf das Vermögen. Nur so können gemeinsame Schnittstellen der Interessen und Ziele erkannt werden. Wie hoch ist der jährliche Bedarf an liquiden Mitteln im Gegensatz zu langfristig gebundenen Investitionen? Bei vielen kleineren Einzelbeteiligungen kann eine Form von *Pooling* sinnvoll sein, weil es dann günstiger in der Anlage wird und mehr Einflussmöglichkeiten bestehen.

Es zeigt sich, dass eine objektive, auf Kennzahlen orientierte Steuerung des Vermögens im Falle der Beteiligung sowohl am Familienunternehmen als auch in Form eines *Family Office* unerlässlich ist. Die Steuerung (Controlling) sollte für alle Familienmitglieder verbindlich sein und als Grundlage für die Existenz der Dynastie gesehen werden.

Die wesentliche Frage ist darüber hinaus, ob die reine Verwaltung des Vermögens einen Ersatz für das Unternehmen, sprich die bindende Klammer darstellen kann. Kann und will sich die Familie dadurch identifizieren? Ist diese Form der Tätigkeit erfüllend und sinnstiftend?

Die Beantwortung all dieser Fragen ist nur ein Auszug aus den Dingen, die gemeinsam besprochen und gegebenenfalls schriftlich fixiert werden sollten, damit möglichst viele Konflikte vorab schon im Keim erstickt werden.

Vor allem aber sollten diese Fragen beantwortet werden, weil die Dynastie ihre Zukunft selbst in die Hand nehmen und die Chance nutzen sollte, die sich auch durch einen Verkauf bietet. Jedes Vorhaben, das auf Freiwilligkeit und einer soliden Planung basiert, hat gute Erfolgsaussichten, nicht zuletzt, weil es von allen mitgetragen wird, die sich dafür interessieren und dazu bereit erklärt haben.

Erkenntnisgewinn

Es zeigt sich in vielen Dynastien, dass eine enge Identifikation von Familie und Unternehmen existiert. Dies ist Privileg und Pflicht zugleich. In allen Fällen stiftet die Zugehörigkeit zu einer Dynastie Sinn. Allerdings ist bei vielen Erben die enge Bindung zum Unternehmen sicher auch belastend. Es zeigt sich vielfach eine bewusste Abkehr vom Unternehmen, um einen eigenen Weg zu gehen. Auch zeigt sich, dass der Unternehmens- oder Anteilsverkauf oft eine bewusste strategische Entscheidung der Erben ist. In den Fällen, in denen die Dynastie nicht mehr mit dem Ursprungsunternehmen in Verbindung steht (*Exit*), konnten die Erben nach der Neuorganisation ihrer wirtschaftlichen Verhältnisse in Form eines *Family Office* unternehmerische Aktivitäten erfolgreich fortsetzten. So könnte die gemeinsame Verwaltung beziehungsweise Gestaltung des Vermögens der Dynastie als (eine) neue Identität und sinnstiftend für ihre Mitglieder empfunden werden. Dies könnte dann die neue Klammer der Dynastie sein, die ihr in all den Facetten des Vermögenserhalts wieder die Zugehörigkeit, die Ausrichtung und den Inhalt bietet, die auch für die nächsten Generationen den Zusammenhalt stärken.

Für den Fortbestand einer Dynastie ist es entscheidend, sich in der Familie auf eine gemeinsame, das immaterielle und materielle Vermögen betreffende Strategie festzulegen. Durch eine gemeinsame Strategie wird auch verhindert, in Kleinstfamilienstrukturen zu zerfallen. Empfehlenswert ist es, die Fragen in einem festgelegten Zeitraum wieder und wieder zu beantworten. Dazu gehört, dass sich zunächst jedes Mitglied der Dynastie selbst einige Fragen beantworten sollte, um im Anschluss die Gemeinsamkeiten zusammen zu bestimmen. Richtungsweisend könnten beispielhaft folgende Fragen sein:

Zur Positionierung der einzelnen Familienmitglieder:

- Wo stehe ich?
- Welche Werte sind mir wichtig?
- Wie sieht meine Lebensplanung aus?
- Was verbindet mich mit der Familie?
- Kann ich meine Ziele besser in und mit der Familie verfolgen oder möchte ich etwas Eigenes entwickeln?
- Was erwarte ich mir aus dem Familienverbund?

Zur Bestimmung der gemeinsamen Ziele:

- Was verbindet uns als Familie?
- Wo wollen wir hin? Worin liegt unser gemeinsames Interesse?
- Welche Werte tragen uns auch in Zukunft?
- Was können und wollen wir leisten? Wie unternehmerisch sind wir und wollen wir in Zukunft sein?
- Sind unsere Ziele deckungsgleich beziehungsweise lässt sich ein kleinster gemeinsamer Nenner finden?
- Wie sind die Erwartungen an die Familienmitglieder? Wer soll welche Rolle spielen?
- Welche Familienkultur zeichnet uns aus?

Zusammenfassend ist festzuhalten: Die Untersuchungen zur Identität in Unternehmerdynastien zeigen vielfach eine starke Verankerung des Lebenssinns der Erben mit dem Lebenswerk des Gründers. Die Weitergabe von ideellem Vermögen ist signifikant. So scheint zum einen die Aussage von Friede Springer (der sechsten Ehefrau von Axel Springer und Erbin des Verlags) für die Erben typisch zu sein: „Es geht zuerst darum, eine Aufgabe zu erfüllen." Die Annahme der Aufgabe erfolgt meist durch folgende Motive: Pflichtgefühl, Verantwortung oder Demut. Den vorgelebten Ansprüchen gerecht zu werden ist ein typischer Bestandteil einer DNA in Dynastien.

Es zeigt sich zudem, dass die Erben der Gründer heute unabhängig von den Unternehmen der Gründer Sinnstiftendes, Identität und Lebenssinn erfahren. Es zeigt sich deutlich, dass sich der Lebenssinn nicht allein durch ein Unternehmen fortsetzt. Wie auch in vielen alten (adligen) Familien Deutschlands erhält sich auch ohne gemeinsamen Nukleus (bei Adelsdynastien beispielsweise der Besitz) der familiäre Zusammenhalt.

Gerade in älteren Dynastien zeigt sich, dass der Lebenssinn neben der ererbten Aufgabe viel kritischer hinterfragt wird. Es finden in der gewachsenen Familie weitaus mehr Austausch und Selbstreflexion statt. So zeigt sich in Unternehmen im Leitbild eine klare Diskussion und Auseinandersetzung sowie Beratungsbedarf. Vor allem aber in Unternehmerdynastien, welche trotz *Exit* weiterhin zusammen in unterschiedlichen Strukturen zusammenarbeiten, zeigt sich eine sehr bewusste Auseinandersetzung zum Thema Erbe und Implementierung einer Familien- und Vermögensstrategie. Der Themenkomplex Lebenssinn und Erbe in Dynastien zeigt zusätzlichen Forschungs- und Beratungsbedarf – vor allem einen interdisziplinären.

Literatur

Bundesverband Deutscher Stiftungen e. V. (2003): Hoppenstedt Stiftungsführer, Darmstadt.

Deutsches Institut für Altervorsorge (2011): Erben in Deutschland. Volumen, Verteilung und Verwendung, Köln.

Hennerkes, B.-H. (1998): Familienunternehmen sichern und optimieren. Frankfurt am Main: Campus Verlag.

Hennerkes, B.-H. (2004): Die Familie und ihr Unternehmen: Strategie, Liquidität, Kontrolle.

Hoppenstedt Firmeninformationen GmbH (1953 – 2003): Hoppenstedt Unternehmensführer, Darmstadt.

Hughes, J. E. (1999): A reflection on the sale of a family business as an event of trauma. The Chase Journal, III (2).

Klein, S. B./Blondel, C. (2004): The Sale of the Family Business – Entrepreneurial Project, Strategic Decision, or expropriation. Working Paper der INSEAD Initiative for Family Enterprise: 2004/2005/IIFE.

Lamsfuß, C./Brink, S./Wallau, F. (2014): Die größten Familienunternehmen in Deutschland, Daten, Fakten, Potenziale – Frühjahrsbefragung 2014, im Auftrag der Deutsche Bank AG und des Bundesverbands der Deutschen Industrie e. V. (BDI), Berlin/Frankfurt.

Maecenata Insitut (2005): Maecenata Stiftungsführer, Berlin.

Niggemann, B./Simmert, D. B. (2011): Klumpenrisiko Unternehmen, Diversifizierung von Unternehmer-vermögen in Risikovorsorg. Herne: NBW Verlag.

Oetker, A. (1969): Wachstumssicherung von Familienunternehmen, München.

Strachwitz, R. Graf (2005): Bürgerengagement und Zivilgesellschaft in Deutschland. Berlin: Maecenata Institut.

Weber, F.-M. (2005): Dissertation an der Privaten Universität Witten/Herdecke.

Wimmer, R./Groth, T./Simon, F. B. (2009): Erfolgsmuster von Mehrgenerationen Familienunternehmen. In: Schlippe, A. von/Rüsen, T./Groth (Hrsg.): Beiträge zur Theorie des Familienunternehmens, Schriften zu Familienunternehmen, Band 1, Wittener Institut für Familienunternehmen. Köln: Josef Eul Verlag.

Unternehmertum als Lebenssinn am Beispiel der Nachfolgeregelungen in Familienunternehmen

von Andrea Müller und Kuno Ledergerber

Es sind nicht die oft im Rampenlicht stehenden namhaften Schweizer Konzerne wie etwa die United Bank of Switzerland (UBS) oder das Pharmaunternehmen Novartis, sondern vor allem kleine und mittlere Unternehmen (KMU), welche die Schweizer Wirtschaft nachhaltig prägen. Die KMU haben einen Anteil von 99,7 Prozent an der Volkswirtschaft und beschäftigen zwei Drittel der Erwerbstätigen (vgl. Bundesamt für Statistik 2010). Mehr als die Hälfte der KMU ist dabei in Familienbesitz. Nicht nur in wiederkehrenden Wirtschaftskrisen ist es daher von besonderer Bedeutung, die Familienunternehmen zu stabilisieren sowie langfristig liquid und handlungsfähig zu halten. Beachtet man weiterhin, wie eine Studie von Credit Suisse und der Universität St. Gallen (vgl. Christen et al. 2013) ergab, dass in den kommenden fünf Jahren 22 Prozent der KMU in Familienbesitz vor einer Nachfolgeregelung stehen, wird die enorme Bedeutung der Thematik der Nachfolgeregelungen evident.

Nachfolge als Knock-out für KMU

Oft stürzen unzureichend vorbereitete Nachfolgelösungen die Familienunternehmen in eine existenzielle Krise. Dass der Generationswechsel gelingt, ist nicht selbstverständlich. Wie Erfahrungswerte bei Banken und Beratungsunternehmen zeigen, scheitert in einem Drittel der Fälle bereits die Übergabe von der Gründungs- auf die zweite Generation. Bei einer Übergabe von der zweiten auf die dritte Generation gelingt der Erhalt des Unternehmens nur noch bei jeder zehnten Übergabe (vgl. Pfannenschwarz 2005) – ganz unabhängig davon, ob eine familieninterne oder -externe Übergabelösung gewählt wurde.

Vor diesem Hintergrund verwundert es kaum, dass unzählige Ratgeber sich dieses Themas annehmen. Einerseits besitzen KMU ein bedeutendes volkswirtschaftliches Potenzial, andererseits sind Familienunternehmen entscheidend von der Persönlichkeit des Unternehmers geprägt und eng mit dessen Engagement verwoben. Misslingt die Unternehmensübergabe, stehen nicht nur Arbeitsplätze auf dem Spiel, sondern auch Familienverbände drohen zu entzweien. Der häufigste Anstoß für einen Unternehmer[1], sich mit seiner Nachfolge auseinanderzusetzen, ist das Alter – oft der sechzigste Geburtstag. Regelmäßige Umfragen ergaben je-

---

1 Werden Personenbezeichnungen aus Gründen der besseren Lesbarkeit lediglich in der männlichen oder weiblichen Form verwendet, so schließt dies das jeweils andere Geschlecht mit ein.

doch, dass 90 Prozent der Unternehmer über 60 Jahre ihre Nachfolge gar nicht oder nur ungenügend geregelt haben (vgl. u. a. Keating/Adler 2013). Eine Vorsorge für Notfälle besteht generell kaum.

Es bedarf offensichtlich eines Auslösers für den Unternehmer, sich mit diesem Thema auseinanderzusetzen. Um Familienunternehmer für den Einstieg in das Thema Nachfolge zu motivieren, muss die Eintrittsschwelle möglichst niedrig sein. Die wenigsten Unternehmer haben Zeit, unterschiedliche Ratgeber oder Fachliteratur zu lesen. Vortragsreihen helfen wenig bei der Suche nach der eigenen, individuellen Lösung. Beratern gegenüber besteht grundsätzlich eine große Skepsis (vgl. Müller-Harju 2013). Diese Hinweise zeigen schon auf, dass es für ein besseres Verständnis der Nachfolgeberatung mitentscheidend ist, sich zunächst dem Charakter und den Eigenschaften von Unternehmern zu nähern.

Unternehmerische Tätigkeit im Vordergrund der Unternehmensnachfolge

Die Freude an der unternehmerischen Tätigkeit, verbunden mit einer gewissen Entscheidungsfreiheit, Eigenständigkeit und Unabhängigkeit – die Freude, genau auf diese Art und Weise tätig zu sein, scheint prägend für einen Unternehmer. Kinder in Familienunternehmen erleben dieses unternehmerische Tun beispielsweise ganz unmittelbar durch Gespräche am Esstisch oder indem sie ihr Taschengeld mit kleineren Jobs im Familienunternehmen aufbessern.

Doch was ist das Typische an dieser unternehmerischen Tätigkeit? Und was zeichnet einen Unternehmer eigentlich aus?

Es existiert eine Reihe von Alltagstheorien darüber, dass Unternehmer in der einen oder anderen Weise einzigartig sind. Diese Alltagstheorien sind jedoch häufig oberflächlich, wenn es darum geht, die charakteristischen Eigenschaften von Unternehmern zu benennen. Meist spielen Vorurteile und Stereotype eine Rolle. Selfmade-Unternehmer neigen dazu, in der Geschäftswelt Rebellen zu sein, so schreiben etwa David G. Collins und Orvis F. Moore (1970). Umfragen in der deutschen Bevölkerung ergaben, dass über 50 Prozent der Befragten dem Unternehmer positive Eigenschaften wie Tatendrang, Kraft, Risikobereitschaft, Fleiß, Innovationsoffenheit und das Schaffen von Arbeitsplätzen zuschreiben, jedoch 40 Prozent der Befragten negative Aspekte wie politischen Machtanspruch, Rücksichtslosigkeit, Arbeitssucht, Verschlagenheit und Raffgier nennen (vgl. Nahrendorf 2008).

In der Psychologie wurde die Frage nach den Besonderheiten eines Unternehmers beziehungsweise der unternehmerischen Tätigkeit relativ spät aufgegriffen. Es zeichnen sich vor allem drei Forschungsströme seit Ende der 1990er Jahre ab: (1) Forschung zur erfolgreichen Gründung und Führung von KMU (zum Beispiel

Sattes/Brodbeck/Lang/Domeisen 1995; Frese 1998; Moser/Batinic/Zempel 1999), (2) Forschung zur Persönlichkeit von Unternehmern (zum Beispiel Kemter/Klose/ McKenzie 1999; Müller 2007) und (3) Forschung zum Sozialisationsprozess in Familienunternehmen (zum Beispiel Schmitt-Rodermund/Silbereisen 1999; Lang-von Wins 2004).

Intensiv beschäftigte sich Günter F. Müller (unter anderem 2000, 2003, 2004) mit „selbständig organisierter Erwerbstätigkeit" und der Eignung für eine erfolgreiche unternehmerische Tätigkeit. Dabei wird unterschieden in stabile und veränderbare Merkmale unternehmerischer Eignung. Müller und sein Forscherteam entwickelten einen Test, um anhand der stabilen Persönlichkeitsmerkmale herauszufinden, ob eine Person als Unternehmer geeignet ist. In der Testversion von 2010 werden zehn Eignungsmerkmale für eine Beurteilung herangezogen (vgl. Müller 2010). Die stabilen Merkmale lassen sich in motivationale, affektive, kognitive und soziale Dispositionen unterscheiden. Zu den motivationalen Eignungsmerkmalen zählen Leistungsmotivation, internale Kontrollüberzeugung und Unabhängigkeitsstreben. Zu den affektiven Eignungsmerkmalen zählen Antriebsstärke und Belastbarkeit; zu den kognitiven Eignungsmerkmalen zählen Problemlöseorientierung, Risikoneigung und Ungewissheitstoleranz. Zu den sozialen Eignungsmerkmalen schließlich zählen Durchsetzungsbereitschaft und Anpassungsfähigkeit. Müller (2010) berichtet von Forschungsergebnissen, wonach die zehn Eignungsmerkmale circa 26 Prozent der Varianz des unternehmerischen Potenzials erklären. Weitere 30 Prozent tragen veränderbare Merkmale zum unternehmerischen Erfolg bei (vgl. Müller 2003). Dabei handelt es sich um Eigenschaftsmerkmale, die durch Bildung und Erfahrung erworben beziehungsweise trainiert werden können, wie spezielle Fachkompetenzen und Fertigkeiten. Allerdings gibt es empirische Studien, die den Schluss zulassen, dass stabile Eignungsmerkmale mehr dazu beitragen, sich langfristig für eine unternehmerisch selbstständige Tätigkeit zu entscheiden, während veränderbare (Kompetenz-) Merkmale eher einen Einfluss auf materielle Erträge der unternehmerischen Tätigkeit ausüben (vgl. Rauch/Frese 2000).

Dass zwischen bestimmten Persönlichkeitseigenschaften und unternehmerischem Erfolg ein Zusammenhang besteht, konnten auch Studien der Universität Jena belegen. Eva Schmitt-Rodermund (2004) hat 139 ostdeutsche Gründer im Hinblick auf ihre persönlichen Eigenschaften, ihre Erfahrungen in der Jugendzeit und ihren unternehmerischen Erfolg (Umsatzhöhe pro Mitarbeiter und subjektive Einschätzung der wirtschaftlichen Lage) befragt. Die Studie basierte auf der Hypothese, dass sich erfolgreiche Unternehmer durch die Eigenschaften Extrovertiertheit, Gewissenhaftigkeit, Fleiß, Kreativität und Neugierde auszeichnen. Die Ergebnisse zeigen, dass ein Fünftel der befragten Unternehmer vier oder fünf dieser Eigenschaften in hoher Ausprägung zeigten. Gerade dieses Fünftel hatte besonders hohe Umsatzwerte zu verzeichnen und war mit dem unternehmerischen Dasein überdurchschnittlich zufrieden. Doch ob das Unternehmen langfristig bestehen kann, hängt nicht allein von den Persönlichkeitseigenschaften des Gründers ab. So zeigte sich in einer Folgeuntersuchung vier Jahre nach der ersten Befragung, dass mehr als die Hälfte ihre unternehmerische Tätigkeit aufgegeben hatte. Weiterhin stellte Schmitt-Rodermund fest, dass Unternehmer, die sich schon in jungen Jahren selbstständig machen, in der Regel erfolgreicher als ältere Gründer sind. Der Studie zufolge haben sie unternehmerische Eigenschaften dem Erziehungsstil ihrer Eltern zu verdanken. Genannt werden hier wiederum Führungsstärke, Leistungsorientierung, Durchsetzungsfähigkeit, Zähigkeit und ein hohes Maß an Selbstbewusstsein.

Andere Studien warfen einen Blick darauf, was erfolgreiche Manager in KMU auszeichnet. Ihr Ziel war es, Entscheidungshilfen zu geben, wenn es um eine Auswahl aus mehreren Personen geht. Petra Kemter und Kollegen (1999) führten quasi-experimentelle Vergleiche zwischen erfolgreichen und weniger erfolgreichen Unternehmern durch und fanden ähnliche Persönlichkeitsfaktoren wie die oben genannten, durch die sich erfolgreiche Unternehmer auszeichnen. Zusätzlich hoben sie die Zielstrebigkeit, Ausdauer und Belastungsfähigkeit, die Handlungsorientierung nach Misserfolg sowie das Kommunikations-, Kontakt- und Netzwerkverhalten als relevante Persönlichkeitsmerkmale hervor.

Christian Korunka und Kollegen konnten in den Wiener Gründerstudien zeigen, dass Persönlichkeitsmerkmale für die Entstehung einer Gründungsneigung eine wesentliche Bedeutung besitzen, die jedoch im Zuge der Gründungsrealisierung und in Bezug auf den Unternehmenserfolg deutlich abnimmt (vgl. Korunka/ Frank/Lueger 2004).

Der Arbeitsgruppe um Michael Frese (Rauch/Frese 2000, 2008) gelang es, psychologische Erfolgsfaktoren der Unternehmensführung in einem Modell zusammenzufassen. Das von ihnen entwickelte Giessen-Amsterdam-Modell des unternehmerischen Erfolgs (siehe Abbildung 1) ist vielschichtig. Es verdeutlicht, dass spezifische Persönlichkeitsmerkmale mit spezifischen unternehmerischen Handlungscharakteristika in Beziehung stehen. Rauch und Frese überwinden damit die statische Betrachtungsweise, die Persönlichkeitsmerkmale als einzige oder überwiegende Erklärung für unternehmerischen Erfolg heranzieht. Beim Giessen-Amsterdam-Modell handelt es sich um ein Modell, das systemische Sichtweisen miteinbezieht, indem auch Umweltcharakteristika und die gegebene Kultur als Einflussfaktoren auf den unternehmerischen Erfolg betrachtet werden. Zudem macht es darauf aufmerksam, dass die Relevanz von Persönlichkeitsmerkmalen nicht ohne eine vorgängige Aufgaben- beziehungsweise Umfeldanalyse betrachtet werden kann.

Abbildung 1: Das Giessen-Amsterdam-Modell des unternehmerischen Erfolgs

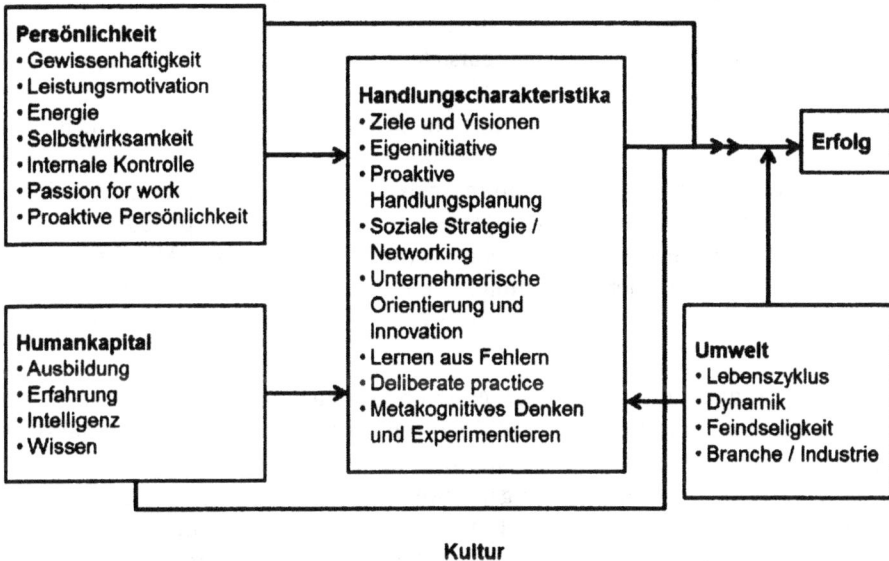

Persönlichkeit
- Gewissenhaftigkeit
- Leistungsmotivation
- Energie
- Selbstwirksamkeit
- Internale Kontrolle
- Passion for work
- Proaktive Persönlichkeit

Handlungscharakteristika
- Ziele und Visionen
- Eigeninitiative
- Proaktive Handlungsplanung
- Soziale Strategie / Networking
- Unternehmerische Orientierung und Innovation
- Lernen aus Fehlern
- Deliberate practice
- Metakognitives Denken und Experimentieren

Erfolg

Humankapital
- Ausbildung
- Erfahrung
- Intelligenz
- Wissen

Umwelt
- Lebenszyklus
- Dynamik
- Feindseligkeit
- Branche / Industrie

Kultur

Quelle: Frese 2008

Versucht man, ein Resümee aus den Bemühungen darum, einen typischen Unternehmer zu charakterisieren, zu ziehen, so fällt auf, dass dies sehr breit und auf unterschiedlichste Art passieren kann. Auch die Frage danach, welche Persönlichkeitseigenschaften einen besonders erfolgreichen Unternehmer kennzeichnen, lässt sich nicht einheitlich beantworten. Zwar konnte der Persönlichkeitsansatz als Korrelat des Unternehmenserfolgs in Metaanalysen (zum Beispiel bei Unger et al. 2011) wiederholt bestätigt werden, dennoch scheint es sinnvoll, den Blick zu erweitern und so der Komplexität unternehmerischer Erfolgsfaktoren gerecht zu werden. So sollten nicht nur allgemeine Persönlichkeitsfaktoren (wie die weithin bekannten „Big Five", siehe zum Beispiel Specht et al. 2011) berücksichtigt werden, sondern auch spezifische Persönlichkeitseigenschaften (wie etwa Leistungsmotivation) und situationsspezifische, erlernbare Charakteristika (wie etwa Zielsetzung). Gewisse Prädispositionen wie Leistungs- und Gestaltungswille unterstützen das unternehmerische Tun. Kommunikations-, Kontakt- und Netzwerkverhalten sind einerseits besondere Kompetenzen eines erfolgreichen Unternehmers, sagen andererseits aber auch schon etwas über sein Tun aus.

Die Frage danach, was einen Unternehmer auszeichnet, haben wir beantwortet. Wenden wir uns nun detaillierter der zweiten Frage zu: Was ist das Typische an der unternehmerischen Tätigkeit?

Thomas Lang-von Wins (2004: 12 f.) stellt als „Bestimmungskriterien einer selbständigen unternehmerischen Tätigkeit" folgende Kriterien zusammen:

- Die Tätigkeit ist freiwillig gewählt und folgt einer bewussten Entscheidung, wodurch sich der Unternehmer stark mit seiner Tätigkeit identifiziert.
- Die Tätigkeit muss über eine gewisse Zeitdauer regelmäßig ausgeübt werden und die Basis für den Lebensunterhalt darstellen. Sie findet nicht im abhängigen Beschäftigtenverhältnis statt.
- In der Tätigkeit überwiegt Autonomie und Selbstorganisation, sie wird nach eigenen Vorstellungen ausgestaltet.
- Die Tätigkeit wird von Kapitalhaftungsrisiken determiniert und bedingt dadurch eine stark existenzielle Verbindung zwischen beruflichem und privatem Leben.
- Die Tätigkeit beinhaltet Personalverantwortung für beschäftigte Mitarbeitende.
- Die Tätigkeit beinhaltet das Verfolgen und Umsetzen einer Geschäftsidee sowie das Verfolgen einer unternehmerischen Idee, etwa im Hinblick auf Wachstumsziele.

Nach Heinz Klandt (2006) geht es bei einer unternehmerischen Tätigkeit vor allem um das Erkennen und Umsetzen von Chancen. Auch in den Handlungscharakteristika im Giessen-Amsterdam-Modell des unternehmerischen Erfolgs wird das proaktive Erarbeiten von Handlungsplänen, das Erstellen von Visionen und das Umsetzen von unternehmerischen Innovationen hervorgehoben. Diese Sicht auf unternehmerisches Handeln lässt sich auf die Arbeiten des österreichischen Ökonomen Joseph Schumpeter Anfang des 20. Jahrhunderts zurückführen. Schumpeter bezeichnete Unternehmer als wesentlich für wirtschaftliche Dynamik, da sie technologische Entwicklungen aufgreifen und deren wirtschaftliche Umsetzung vorantreiben. Schumpeter prägt mit dem Theorem des Unternehmers als Innovator auch die heutige wissenschaftliche Auseinandersetzung mit dem Unternehmertum, wobei unternehmerisches Handeln im Allgemeinen als Entdecken von Chancen, Durchsetzen von Innovationen, Erschließen und Nutzen von Ressourcen und Tragen von Risiken verstanden wird (vgl. Schumpeter 2009).

Zusammenfassend lässt sich festhalten: Ein Unternehmer ist oft in seinen Entscheidungen auf sich selbst gestellt, er ist nicht kündbar oder direkt abwählbar. Sein unternehmerisches Tun ist langfristig angelegt und auf Kontinuität bedacht. Ziel ist es vor allem, die unternehmerische und finanzielle Unabhängigkeit zu bewahren. Zentral scheint dabei zu sein, als Unternehmer die Freiheit zu haben, Entscheidungen selbst zu treffen und nach eigenen Vorstellungen gestalten und erschaffen zu können. Dies führt uns zu dem Schluss, dass Unternehmer sein nicht einfach eine Tätigkeit ist, sondern dass Unternehmertum vielmehr ein besonderes Lebenskonzept beinhaltet. Unternehmer sein scheint eher eine Lebenshaltung oder Einstellung als die Ansammlung bestimmter typischer Persönlichkeitsmerkmale beziehungsweise typischer Tätigkeiten zu sein.

Defizite bei Literatur und Beratungsangeboten

Die Frage, wie diese spezifische Gruppe bezüglich ihrer Nachfolger beraten werden kann und sollte, untersuchte ein interdisziplinäres Forschungsprojekt der School of Management and Law der ZHAW Zürcher Hochschule für Angewandte Wissenschaften.[2] Das Projektteam, bestehend aus Ökonomen, Psychologen, Wirtschaftspädagogen und Unternehmern, hatte sich die Frage gestellt, welchen Anforderungen eine zu entwickelnde Lösung gerecht werden muss, damit für die Nachfolgeregelung im Vergleich zu bestehenden Angeboten ein Mehrwert geschaffen werden kann. Zunächst wurden verfügbare Literatur sowie Beratungsangebote analysiert. Wie die Analyse ergab, setzen bestehende Angebote in der unmittelbaren Übergangsphase an und gehen fast immer von einer gemeinsamen Übergabe- beziehungsweise Übernahmeentscheidung von ausscheidenden Unternehmern und potenziellen Nachfolgern aus. Die Empfehlungen setzen weiterhin bislang nicht an den spezifischen Herausforderungen der Nachfolgesituation an. Die persönlichen Fragen der Übergebenden oder der potenziell Nachfolgenden werden zu wenig beachtet. Eine Nachfolge setzt voraus, dass ein Unternehmer seine Funktion übertragen will und ein potenzieller Nachfolger vorhanden ist, der eine entsprechende Herausforderung sucht.

Das Projektteam der ZHAW definierte für die zu entwickelnde Lösung folgende Anforderungen: *Erstens* muss sie sowohl Unternehmer als auch potenzielle Nachfolger ansprechen. *Zweitens* muss sie die Unternehmer und Nachfolger in der Klärung ihrer eigenen Entscheidungssituation und im Austausch untereinander unterstützen. *Drittens* muss sie den Unternehmer und den Nachfolger im ganzen Entscheidungs- und Lösungsprozess begleiten und darf nicht nur Teilbereiche abdecken. Zentrale Bausteine sind dabei die Analyse der eigenen, der familiären und unternehmerischen Ausgangslage, die Definition der eigenen Ziele und Wünsche, die Klärung der Entscheidungskonstellation zwischen Unternehmer und Nachfolger und die Interessen der Familie. *Viertens* muss sie das für die Nachfolge notwendige Wissen einfach und schnell zugänglich machen. *Fünftens* darf sie nicht nur Wissen vermitteln, sondern soll Unternehmer und Nachfolger dabei unterstützen, ihre Nachfolge als eigene, individuelle Lösung zu entwickeln, vorerst unabhängig von externen Beratern.

Die Lösungsentwicklung

Das Projektteam entschied sich für ein mehrstufiges Forschungsdesign. Nach der Analyse des bestehenden Sekundärmaterials wurden in einer Vorstudie zunächst Tiefeninterviews mit dem Unternehmer Peter Burri und dessen Tochter Sabine Bellefeuille-Burri geführt. Bellefeuille-Burri hat zusammen mit dem Bru-

---

2   Das Projekt trug den Namen „Make it easier to invest in SME".

der Martin die Metallbaufirma BURRI public elements AG Zürich in der vierten Generation von ihrem Vater übernommen. Die Erfahrungen der Unternehmensübergaben – einmal als Nachfolger des Vaters und einmal als Übergebender an die eigenen Kinder – veranlassten Peter Burri, sich intensiv mit diesem Thema auseinanderzusetzen. Beide Übergaben waren für Burri eine Gratwanderung und verliefen keinesfalls optimal, wenngleich die Metallbaufirma nun seit 106 Jahren erfolgreich operiert. Seit seiner zweiten Übergabeerfahrung setzt sich Burri für Unternehmer ein. Er gründete die Stiftung für unternehmerische Entwicklung und referiert über das Thema Nachfolge. Aus diesem Engagement heraus konnte er wertvolle Inputs für das Forschungsprojekt liefern. Besonders deutlich wurde in den einleitenden Tiefeninterviews, dass Vater und Tochter neben betriebswirtschaftlichen und (steuer-)rechtlichen vor allem emotionale Aspekte bewegten. Dabei waren es ganz individuell verschiedene Ängste, Unklarheiten oder Befürchtungen. Diese wurden systematisch zusammengetragen und inzwischen veröffentlicht (vgl. Burri/Bellefeuille-Burri 2010).

Die Tiefeninterviews bildeten die Basis für die Hauptstudie und eine größere Fallzahl an Experteninterviews. Insgesamt konnten 19 Interviews mit Paaren von Unternehmern und deren Nachfolgern geführt werden. Gegenstand dieser Interviews in Familienunternehmen mit geplanter beziehungsweise erfolgter Nachfolge waren die verschiedenen Etappen des Nachfolgeprozesses, Entscheidungsinhalte sowie wesentliche Einflussfaktoren bei der Übergabeentscheidung. Die Interviews wurden mittels Inhaltsanalyse und Fallvergleich kategorisiert, inhaltlich verdichtet und ausgewertet. Aus den so gewonnenen Erkenntnissen der Hauptstudie konnte ein erstes Prozessmodell für die Unternehmensnachfolge entwickelt werden. Das Modell wurde abschließend in zwei Roundtable-Diskussionen mit Fachexperten sowie mit Unternehmern mit erfolgreicher beziehungsweise erfolgloser Nachfolgeregelung überprüft und finalisiert.

Das Prozessmodell der Unternehmensnachfolge

Das Prozessmodell setzt nicht direkt an der Übergabesituation an, sondern enthält Phasen, die abgebende Unternehmer und potenziell Nachfolgende als entscheidungsrelevante Entwicklungsschritte bis zur Übergabe-/Übernahmesituation durchlaufen. Abbildung 2 zeigt die Phasen charakteristischer Muster der Rollendefinition und Aufgaben als Unternehmer über die Lebensspanne sowie den engen Zusammenhang zwischen potenziellen Nachfolgenden und dem Hineinwachsen in ein Familienunternehmen.

Abbildung 2: Prozessmodell der Nachfolge in Familienunternehmen

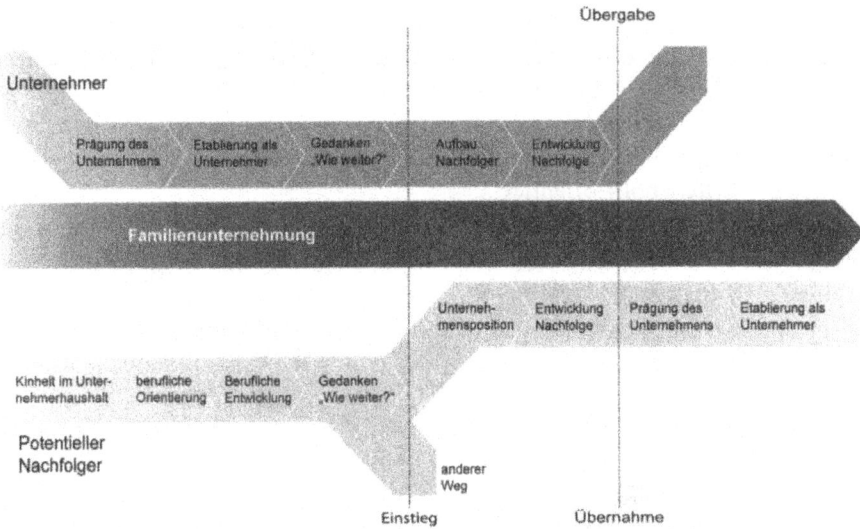

Quelle: Eigene Darstellung

Die Entscheidung für Übernahme und Übergabe eines Familienunternehmens ist ein Prozess, der sowohl individuell als auch in Interaktion der Hauptakteure betrachtet werden muss. Die Abbildung zeigt den Prozess als synchronen Verlauf. Deutlich wurde jedoch während der geführten Interviews, dass die Übergabe- und Übernahmebereitschaft zeitlich meist nicht übereinstimmen. Dass die Entscheidungsprozesse von Unternehmern und Nachfolgern typischerweise nicht synchron verlaufen, kann zu unklaren, instabilen Situationen im privaten Bereich sowie im Unternehmen führen. So ist es denkbar, dass der Unternehmer sein Unternehmen abgeben möchte, der Nachfolger aber noch mitten in der Ausbildung steht oder zunächst eigene Berufserfahrungen sammeln möchte. Andersherum kann es sein, dass der potenzielle Nachfolger die Unternehmerfunktion übernehmen will, der Unternehmer sich aber noch nicht vorstellen kann, die Aufgabe abzugeben.

Darüber hinaus wurde deutlich, dass Unternehmer und Nachfolger oft lange Zeit nicht wissen, wo der jeweils andere im Entscheidungsprozess wirklich steht. Die Klärung dieser Wünsche und Ziele, der offene Austausch untereinander und das Fällen eines gemeinsamen Basisentscheids scheinen deutlich schwieriger zu sein als die Lösung der vielfältigen Sachfragen wie die betriebswirtschaftlichen und (steuer-)rechtlichen Fragen der Nachfolge.

Dem Projektteam ist es gelungen, den Nachfolgeprozess zu verstehen. Ausgehend von der Ist-Situation im Prozess ist es möglich, eine Lösung zu entwickeln, die Unternehmende und Nachfolgende effektiv unterstützt.

Synchronisierung der Entscheidungsprozesse

Die Synchronisierung der Entscheidungsprozesse von Unternehmern und potenziellen Nachfolgern ist die entscheidende Voraussetzung für die erfolgreiche Lösung der vielfältigen Sachfragen im Prozess der Unternehmensnachfolge. Als Lösung hat das Projektteam ein Arbeitsbuch entwickelt, dessen Grundstruktur sich an den typischen Projektmanagementphasen – *Klären, Planen, Gestalten, Handeln, Kontrollieren* – orientiert.

In den Phasen *Klären* und *Planen* werden die Fragen „Was sind meine Wünsche, meine Ziele? Wo stehe ich? Was will ich für meine Familie, was für das Unternehmen? Wo steht meine Familie, wo das Unternehmen? Wo stehe ich als Unternehmer in meinem Entscheidungsprozess im Vergleich zu meinem potenziellen Nachfolger und umgekehrt?", bearbeitet. In der Phase *Gestalten* werden Lösungen für die Fachthemen Unternehmensbewertung und -dokumentation, Vermögensgestaltung, (Notfall-)Vorsorge, Steuern, Finanzierung, Strategie, Führung sowie Stakeholder entwickelt. In der Phase *Handeln* wird ein Maßnahmenplan erstellt, welcher in der Phase *Kontrollieren* überprüft wird.

In einem Workshop werden Unternehmer und Nachfolger für jede Phase ins Thema eingeführt. Es wird definiert, welche Fragen zu beantworten sind. Das notwendige Wissen wird in komprimierter, zielgruppengerechter Art vermittelt. Mit Hilfe von Arbeitsblättern werden Unternehmer und Nachfolger in der Entwicklung ihrer eigenen, individuellen Lösung angeleitet. Die erarbeiteten Resultate in den einzelnen Phasen werden zusammengefasst und in den Gesamtkontext der Nachfolgelösung gestellt. Die Teilnehmer wissen am Ende der Workshop-Reihe, wo sie im Nachfolgeprozess stehen, welche Themen aufgrund der besonderen Anforderungen des Unternehmens, der Familie und der persönlichen Bedürfnisse weiter bearbeitet werden müssen, welche Lösungsansätze infrage kommen und über welche Ansprechpartner (Fachexperten, Berater und ähnliche) die richtigen Antworten gefunden werden können. Die Teilnehmer haben die Workshops als sehr gut beurteilt. Sie fanden die Wissensteile gut verständlich und stellten fest, dass sie durch die Arbeitsblätter und den Austausch mit den Experten des Projektteams in ihrer Nachfolgelösung einen wesentlichen Schritt vorangekommen sind. Das erarbeitete Fachwissen wurde zudem in Buchform aufbereitet, um Berater im Sinne eines „train the trainer" in dieser Thematik umfassender zu unterstützen (siehe Sigg/Brunner/Hofmann 2013).

Weitere wichtige Erkenntnisse

Bereits in den geführten Tiefen- und Experteninterviews sowie auch während der Workshops wurde deutlich, dass die Unternehmer und deren potenzielle Nachfolger sich nicht nur um das Überleben des Familienunternehmens Gedanken machen. Es ging auch insbesondere darum, selbst unternehmerisch tätig zu sein. So wurde diskutiert, wie bestmöglich Kapital erhalten werden kann, um familieninternen Nachfolgern unternehmerische Unabhängigkeit zu ermöglichen. Überraschenderweise war mehreren befragten Unternehmern das Bewahren des eigenen Familienunternehmens im Sinne eines Unternehmens, das weiterhin dieselben Produkte oder Dienstleistungen anbietet, eher zweitrangig. Vordergründig war die Idee, den Nachfolgern die unternehmerische Tätigkeit und damit verbundene Entscheidungsfreiheit zu ermöglichen, wie auch das folgende Zitat eines Unternehmers unterstreicht:

„Für mich war immer schon klar, dass ich mit 65 aufhören möchte. Entweder würde eines der Kinder einsteigen oder sonst verkaufe ich das Geschäft und sie können mit dem Geld ihren eigenen Geschäften nachgehen."

Gleichwohl geht es den abgebenden Unternehmern auch darum, Wertschätzung für ihr Lebenswerk zu erhalten und sich mit ihren Emotionen, insbesondere Ängsten auseinanderzusetzen. Das zeigen beispielhaft folgende Zitate:

„Viele Unternehmer verfallen im Alter in gewisse Allmachtsphantasien. Sie glauben, unersetzlich zu sein. Oft stehen dahinter große Verlustängste."

„Ein Führungswechsel stellt vieles in Frage, was gesichert schien. [...] Daher gilt es, dem Unternehmer immer wieder zu zeigen, dass bei dieser für ihn schwierigen Prüfung weder seine Lebensleistung noch er selbst in Frage gestellt wird."

Ganz ähnliche „psychologische Hürden" bei der Unternehmensnachfolge aus der Sicht des abgebenden Unternehmers beschreibt Stefan Bieler (2006). Er thematisiert unter anderem die Vorstellung der eigenen Unersetzbarkeit des Unternehmers, dessen Wissen um die erbrachte Aufbauleistung und dass der Unternehmer sein Lebenswerk häufig über alle anderen Interessen stellt sowie Angst vor dem neuen Lebensabschnitt verspürt. So hat er etwa Angst davor, in ein schwarzes Loch zu fallen oder Angst vor dem Autoritätsverlust innerhalb der Familie.

Daraus entsteht eine ambivalente Kommunikation, die den Nachfolgern den Einstieg in das Unternehmen erschweren kann. Wie viele eigene (neue) Ideen können sie umsetzen und wie viel vom Lebenswerk des vorherigen Patrons müssen sie erhalten und bewahren? Auch hier ist ein planvolles Vorgehen gefragt, bei dem die vorherrschende Unternehmenskultur ebenso wie die Interessen langjähriger Mitarbeitender und Kunden berücksichtigt werden müssen.

Unternehmertum als Lebenssinn

Für die Menge der offenen Fragen bezüglich des Unternehmertums und ihre Relevanz spricht nicht zuletzt die große Anzahl von Lehrstühlen an Hochschulen und Universitäten rund um das Thema Unternehmensgründung und Entrepreneurship.

In Deutschland existieren aktuell mehr als 35 Lehrstühle mit einem Schwerpunkt in Entrepreneurship und/oder Gründungsmanagement. Der Bericht des Global Entrepreneurship Monitor (GEM) kommt zu dem Schluss, dass Umfang und Qualität der Entrepreneur-Ausbildung in der Schweiz noch stärker ausgeprägt sind als in Deutschland und auch als in Österreich (vgl. Baldegger et al. 2013; Fuegistaler et al. 2012).

Es ist an dieser Stelle wichtig, darauf hinzuweisen, dass sich Unternehmertum und Management voneinander unterscheiden. Dass Unternehmer sein eine Lebenshaltung ist und sich vom Beruf des Managers beziehungsweise Unternehmensleiters oder CEOs in einer abhängigen Beschäftigung unterscheidet, belegen auch Studien, die sich mit Unternehmensnachfolge beschäftigen. So untersuchten Beni Lauterbach und Jacob Weisberg (1999) empirisch die Nachfolgelösungen im Top-Management in 165 Unternehmen. Ihre Studien zeigen Evidenz dafür, dass externe Nachfolger im Vergleich zu intern bestimmten Nachfolgern erfolgreicher sind, insbesondere bei kleineren Firmen und bezogen auf den ökonomischen Erfolg nach der Übergangsphase. Letzterer Punkt scheint in unserem Zusammenhang besonders interessant – externe Nachfolger orientieren sich am kurzfristigen ökonomischen Erfolg des Unternehmens. Legt man dieses Kriterium als Erfolgskriterium zu Grunde, so scheinen interne Nachfolger weniger erfolgreich. Anders jedoch verhält es sich, wenn man den langfristigen Unternehmenserfolg betrachtet. Hier findet sich Evidenz dafür, dass selbstständige Unternehmer (und ebenso auch interne Nachfolger, die ein hohes *Commitment* zu ihrem Unternehmen aufweisen) das Fortbestehen des Unternehmens sowie die Zufriedenheit aller Stakeholder ins Zentrum ihres Handelns stellen. Mit anderen Worten: Den Unternehmern ist der langfristige Unternehmenserfolg wichtiger als ihr persönlicher Profit.

Für den Unternehmer scheint die Frage nach dem Sinn des Lebens klar beantwortet. Ihre Bestimmung haben sie in einer lebenslangen unternehmerischen Tätigkeit gefunden, die ihnen Entscheidungsfreiheiten bietet und Chancen eröffnet, nach ihren eigenen Vorstellungen zu gestalten. Dass dabei die Sozialisation eine entscheidende Rolle spielt und gute Voraussetzungen für eine spätere erfolgreiche unternehmerische Tätigkeit legt – der Erziehungsstil der Eltern beispielsweise, aber insbesondere das Aufwachsen in einer Unternehmerfamilie – wurde bereits weiter oben dargelegt. Dieser Gedanke wird unterstrichen vom Wunsch des ausscheidenden Unternehmers, auch seine Nachfolger mögen Raum zum Gestalten haben.

Schließen möchten wir mit dem Gedanken der Selbstselektion: Individuen suchen sich eine Tätigkeit, die ihren Werten, Lebensorientierungen und Zielen entspricht. Unternehmerische Tätigkeit sollte eine klar positiv bewertet Alternative darstellen – dann kann in ihr der eigentliche Lebenssinn bestehen.

Literatur

Baldegger, R./Alberton, S./Hacklin, F./Brülhart, A./Huber, A./Saglam, O. (2013): GEM Switzerland 2012 Report. Fribourg. Verfügbar unter: http://www.gemconsortium.org/docs/2809/gem-switzerland-2012-report [03.10.2013].

Bieler, S. (2006): Psychologische Hürden der Unternehmensnachfolge aus Sicht des Senior-Unternehmers. In: Borst, H., Faust, M. & Thedens, C. (Hrsg.) Unternehmensnachfolge im Mittelstand (S. 361–379). Frankfurt: Bankakademie-Verlag.

Burri, P./Bellefeuille-Burri, S. (2010): Der Nachfolgeprozess – eine persönliche Herausforderung. Von der Kunst, Verantwortung zu übergeben und zu übernehmen. Glattbrugg : Stiftung für unternehmerische Entwicklung.

Bundesamt für Statistik (2010): Unternehmen – Indikatoren – Grösse. Marktwirtschaftliche Unternehmen und Beschäftigte nach Grössenklassen, 2008. Verfügbar unter: http://www.bfs.admin.ch/bfs/portal/de/index/themen/06/02/blank/key/01/groesse.html [30.09.2013].

Christen, A./Halter, F./Kammerlander, N./Künzi, D./Merki, M./Zellweger, T. (2013): Erfolgsfaktoren für Schweizer KMU: Unternehmensnachfolge in der Praxis. Swiss Issues Branchen. Zürich: Credit Suisse.

Collins, O./Moore, D. G. (1970). The Organization Makers: A Behavioral Study of Independent Entrepreneurs. New York. Appleton-Century-Crofts.

Frese, M. (Hrsg.) (1998). Erfolgreiche Unternehmensgründer. Göttingen: Verlag für Angewandte Psychologie.

Frese, M. (2008): Psychologie des Unternehmertums. Vortrag auf dem 7. Kongress für Wirtschaftspsychologie des BdP, Fellbach [Pdf-Dokument]. Verfügbar unter: http://www.evidence-based-entrepreneurship.com/content/downloads/talks/2008/bdp_kongress _april08_vortrag_frese.pdf [13.09.2013].

Fuegistaller, U./Müller, C./Müller, S./Volery, T. (2012): Entrepreneurship : Modelle – Umsetzung – Perspektiven : mit Fallbeispielen aus Deutschland, Österreich und der Schweiz (3. Aufl.). Wiesbaden: Gabler.

Keating, G./Adler, O. (2013): Erfolgsfaktoren für Schweizer KMU. Unternehmensnachfolge in der Praxis. Zürich: Credit Suisse Global Research.

Kemter, P./Klose, H.-E./McKenzie, G. (1999). Persönlichkeitsfaktoren und Erfolg in klein- und mittelständischen Unternehmen. In: L. v. Rosenstiel & T. Lang-von Wins (Hrsg.). Existenzgründung und Unternehmertum (S.196–207). Stuttgart: Schäffer/Poeschel.

Klandt, H. (2006). Gründungsmanagement: der integrierte Unternehmensplan (2. erw. Aufl.) München: Oldenbourg.

Korunka, C./Frank, H./Lueger, M. (2004). Die Bedeutung der Persönlichkeit für die Gründungsintention, die Gründungsrealisation und den Unternehmenserfolg. Zeitschrift für Psychologie, 212 (1), 25–39.

Lang-von Wins, T. (2004): Der Unternehmer: Arbeits- und organisationspsychologische Grundlagen. Berlin: Springer.

Lauterbach, B./Weisberg, J. (1999): Internal vs. external successions and their effect on firm performance. Human Relations, 52(12), 1485–1504.

Moser, K./Batinic, B./Zempel, J. (1999): Unternehmerisch erfolgreiches Handeln. Einleitung und Überblick. In: K. Moser, B. Batinic & J. Zempel (Hrsg.), Unternehmerisch erfolgreiches Handeln (S. 3–13). Göttingen: Verlag für Angewandte Psychologie.

Müller, G. F. (2000): Eigenschaftsmerkmale und unternehmerisches Handeln. In: G. F. Müller (Hrsg.), Existenzgründung und unternehmerisches Handeln – Forschung und Förderung (S. 105–121). Landau: Verlag empirische Pädagogik.

Müller, G. F. (2003): Die psychologische Seite unternehmerischen Verhaltens. Wirtschaftspsychologie aktuell, 4, 28–31.

Müller, G. F. (2004): Selbstständig organisierte Erwerbstätigkeit. In: H. Schuler (Hrsg.), Enzyklopädie der Psychologie, D, III, Bd. 4: Organisationspsychologie – Gruppe und Organisation (S. 999–1045). Göttingen: Hogrefe.

Müller, G. F. (2007): Berufliche Selbstständigkeit. In: K. Moser (Hrsg.), Wirtschaftspsychologie (S. 379–398). Heidelberg: Springer.

Müller, G. F. (2010): Fragebogen zur Diagnose unternehmerischer Potenziale (F-DPN). Testmanual. Universität Koblenz-Landau, Campus Landau: Fachbereich Psychologie, Psychologie des Arbeits- und Sozialverhaltens.

Müller-Harju, D. (2013): Generationswechsel im Familienunternehmen: Mit Emotionen und Konflikten konstruktiv umgehen (2. Aufl.). Wiesbaden: Springer Gabler.

Nahrendorf, R. (2008): Der Unternehmer-Code: was Gründer und Familienunternehmer erfolgreich macht. Wiesbaden: Gabler.

Pfannenschwarz, A. (2005): Nachfolge und Nicht-Nachfolge in Familienunternehmen. Heidelber: Carl-Auer. Rauch, A. & Frese, M. (2000). Psychological approaches to entrepreneurial success: A general model and an overview of findings. In: C. C. Cooper & I. T. Roberton (Eds.), International Review of Industrial and Organizational Psychology (pp. 103–141). Chicester: Wiley.

Rauch, A./Frese, M. (2008): A personality approach to entrepreneurship. In: S. Cartwright & C. Cooper (Eds.), The Oxford Handbook of Personnel Psychology (pp. 121–136). Oxford: Oxford University Press.

Sattes, I./Brodbeck, H./Lang, H.-L./Domeisen, H. (Hrsg.) (1995): Erfolg in kleineren und mittleren Unternehmen. Zürich: Verlag der Fachvereine.

Schmitt-Rodermund, E./Silbereisen, R. K. (1999): Erfolg von Unternehmern: Die Rolle von Persönlichkeit und familiärer Sozialisation. In: K. Moser, B. Batinic & J. Zempel (Hrsg.), Unternehmerisch erfolgreiches Handeln (S. 115–143). Göttingen: Verlag für Angewandte Psychologie.

Schmitt-Rodermund, E. (2004): Pathways to successful entrepreneurship: Parenting, personality, early entrepreneurial competence, and interests. Journal of Vocational Behavior, 65(3), 498–518.

Schumpeter, J. A. (2009): Geschichte der ökonomischen Analyse, Band 1. Göttingen: Vandenhoeck & Ruprecht.

Sigg, A./Brunner, H./Hofmann, R. (Hrsg.) (2013): Unternehmensnachfolge. Beratung, Steuerung, Lösungskonzept. Zürich: Orell Füssli.

Specht, J./Egloff, B./Schmukle, S. C. (2011): Stability and change of personality across the life course: The impact of age and major life events on mean-level and rank-order stability of the Big Five. Journal of Personality and Social Psychology, 101, 862–882.

Unger, J.M./Rauch, A./Frese, M./Rosenbusch, N. (2011): Human capital and entrepreneurial success: A meta-analytical review. Journal of Business Venturing, 26 (3), 341–358.

Relevanz von Familienstiftungen als Unternehmensnachfolgemodell für landwirtschaftliche Betriebe

von Georg Block-Grupe

Im Vergleich zu anderen Wirtschaftsbranchen werden in der Landwirtschaft überdurchschnittlich viele Betriebe als Familienunternehmen geführt. Die generationsübergreifende Bewirtschaftung resultiert in einer starken traditionellen und emotionalen Bindung der Familie an den Betrieb (vgl. Glauben et al. 2004: 2; Johannes et al. 2007: 4). Die Daten des Statistischen Bundesamtes zeigen jedoch einen in den vergangenen Jahren stetig wachsenden Trend unsicherer Hofnachfolgesituationen für landwirtschaftliche Familienbetriebe. Lediglich 30,4 Prozent der landwirtschaftlichen Einzelunternehmen, denen in den kommenden 20 Jahren ein Generationswechsel bevorsteht, geben an, auf eine gesicherte Hofnachfolge blicken zu können (vgl. BMELV 2011: 72; BMELV 2012: 5; Fasterding 2002: 136). Dieses Phänomen betrifft keinesfalls ausschließlich kleinere, unrentable Höfe oder Nebenerwerbsbetriebe. Gerade bei größeren Betrieben ist die Zahl unsicherer Hofnachfolgesituationen stark angestiegen (vgl. Vleth 2011: 120). Die über Generationen hinweg entstandene und in der Tradition der Landwirtsfamilien fest verankerte Bindung an den Betrieb verleiht dem Streben der Landwirte, den Hof als Einheit in die nächste Generation zu übergeben, einen immens hohen Stellenwert (vgl. Gasson/Errington 1993: 184 ff.). Eine wachsende Anzahl von Betriebsleitern steht daher vor der Aufgabe, den Betrieb trotz fehlender Hofnachfolge zu erhalten. Hierfür kommen zahlreiche Möglichkeiten einer außerfamiliären Hofnachfolge in Frage (vgl. Vleth 2011: 120).

Die Vererbung landwirtschaftlicher Betriebe ist in den meisten Bundesländern durch Sondererbrechte geregelt. Diese verfolgen das Ziel, die Betriebe als Einheit zu erhalten und nicht im Sinne der Realteilung unter den Erbberechtigten aufzuteilen und somit zu zerschlagen. Um dies zu ermöglichen und die Existenzfähigkeit der Betriebe nicht durch hohe Abfindungszahlungen an die Erbberechtigten zu belasten sehen die Sondererbrechte vor, den Betrieb einem Hofnachfolger zuzusprechen, während die weichenden Erben mit verhältnismäßig geringen Vermögenswerten abgefunden werden (vgl. Grimm 2010: 73). Der Rechtfertigung für diese Privilegierung des Hoferben und der Bewertungsgrundlage für die Abfindung der weichenden Erben wird jedoch Kritik entgegengebracht (vgl. Röthel 2010: 36 f.).

Besonders für den Fall, dass Erben zwar vorhanden sind, diese aber nicht den Hof übernehmen können oder sollen, bietet sich gegebenenfalls eine Familienstiftung als alternatives Betriebsnachfolgemodell an (vgl. Dreses 2002: 46). Eine Familienstiftung stellt eine auf „Ewigkeit" konzipierte, verselbstständigte Vermögensmasse dar, die ausschließlich privatnützige Zwecke verfolgt. Sie ermöglicht es dem

Stifter, das Vermögen dauerhaft zu sichern und eine Begünstigung bestimmter Familienmitglieder durch die Stiftungsgewinne zu garantieren (vgl. Löwe 2009: 10; Dreses 2002: 46).

Sozioökonomische Aspekte in der deutschen Landwirtschaft

Als traditionelle Rechtsform landwirtschaftlicher Betriebe gilt in Deutschland das als Familienbetrieb geführte Einzelunternehmen (vgl. SÄBL 2011: 12). Bezogen auf die gesamte Bundesrepublik war der Agrarsektor im Jahr 2010 mit einem Anteil von 91,3 Prozent an den landwirtschaftlichen Betrieben und 66,4 Prozent der bewirtschafteten Fläche deutlich durch die Rechtsform der Einzelunternehmen dominiert. Auf Personengesellschaften entfielen lediglich 6,5 Prozent, während juristische Personen einen Anteil von 0,6 Prozent ausmachten (vgl. BMELV 2012: 5). Für das Fortbestehen landwirtschaftlicher Einzelunternehmen sind gesicherte Erbfolgen von existenzieller Bedeutung (vgl. Thomas 2006: 48).[1]

Aufgrund des hohen Anteils von Familienbetrieben besteht in der Landwirtschaft eine starke traditionelle und emotionale Bindung der Familien an den Betrieb, die in diesem Ausmaß in anderen Branchen nur bedingt zu finden ist (vgl. Glauben et al. 2004: 2). Die Persönlichkeit sowie die Identität von Familie und Betriebsleiter sind oft derart durch die Landwirtschaft als solche, den Betrieb und den Boden bestimmt, dass es zum höchsten Ziel wird, den Hof im eigenen Sinne der kommenden Generation zu übergeben (vgl. Gasson/Errington 1993: 184ff.). Durch den erzieherischen Einfluss des Betriebsleiterehepaares werden ihre Nachkommen mit traditionellen Werten versorgt, die garantieren sollen, dass auch diese den Betrieb der Familientradition entsprechend innerhalb der Familie weitervererben (vgl. Gasson/Errington 1993: 184ff.). Die Tatsache, dass in der Landwirtschaft der Wohn- und Arbeitsort identisch sind, hat neben der Erziehung ebenfalls großen Einfluss auf die potentiellen Hoferben. Durch diesen Umstand geraten die Nachkommen bereits in frühester Kindheit in Kontakt zur Tätigkeit der Eltern und generieren somit Wissen und Erfahrungen. Dieser Effekt wird oftmals durch die Einbindung der Nachkommen in den Arbeitsablauf des Betriebes noch verstärkt (vgl. Laband/Lenz 1983: 478). Darüber hinaus sind auch ökonomische Gründe für die weite Verbreitung von Familienbetrieben in der Landwirtschaft mitverantwortlich. Einerseits bietet der Familienbetrieb die Lebensgrundlage für mindestens einen der Nachkommen und zum anderen stellt er dem abgetretenen Betriebsleiterehepaar ein Altenteil (vgl. Gasson/Errington 1993: 184ff.).

Über die einzelbetrieblichen Auswirkungen eines Generationenwechsels hinaus nimmt die Entscheidung über die Hofnachfolge erheblichen Einfluss auf die Ent-

---

1   In der Rechtsform einer Personen- oder Kapitalgesellschaft organisierte Betriebe sind hingegen nicht auf eine Hofnachfolge im Sinne eines Generationenwechsels angewiesen, da hier das Fortbestehen des Unternehmens entsprechend vertraglich geregelt ist (vgl. SÄBL 2011: 16).

wicklung der Agrarstruktur einer Region. Dies betrifft insbesondere die Betriebs-
größen, den Anteil an Haupt- und Nebenerwerbsbetrieben sowie das Alter von
Betriebsleitern. Wie die in Tabelle 1 dargestellten Daten der Landwirtschaftszäh-
lungen von 1999 und 2010 zeigen, stehen eine steigende Anzahl von Betrieben vor
einer ungesicherten Hofnachfolge (vgl. auch Tietjen 2003: 2).

Tabelle 1: Entwicklung der Hofnachfolgesituation landwirtschaftlicher Betriebe in Deutschland
(Betriebe mit der Rechtsform Einzelunternehmen und Betriebsleitern, deren Alter über
45 Jahren liegt)

Jahr	Anzahl der Betriebe	Anteil der Betriebe an allen Betrieben in Prozent	Betriebe mit geregelter Hofnachfolge	Betriebe mit geregelter Hofnachfolge in Prozent
1999	243.800	69,6%	84.400	34,6%
2010	185.300	67,9%	56.700	30,6%

Quelle: eigene Darstellung nach BMELV 2012: 7

Davon ausgehend, dass in landwirtschaftlichen Einzelunternehmen, deren Betriebsleiter ein Alter von mindestens 45 Jahren hat, die Entscheidung über eine eventuelle
Hofnachfolge in den kommenden 20 Jahren zu treffen ist (vgl. Fasterding 2002:
136), wird der Anteil der entsprechenden Betriebe an allen deutschen Agrarbetrieben ausgewiesen. Es wird deutlich, dass sich ein Großteil (68 Prozent) aller Betriebe
in der Situation befindet, in den kommenden Jahren eine Nachfolgeentscheidung
treffen zu müssen. Dabei gibt lediglich ein Drittel der Betriebe eine gesicherte Übergabe an die folgende Generation an. In dem betrachteten Zeitabschnitt ist hinsichtlich sicherer Hofnachfolgesituationen ein Negativtrend zu vermerken.

Die Gründe für den Mangel an Hofnachfolgern aus dem Familienverband erwei-
sen sich als äußerst vielfältig. Besonders die *strukturellen* Gegebenheiten des Betriebes sowie die wirtschaftliche Ausrichtung und die damit oft eng korrelierende
Rentabilität haben einen großen Effekt auf die Sicherheit der Hofnachfolge. Weiterhin übt die regionale wirtschaftliche Situation, aus der die Attraktivität außer-
landwirtschaftlicher Berufsfelder zu konkludieren ist, großen Einfluss. Darüber
hinaus stellen die Situation der Agrarmärkte sowie der gesellschaftliche Wandel Faktoren dar, die zu der Problematik beitragen (vgl. Tietjen 2003: 3; Thomas
2006: 45 ff.). Für das besonders ausschlaggebende Kriterium von Betriebsgröße
und, damit zusammenhängend, Wirtschaftsleistung und Einkommenskapazität
(vgl. Fasterding 2002: 135 f.) des Betriebs gilt die sogenannte Wachstumsschwel-
le von 100 Hektar landwirtschaftlicher Nutzfläche als Grenze. Ab dieser Größe
überwiegt die Anzahl der in der Folgegeneration weitergeführten Betriebe die
Zahl der Betriebsaufgaben. Auch die Bewirtschaftungsform, die mit der Betriebsgröße in enger Korrelation steht, spielt hier eine bedeutende Rolle. Die an Größe
und Wirtschaftsstärke oftmals bedeutend geringer aufgestellten Nebenerwerbs-

betriebe weisen eine deutlich unsichere Situation der Hofnachfolge auf als Vollerwerbsbetriebe (vgl. Fasterding 2002: 136; SÄBL 2011: 16). Entsprechend der vorherrschenden agrarstrukturellen Gegebenheiten und der Wirtschaftsstruktur gestaltet sich das Ausmaß der Nachfolgeproblematik in der Bundesrepublik regional sehr unterschiedlich (vgl. Fasterding 2002: 136 f.). In Baden-Württemberg, dem Saarland, Rheinland-Pfalz und großen Teilen Hessens führt der erhebliche Anteil von Nebenerwerbsbetrieben in Kombination mit schlechten Standortbedingungen zu einer besonders starken Ausprägung. Demgegenüber sind die Bundesländer Bayern, Niedersachsen und Nordrhein-Westfalen durch eine deutlich höhere Nachfolgesicherheit gekennzeichnet (vgl. Fasterding 2002: 136; SÄBL 2011: 16). Die Tatsache, dass besonders bei größeren Betrieben die Zahl der unsicheren Nachfolgen in der Vergangenheit am stärksten angewachsen ist, deckt jedoch auf, dass ökonomische Gesichtspunkte bei der Entscheidungsfindung potentieller Betriebsnachfolger in den Hintergrund getreten sind (vgl. Vleth 2011: 120).

Zu den strukturellen Faktoren treten *individuell orientierte* Entscheidungsprozesse des potenziellen Nachfolgers. Hier sind persönliche Wertvorstellungen, Tradition, Fähigkeiten, Interessen und die Freude am Beruf zu nennen (vgl. Fasterding 2002: 134; SÄBL 2011: 16).

Die dargestellte Situation weist auf einen voranschreitenden Strukturwandel in der Landwirtschaft hin, der insbesondere in Gebieten mit einer niedrigen Quote für gesicherte Generationenwechsel ausgeprägt sein wird. Der sich abzeichnende Negativtrend hinsichtlich der Bereitschaft zur Hofnachfolge führt zu einer Freisetzung von Flächen, wodurch sich verbesserte Wachstumsbedingungen für andere Betriebe beziehungsweise die Möglichkeit von Neugründungen ergeben. Aus diesem Grund ist der Mangel an Hofnachfolgern relativ zu sehen, da das Wachstum bestehender Betriebe weiterhin eine flächendeckende Landwirtschaft garantiert (vgl. Fasterding 2002: 137).

Nichtsdestotrotz streben immer mehr Betriebsleiter danach, den Hof als Einheit zu erhalten, anstatt die Flächen meistbietend zu verpachten oder zu veräußern. Dies rückt die Möglichkeiten einer außerfamiliären Hofnachfolge in den Blickpunkt, die von der Verpachtung des Gesamtbetriebes über eine Übertragung durch Übergabe- oder Kaufvertrag bis hin zur Übertragung des Betriebes an einen gemeinnützigen Träger reichen (vgl. Vleth 2011: 120 f.).

Hofvererbung

Der Erhaltung landwirtschaftlicher Betriebe als wirtschaftsfähige Einheit wird im Rahmen des Generationenwechsels sowohl nach gesellschaftspolitischen als auch nach volkswirtschaftlichen Gesichtspunkten große Wichtigkeit beigemessen (vgl. Grimm 2010: 73). Um eine erbfallbedingte Aufsplitterung des Betriebs unter den Nachkommen des Erblassers zu vermeiden und somit die Existenzfähigkeit des Hofes zu sichern, ist in Deutschland die Hofnachfolge überwiegend durch das Anerbenrecht beziehungsweise die Anerbensitte geregelt. Dabei wird das Unternehmen nicht im Sinne der Realteilung unter den Erbberechtigten aufgeteilt, sondern einem einzigen Erben zugesprochen. Die übrigen Erbberechtigten werden mit verhältnismäßig geringen Vermögenswerten abgefunden, deren Umfang – im Gegensatz zum allgemeinen Erbrecht – anhand des jeweiligen steuerlichen Einheitswertes[2] oder des Ertragswertes[3] des Betriebes bemessen wird.

Die Gestaltung der Anerbengesetze ist länderspezifisch unterschiedlich. Gemäß § 1 Absatz 1 der Höfeordnung (HöfeO) gilt in den Ländern Hamburg, Niedersachsen, Nordrhein-Westfalen und Schleswig-Holstein die nordwestdeutsche Höfeordnung. In anderen Bundesländern ist die Hoferbfolge durch die jeweiligen Landesgesetze geregelt. In den Bundesländern Bayern, dem Saarland sowie allen neuen Bundesländern ist das Anerbengesetz jedoch nicht verankert. Hier greift im Erbfall die im Bürgerlichen Gesetzbuch (BGB) enthaltene „Landgutregelung". Sie ermöglicht es dem Erblasser ebenfalls, den Betrieb einem Erben als geschlossene Einheit zukommen zu lassen, während der Pflichtteil der Miterben nach § 2049 BGB auf Basis des Ertragswertes bemessen wird (vgl. Doll et al. 2001: 163 f.; Grimm 2010: 73; Grundmann 2008: 1591). Darüber hinaus sind die Spezialvorschriften für landwirtschaftliche Betriebe des BGB auch in anderen Bundesländern anzuwenden, wenn ein landwirtschaftlicher Betrieb nicht in der Höferolle beziehungsweise im Grundbuch als solcher geführt ist (vgl. Köhne 2007: 842 f.).

Der Erbgang nach Höfeordnung ist im Wesentlichen durch zwei Paragraphen gekennzeichnet. Gemäß § 4 HöfeO fällt der Hof als Gesamteinheit nur einem der Erben zu (vgl. Steffen/Ernst 2006: 3). § 12 HöfeO hält fest, dass den Miterben die Auszahlung einer Abfindung zusteht, welche sich nach dem Wert des Hofes zum Zeitpunkt des Erbfalls bemisst. Dieser entspricht dem anderthalbfachen des Einheitswertes des Betriebes (vgl. Steffen/Ernst 2006: 6). Die hieraus resultierende Privilegierung eines Erben widerspricht auf den ersten Blick dem Grundsatz der gesetzlichen Gleichstellung aller Miterben, der sich aus dem Gleichheitsgebot des Artikel 3 des Grundgesetzes ergibt. Nach einem Beschluss des Bundesverfassungsgerichts findet diese höferechtliche Sondererbfolge jedoch ihre Rechtfertigung in dem volkswirtschaftlichen Ziel, die Volksernährung durch Aufrechterhalten von existenzfähigen und leistungsfähigen Agrarbetrieben in Familienhand zu sichern. Somit liegt die Motivation dieser Regelung in der Vermeidung einer Zerschlagung landwirtschaftlicher Betriebe beziehungsweise deren Flächen und der Abwendung einer aus den Abfindungsansprüchen der Miterben resultierenden Verschuldung (vgl. Grimm 2010: 76; Wöhrmann 2008: 32).

---

2   Als Einheitswert wird der Betriebswert bezeichnet, der nach Massenermittlungsverfahren erstellt wird und daher die betriebsindividuellen Gegebenheiten nur unzureichend berücksichtigt (vgl. Köhne 2007: 18).
3   Der Ertragswert ist die Bewertungsgrundlage landwirtschaftlicher Betriebe in Gebieten mit Anerbengesetzen, aber außerhalb der Höfeordnung. Gemäß § 2049 BGB handelt es sich dabei um den Kapitalwert des jährlichen, nachhaltig erreichbaren Reinertrags (vgl. Köhne 2007: 843).

Hat der Eigentümer zum Zeitpunkt des Todes keinen Hoferben bestimmt, so legt die in § 5 HöfeO angeführte Intestathoferbenordnung die Prätendenten und die Rangfolge der als Hoferben in Betracht kommenden Personen fest. Diese entspricht weitestgehend der in §§ 1924 ff. BGB geregelten gesetzlichen Erbfolge. Ferner sind in § 6 HöfeO die Kriterien geregelt, nach denen der Hoferbe aus dem festgelegten Personenkreis bestimmt wird (vgl. Grimm 2010: 76 f.). Die in § 6 Absatz 1 Nummer 1 und 2 HöfeO angeführten Regelungen stellen auf den mutmaßlichen Willen des Erblassers ab und werden daher auch als „formlose Hoferebenbestimmung" bezeichnet. Demnach ist im Erbfall in erster Linie derjenige der Miterben berechtigt, den Betrieb zu übernehmen, dem der Erblasser zum Zeitpunkt des Erbfalls die Bewirtschaftung des Betriebes auf Dauer übertragen hat. In zweiter Linie ist der Miterbe zu bevorzugen, dem durch Ausbildung und den Grad seiner Beschäftigung auf dem Betrieb suggeriert wurde, dass er vom Erblasser als Hoferbe vorgesehen war. Werden diese beiden Voraussetzungen von keinem der Miterben erfüllt oder die in Nummer 2 genannten Kriterien von mehreren Miterben in gleicher Weise erfüllt, so greift die in Nummer 3 verfasste Regelung der dritten Linie. Demnach fällt der Betrieb in einem solchen Fall je nach regional geltendem Recht an den ältesten oder jüngsten der Miterben (Grimm 2010: 77 f.).

Gemäß der in § 7 HöfeO geregelten Verfügung von Todes wegen ist es dem Hofeigentümer möglich, den Hoferben frei zu bestimmen oder ihm den Betrieb durch eine vorweggenommene Erbfolge zu übergeben. Die höferechtliche Erbfolge kann er jedoch, solang der Hof in der Höferolle steht, nicht gänzlich ausschließen. Die Möglichkeit, die Anwendung der Höfeordnung durch Löschung des Hofvermerks zu beseitigen, gewährt dem Erblasser somit eine grundsätzliche Testierfreiheit (vgl. Wöhrmann 2008: 221 ff.).

Abfindung weichender Erben

Wie bereits angeführt, zeichnet sich die Höfeordnung besonders durch die Bevorzugung des Hoferben gegenüber den übrigen Erbberechtigten aus. Um dem Gebot der Gerechtigkeit nachzukommen, stellen die in den §§ 12 und 13 HöfeO enthaltenen Regelungen zur Abfindung der Miterben nach dem Erbfall ein Kernelement der Höfeordnung dar. Ziel ist es, einen optimale Balance zwischen dem Gedanken der Hoferhaltung durch Übergabe in eine Hand und dem Interesse der Miterben an einer angemessenen Abfindung zu finden (vgl. Wöhrmann 2008: 266). Als Berechnungsgrundlage für die Abfindung gilt der Hofeswert. Dieser wird durch das Anderthalbfache des nach dem Bewertungsgesetz zuletzt festgestellten steuerlichen Einheitswertes dargestellt. Der Einheitswert setzt sich wiederum aus dem Wirtschaftswert und dem Wohnungswert des Betriebes zusammen. Da der Wirtschaftswert aus Vergleichswerten, Zu- und Abschlägen sowie Einzelertragswerten gebildet wird, fehlt ihm der direkte Bezug zum Ertragswert des Betriebes; er ist weitestgehend fiktiv (vgl. Steffen/Ernst 2006: 157 ff.).

Kritische Betrachtung der Privilegierung von Hoferben

Allgemein findet das landwirtschaftliche Sondererbrecht seine Legitimation in dem bereits beschriebenen volkswirtschaftlichen Ziel einer Vermeidung der Landzersplitterung sowie in dem privaten Interesse der Erhaltung des Betriebes in der Familie (vgl. Grimm 2010: 76, BVerfGE vom 21.03.2006, Az.: BvR 2495/05). Beide Argumente haben laut Anne Röthel im Zuge der agrarstrukturellen und sozialen Entwicklung der vergangenen Jahre an Bedeutung verloren. Demnach hat der Hof angesichts der steigenden Anzahl von Nebenerwerbsbetrieben seine Rolle als soziales Medium für die Familie bereits weitestgehend eingebüßt. Ferner vertritt Röthel die Ansicht, dass der aus dieser erbrechtlichen Sonderregelung resultierende fehlgeleitete Anreiz, auch kleine, unrentable Familienbetriebe in die Folgegeneration zu übergeben, besonders unter agrarstrukturellen Gesichtspunkten kritisch zu sehen ist. Als Folge werden wirtschaftlich leistungsfähige Betriebe mangels freier Flächen in ihrem Expansionsbestreben eingeschränkt und der landwirtschaftliche Strukturwandel gehemmt (vgl. Röthel 2010: 33 f.). Insbesondere im Fall einer offensichtlich mangelnden zukünftigen Existenzfähigkeit eines Betriebes ist die hoferbrechtliche Sonderbewertung gegenüber den weichenden Erben als kritisch zu sehen.

Zum gleichen Schluss kommt der Agrarrechtler Ulrich von Jeinsen in einem vom Autor geführten Experteninterview aus dem Jahr 2012. Die Tatsache, dass auch Kleinstbetriebe unter den Schutz der Höfeordnung fallen, forciere „das künstliche Aufrechterhalten einer Struktur, die seit 30 Jahren überholt ist" (Jeinsen 2012b). Es bedürfe daher einer drastischen Anhebung der Einstiegswerte (vgl. Jeinsen 2012b). Unter diesem Gesichtspunkt war die Frage, welche Betriebe als „schützenswert" beziehungsweise „zu privilegieren" einzustufen sind, in der Vergangenheit häufig Gegenstand der Rechtsprechung. Konkrete Kriterien, die zur Feststellung der Schutzwürdigkeit herangezogen werden können, sind in Gesetz und Rechtsprechung jedoch nur bedingt verankert. In der Regel werden die Betriebsgröße, das Vorhandensein einer Hofstelle, die Gewinnerzielungsabsichten sowie die tatsächliche Gewinnerzielung als Voraussetzungen herangezogen. Ferner gilt die ökonomische Leistungsfähigkeit des Betriebes als wichtiges Kriterium. Anzumerkendes Ergebnis der Rechtsprechung ist, dass neben Haupterwerbsbetrieben auch Nebenerwerbsbetriebe als besonders schützenswert gelten, da diese als wichtiges Element der Agrarstruktur gesehen werden (Köhne 2007: 851 ff.).

Röthel kritisiert weiterhin die Privilegierung des Hoferben hinsichtlich der in der Höfeordnung verankerten Abfindungs- und Bewertungsregelungen. Diese erscheinen zum einen gegenüber den weichenden Erben und zum anderen gegenüber den Erben gewerblicher Unternehmen als ungerecht. Ein der Höfeordnung entsprechendes Sondererbrecht und eine derartige Privilegierung des Betriebsnachfolgers existiert bei der Vererbung gewerblicher Unternehmen nicht. Die Bewertung von Gewerbebetrieben beruht auf dem Verkehrswert. Der Einheitswert

liegt dabei in der Regel um ein Vielfaches unter dem Verkehrswert beziehungsweise dem Veräußerungswert, wodurch die ungleiche Behandlung von Hofnachfolgern und dessen Miterben sowie den Nachfolgern von landwirtschaftlichen
Betrieben und Gewerbebetrieben besonders deutlich hervortritt (vgl. Röthel 2010:
36 ff.). Diese Ungerechtigkeit wird noch durch die Tatsache potenziert, dass der als
Bewertungsgrundlage der Abfindung weichender Erben dienende Einheitswert
seit Jahrzehnten nicht angepasst wurde. Gemäß § 12 Absatz 3 des Bewertungs-
gesetzes ist eine Hauptfeststellung des Einheitswertes in regelmäßigen Abständen
von sechs Jahren vorgesehen. Dies ist jedoch seit dem Inkrafttreten der Höfeordnung im Jahre 1976 unterblieben. Der BGH kommt daher in einem Urteil vom
17. November 2000 zu dem Schluss, dass es einer Erhöhung der Abfindungsan-
sprüche bedarf (vgl. BGH-Urteil vom 17.11.2000, Az.: V ZR 334/99; Johannes et al.
2011: 23; Wöhrmann 2008: 272).

Familienstiftungen als Instrument der Unternehmensnachfolge

Stiftungen haben in den letzten Jahrzehnten an Bedeutung und Aufmerksamkeit
gewonnen. Abbildung 1 stellt die Entwicklung der Stiftungserrichtungen in den
vergangenen 40 Jahren dar und macht dabei den Stiftungsboom der vergangenen
12 Jahre deutlich (vgl. Drüen 2011: 11; Pues 2007: 9).

Abbildung 1: Entwicklung der Stiftungserrichtungen 1960 bis 2011 in Deutschland

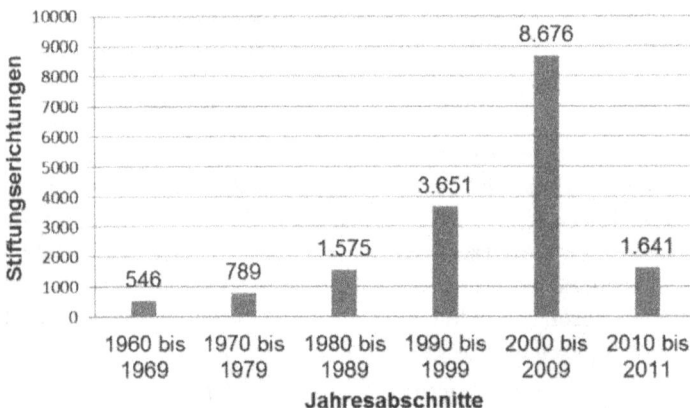

Quelle: Bundesverband deutscher Stiftungen 2012

Laut dem Bundesverband Deutscher Stiftungen existierten zum 31. Dezember
2011 in Deutschland rund 18.946 rechtsfähige Stiftungen des bürgerlichen Rechts.
Während etwa 95 Prozent der Stiftungen die Grundsätze der Gemeinnützigkeit
erfüllen, ist der Anteil der Familienstiftungen mit vorrangig oder ausschließlich

privatnützigen Zwecken verhältnismäßig gering. Ihre Zahl schätzt der Bundesverband auf etwa 500 bis 700 bundesweit (vgl. Drüen 2011: 11; Löwe 2010: 10). Eine genauere Anzahl kann nicht beziffert werden, da bis heute ein durch das Gesetz zur Modernisierung des Stiftungsrechts aus dem Jahr 2002 gefordertes, bundesweit einheitliches Stiftungsregister nicht eingeführt wurde (vgl. Ellenberg 2012: 58). Darüber hinaus sind in vielen Bundesländern Familienstiftungen von einer staatlichen Stiftungsaufsicht ganz oder teilweise freigestellt (vgl. Weitemeyer/ Franzius 2011: 96), weshalb sie nur bedingt in den Registern der Stiftungsaufsichtsbehörden aufgeführt werden (vgl. Merker 2005: 329). Ferner erschweren die Verschwiegenheit der Stiftungen und die rechtlich uneinheitliche Definition die Generierung von verlässlichen Daten zusätzlich (vgl. Schiffer 2009: 96).

Erläuterung der rechtlichen Merkmale einer Familienstiftung

Die Familienstiftung stellt eine Sonderform rechtsfähiger Stiftungen des Privatrechts im Sinne der §§ 80 ff. BGB dar. Sie bildet in ihrer Grundform eine wertneutrale, steuerpflichtige juristische Person, an der weder eine Eigentümerschaft noch eine Mitgliedschaft möglich ist. Eine rechtlich einheitliche Definition für den Begriff der Familienstiftung existiert indes nicht. Stiftungszivilrecht, Erbschaftssteuergesetz und Außensteuergesetz führen unterschiedliche Definitionen, denen lediglich „die Begünstigung einer oder mehrerer Familien" gemein ist (Schiffer 2009: 98). Stets bestimmt sich damit das Vorliegen einer Familienstiftung nach dem Kreis der Destinatäre[4]. Weitere essentielle Kriterien hinsichtlich der Definition sind der dem BGB zu entnehmende „Grundsatz der Zulässigkeit der gemeinwohlkonformen Allzweckstiftung" sowie die jeweiligen Regelungen der unterschiedlichen Landesgesetze (vgl. Schiffer 2009: 89 ff.).

Die Ausgestaltung der inneren Organisation einer Familienstiftung wird durch das Stiftungsgeschäft vom Stifter in der Satzung festgelegt. Die Zwecksetzung variiert in Abhängigkeit des jeweiligen Stiftungszwecks sowie der Vermögensausstattung und dem damit zusammenhängenden Geschäftsumfang (vgl. Müller 2009: 46 f.; Schiffer 2009: 178).

Stiftungen unterstehen grundsätzlich der Aufsicht der Stiftungsaufsichtsbehörden der Länder. In ihrer Funktion als Rechtsaufsicht obliegt den Behörden die Kontrolle der Einhaltung von Gesetzen und der Stiftungssatzung. Die Stiftungsaufsicht dient dazu, die Einhaltung des Stifterwillens über den Tod des Stifters hinaus zu überwachen (vgl. Schiffer/Pruns 2011: 18; Wigand 2011a: 66).

---

4   Als Destinatäre werden diejenigen natürlichen oder juristischen Personen bezeichnet, die durch die Stiftungsleistung begünstigt werden (vgl. Schiffer 2009: 193).

Das Wesen einer Familienstiftung

Das Wesen jeder Stiftung des bürgerlichen Rechts ist durch ihre Grundelemente Stiftungszweck, Stiftungsvermögen und Stiftungsorganisation geprägt (vgl. Pues/Scheerbarth 2008: 12). Nach einem Urteil des Bundesfinanzhofes aus dem Jahr 1997 (Az.: II R 25/94) ist das Wesen einer Familienstiftung die satzungsmäßige Legitimation der Familie, das stiftungseigene Vermögen soweit möglich zu privaten Zwecken zu nutzen und die daraus erwirtschafteten Erträge an sich zu ziehen (vgl. Merker 2005: 328; BStBl. 1998: 114). Hinsichtlich der Organisation sehen die rechtlichen Vorgaben lediglich die Errichtung eines Vorstandes vor, dessen Aufgabe in der Wahrung der Handlungsfähigkeit liegt (vgl. Pues/Scheerbarth 2008: 13). In der Verfolgung familiärer Interessen weist die Familienstiftung den Charakter „privatnütziger Stiftungen" auf und ist somit grundlegend von „gemeinnützigen Stiftungen" zu differenzieren (vgl. Löwe 2010: 10).

Eine zweckgebundene Vermögensmasse in Form einer Familienstiftung unterliegt weder dem Zugriff des Stifters noch dessen Erben. Das übertragene Vermögen wird gemäß der durch den Stifter in der Satzung festgelegten Anordnungen verwaltet (vgl. Merker 2005: 328 ff.; Schiffer 2009: 89 ff.). Durch die in § 80 Absatz 2 BGB verankerte „dauerhafte und nachhaltige Erfüllung des Stiftungszwecks" ist auch die Familienstiftung entweder auf „ewig" oder bei einer Stiftung auf Zeit über die endliche Lebensdauer der Stiftung an ihre Zweckerfüllung gebunden (vgl. Hüttemann/Rawert 2011: 159). Somit ist der Stifter in der Lage, das Bestehen der Stiftung und die Verfolgung seiner Anliegen über seinen Tod hinaus unbefristet festzulegen; der Familienstiftung wird ein „unsterblicher" Charakter verliehen (vgl. Löwe 2010: 15).

In der Regel ist der Stiftungszweck darauf ausgerichtet, „dem Interesse der Familie zu dienen" und in der Verfolgung dieses Ziels gleichzeitig das Fortbestehen des Familienunternehmens zu sichern sowie die Familienangehörigen zu unterstützen (Richter/Gollan 2011: 829). Die Art und Weise der Begünstigung von Familienangehörigen kann dabei vielerlei Gestalt annehmen und sowohl aus materiellen als auch aus ideellen Werten bestehen. Des Weiteren ist es dem Stifter vorbehalten, die an die Destinatäre gerichteten Leistungen an bestimmte Bedingungen wie etwa Bedürftigkeit oder Engagement zu knüpfen (vgl. Richter/Gollan 2011: 828 f.).

Die Auflösung einer Stiftung ist nur auf zweierlei Weise möglich: zum einen kraft Gesetzes durch die Initiative der Stiftungsaufsichtsbehörden auf Basis des Bundesrechtes in Verbindung mit dem Landesrecht und zum anderen durch stiftungseigene Initiative. Letzteres setzt einen Auflösungsbeschluss des zuständigen Stiftungsorgans auf der Grundlage des betreffenden Landesstiftungsgesetzes oder der Stiftungssatzung sowie eine Genehmigung der Stiftungsaufsichtsbehörde voraus (vgl. Engel 2008: 269 ff.).

Eine Umwandlung des Stiftungszweckes oder die Auflösung der Stiftung durch Organbeschluss ist regelmäßig nur möglich, wenn der Stifter den entsprechenden Organen eine statutarische Ermächtigung dazu übertragen hat. Die grundsätzlich autonome Entscheidungsgewalt über das Fortbestehen der Stiftung sowie deren Zweck widerspricht jedoch dem Vorbehalt des Stiftungsgeschäfts. Eine derartige Regelung würde den Stiftungszweck und die Existenz der Stiftung von dem Stifterwillen lösen. Daher werden Zweckänderungen oder Auflösungen auf der Grundlage satzungsrechtlicher Anordnungen nur durch Aufsichtsbehörden genehmigt, wenn der Stifter in der Satzung explizit die Kriterien, aufgrund derer die Stiftungsorgane aktiv werden sollen, bestimmt hat. Eine Umsetzung des eigenen Willens der Stiftungsorgane über den Stifterwillen hinweg kann im Stiftungsrecht keine Berücksichtigung finden (vgl. Hüttemann/Rawert 2010: 269 f.).

Motive für die Überführung eines landwirtschaftlichen Betriebes in eine Familienstiftung

Mit speziellem Bezug auf die Situation in der deutschen Landwirtschaft kristallisieren sich aus den Ergebnissen der Expertengespräche folgende Ausgangssituationen heraus, die dazu veranlassen, über alternative Formen der Unternehmensnachfolge nachzudenken: das vollständige Fehlen von Nachkommen beziehungsweise von Nachkommen, die gewillt sind, den Betrieb weiterzuführen; die fehlende Wirtschaftsfähigkeit der Nachkommen; mangelndes Vertrauen der Erblasser in die Fähigkeiten oder die Eignung der Nachkommen, den Betrieb weiter zu führen; das Bedürfnis der Erblasser, ihre Art und Weise der Unternehmensführung zu manifestieren (vgl. Moser 2012, Beyme 2012, Strachwitz 2012).

Die spezifischen Motive für die Errichtung einer Familienstiftung gestalten sich oftmals sehr unterschiedlich (vgl. Löwe 2010: 14). In der Regel lassen sich die Grundintentionen des Stifters wie folgt zusammenfassen: Die *zivilrechtliche Motivation* bezieht sich auf die Versorgung und wirtschaftliche Absicherung der Familie sowie den Erhalt des Familienvermögens und die Sicherung der Unternehmensnachfolge. Im Sinne eines *familiären Bezugs* kann die Pflege des Familienzusammenhalts und die Bewahrung der Familientradition das Ziel sein. Weiter kann die *Vermeidung der* angesprochenen *ungerechten Behandlung* der weichenden Erben gegenüber dem privilegierten Hofnachfolger ein Grund für die Errichtung einer Familienstiftung sein. Zuletzt ist auch eine *steuerliche Motivation* denkbar.[5]

An dieser Stelle ist anzumerken, dass die Familienstiftung seit der Anhebung der Erbersatzsteuer zum 1. Januar 1974 keine wesentlichen steuerlichen Vorteile aufweist, die ihr gegenüber anderen Rechtsformen ein Alleinstellungsmerkmal

---

5   Siehe hierzu Mercker 2005: 330; Pöllath/Richter 2009: 460 ff.; Strachwitz 2012; Volckens 2012; Moser 2012; Beyme 2012.

verschaffen würde. Gewisse Steuervergünstigungen der Familienstiftung treten lediglich in Form einer Verminderungen der Steuerlast auf (vgl. Wachter 2007: 545f.; Pöllath/Richter 2009: 463). Somit kann eine Familienstiftung keinesfalls als reines Steuersparmodell betrachtet werden und ihr liegt in ihrer Ausrichtung vielmehr die Verwirklichung und Verfolgung der Werte und des Leitgedankens des Stifters zugrunde (vgl. Mercker 2005: 332).

Grenzen einer Familienstiftung

Der durch die Errichtung einer Familienstiftung gewährleistete Schutz vor der Zerschlagung des Familienvermögens im Erbfall wirkt sich für die potenziellen Erben finanziell negativ aus. Das zu vererbende Vermögen wird mit der Vermögensübertragung durch den Stifter auf die Familienstiftung in der Regel erheblich dezimiert. Darüber hinaus haben die Erben als Destinatäre in keiner Weise Zugriff auf das Stiftungsvermögen (vgl. Löwe 2010: 13).

Die in bar zu entrichtenden Pflichtteilsansprüche der Erbberechtigten können große Liquiditätsabflüsse zur Folge haben, denen nur durch Vereinbarungen zum Verzicht auf den Pflichtteil entgegengewirkt werden kann. Diese Problematik ist bei privatnützigen Stiftungen jedoch nicht sehr ausgeprägt, da die Erbberechtigten in der Regel als Destinatäre von der Stiftung begünstigt werden (vgl. Jeinsen 2012a: 24).

Eignung der Familienstiftung als Unternehmensnachfolgemodell landwirtschaftlicher Betriebe

Aus der Literatur und aus diversen Experteninterviews[6] ergeben sich sowohl auf rechtlicher als auch auf soziologischer Ebene zahlreiche Fakten, durch die eine Familienstiftung als sinnvolles Modell der Unternehmensnachfolge landwirtschaftlicher Betriebe erscheint. Mit jener Eignung, die Nachfolge der Unternehmung „auf ewig" zu sichern und das Vermögen des Stifters zusammenzuhalten, verkörpert die Familienstiftung exakt das traditionsbehaftete Streben von Landwirtsfamilien. Im weitesten Sinne entspricht die Familienstiftung somit durch die Vermeidung einer Zerschlagung des Betriebes dem Ziel der Anerbengesetze. Gleichzeitig erfüllt die Familienstiftung den Zweck, die Familienmitglieder zu unterstützen, womit auch den Bestrebungen, die Familie wirtschaftlich abzusichern, nachgekommen wird.

Die mögliche Eignung der Familienstiftung als Instrument der Unternehmensnachfolge ist jedoch bei weitem nicht für sämtliche landwirtschaftliche Betriebe und Nachfolgesituationen zu generalisieren. Unter genauer Betrachtung der zu-

6   Die Interviews wurden im Jahr 2012 im Rahmen einer Untersuchung durch den Autor durchgeführt.

sammengetragenen Fakten sowie der Inkludierung der Expertenmeinungen werden Gegenläufigkeiten deutlich, welche die Tauglichkeit einer Familienstiftung für die Unternehmensnachfolge landwirtschaftlicher Betriebe einschränken. So sind ursprünglich als vorteilhaft ausgelegte Argumente zu relativieren. Die Bedenken hinsichtlich der Relevanz einer Stiftungserrichtung als Instrument der Unternehmensnachfolge land- und forstwirtschaftlicher Betriebe beziehen sich maßgeblich auf drei Punkte.

Die Problematik der Dauerhaftigkeit einer Familienstiftung

Stiftungen sind laut § 80 Absatz 2 BGB auf Dauerhaftigkeit und Nachhaltigkeit angelegt. Die Ausrichtung auf die „dauerhafte und nachhaltige Erfüllung des Stiftungszwecks" hat zur Folge, dass die Stiftung im Hinblick auf sich verändernde Rahmenbedingungen sehr unflexibel sein kann. Dabei ist der Grad der Flexibilität von den in der Satzung verankerten Vorgaben abhängig. Dem Stifter steht es offen, wie viel Gestaltungsfreiraum er seinen Nachkommen durch die Satzung zugesteht. Unter Umständen können sogar Bestimmungen für eine eventuelle Veräußerung des Betriebes oder eine Satzungsänderung getroffen werden. Liegt der Stifterwille jedoch in der Erhaltung des Betriebes für die Ewigkeit, ist eine Veräußerung nahezu unmöglich (vgl. Hundt 2012; Müller-Stüler 2012). Daher ist der Stifter herausgefordert, mit der Satzung ein Regelwerk aufzustellen, welches sämtliche Eventualitäten berücksichtigt und der Stiftung somit eine flexible Adaption an zukünftige Entwicklungen der Rahmenbedingungen ermöglicht (vgl. Mercker 2005: 333).

Die Problematik der Wirtschaftsleistung des Betriebes

Um einen Betrieb sinnführend in eine Stiftung zu übertragen, benötigt dieser eine gewisse Größe. Allgemein stellte sich in den Interviews heraus, dass sich die Errichtung einer Familienstiftung nur für größere Besitzungen anbietet. Für kleinere Betriebe lohnt sich der Aufbau einer entsprechenden Verwaltungsstruktur nicht (vgl. Müller-Stüler 2012). Eine Familienstiftung kann nur bei ausreichender Wirtschaftsleistung ein sinnvolles Nachfolgeinstrument für ein Unternehmen sein – sonst verfehlt sie ihren Zweck. Während laut Felix Müller-Stüler eine sinnvolle Mindestgröße nicht beziffert werden kann, da die Eignung des Betriebes immer situationsabhängig bleibt, wird Rupert Graf Strachwitz konkreter. Ihm zufolge stellt selbst ein 500 Hektar großer Betrieb noch keine Garantie der Zweckdienlichkeit dar. Betriebe dieser Größenordnung könnten bei der heutigen Ertragslage der Landwirtschaft allenfalls den Betriebsleiter entlohnen. Darüber hinaus bleibe für Ausschüttungen an die Destinatäre nicht mehr viel übrig (vgl. Strachwitz 2012). An dieser Stelle ist anzumerken, dass lediglich 1,2 Prozent der landwirtschaftlichen Betriebe in Deutschland über eine Nutzfläche von mehr als 500 Hektar verfügen (vgl. BMELV 2011).

Gleichbehandlung von Erbberechtigten

Unter dem Gesichtspunkt, dass dem Erblasser durch die Möglichkeit, den Betrieb aus der Höferolle zu nehmen, eine grundsätzliche Testierfreiheit offensteht (vgl. Wöhrmann 2008: 221 ff.), erscheint eine Kritik an der vermeintlichen Ungerechtigkeit der Hoferbenprivilegierung bei der Vererbung nach Anerbengesetzen fragwürdig. Theoretisch ist der Erblasser in der Lage, den Betrieb zu gleichen Teilen an die Erbberechtigten zu übergeben und damit jeden gleich zu behandeln. Die Folge wäre jedoch eine Zerschlagung des Betriebes, wodurch der oben beschriebene volkswirtschaftliche Grundgedanke der Erhaltung wirtschaftlicher Einheiten verfehlt werden würde.

Das Motiv, diese vermeintliche Ungerechtigkeit durch die Errichtung einer Familienstiftung auszugleichen, erscheint durchaus denkbar; in ihr können alle Nachkommen zu gleichen Teilen Ausschüttungen aus den Erträgnissen der Stiftung erhalten (vgl. Strachwitz 2012, Volckens 2012, Moser 2012, Beyme 2012). Eine derartige Entscheidung ist jedoch nur aus emotionalen Gesichtspunkten sinnvoll. Rational ist dieses Motiv nicht zu begründen (vgl. Strachwitz 2012).

Darüber hinaus ist die gewonnene Gerechtigkeit kritisch zu sehen. Durch die Errichtung der Stiftung ist das Erbe der Verfügungsgewalt sämtlicher Erben entzogen. Damit ist zwar gewährleistet, dass alle Erben auf gleiche Weise behandelt werden, die Verselbständigung des Vermögens hat allerdings zur Folge, dass keiner den Betrieb erbt. Es besteht keine Möglichkeit, Anteile zu veräußern (vgl. Moser 2012, Beyme 2012, Truchseß 2012).

Darüber hinaus potenziert sich die Anzahl der Destinatäre im Verlauf der Generationenwechsel. Die Ausschüttungen der Stiftung verteilen sich also auf immer mehr Personen, wodurch die Begünstigung eines jeden Einzelnen schrumpft (vgl. Moser 2012).

Zusammenfassung und Diskussion

Landwirtschaftliche Familienbetriebe als Einheit in die nächste Generation zu übergeben, ist sowohl aus volkswirtschaftlicher Sicht als auch aus dem traditionell sowie emotional beeinflussten Blickwinkel der Landwirtsfamilien erstrebenswert. Die Daten der Statistischen Ämter des Bundes und der Länder sowie des Bundesamts für Ernährung, Landwirtschaft und Verbraucherschutz zeigen, dass ein Großteil der landwirtschaftlichen Betriebe in Deutschland als Einzelunternehmen geführt wird. Gleichzeitig lassen die Zahlen eine Zunahme des Hofnachfolgeproblems in landwirtschaftlichen Familienbetrieben erkennen. Sicherlich kann davon ausgegangen werden, dass diese Entwicklung durch den ohnehin fortschreitenden Agrarstrukturwandel größtenteils kompensiert wird (vgl. Fasterding 2002: 137). Das Ausmaß dieses Phänomens sowie der Umstand, dass in zunehmendem Maß auch größer Betriebe betroffen sind, geben jedoch Anlass zu der Vermutung, dass die Relevanz von alternativen Modellen zur regulären Hofvererbung in Zukunft ansteigen wird (vgl. Beyme 2012, Jeinsen 2012b). Zudem erfährt das landwirtschaftliche Sondererbrecht hinsichtlich der Abfindungsgrundlage von weichenden Erben Kritik, wodurch ebenfalls die Erforschung von alternativen Möglichkeiten der Betriebsübergabe in der Landwirtschaft weiterhin Antrieb erfährt.

Hierbei stellt jedoch die Familienstiftung einen Spezialfall dar, der nur äußerst selten Anwendung findet (vgl. Nesselrode 2012). Ursächlich hierfür ist zum einen der Umstand, dass es dem Konzept der Familienstiftung an einer ausreichenden Popularität unter Beratern und Fachanwälten fehlt. Daraus resultiert, dass dieses Modell als Lösung von unsicheren Hofnachfolgesituationen oftmals gar nicht in Betracht gezogen wird (vgl. Müller-Stüler 2012; Volckens 2012). Zum anderen ist die Eignung des Familienstiftungsmodells als Instrument der Unternehmensnachfolge sowohl von individuellen betrieblichen Faktoren als auch dem Willen des Stifters abhängig. Die Untersuchung machte dabei deutlich, dass die grundlegenden Voraussetzungen für die Lösung von Nachfolgeproblemen landwirtschaftlicher Betriebe nur in sehr speziellen Fällen gegeben sind.

Die Ergebnisse legen weiter nahe, dass sowohl die Wirtschaftsleistung beziehungsweise die Größe des Betriebes als auch die Anzahl der Destinatäre und deren Begünstigung über die ökonomische Eignung einer Familienstiftung als Unternehmensnachfolgemodell landwirtschaftlicher Betriebe entscheiden.

Im Verlauf des Artikels wurde dargestellt, dass besonders in Landwirtsfamilien eine starke traditionelle und emotionale Bindung an den Betrieb vorherrscht. Die in der Literaturrecherche herausgearbeitete Annahme, die Errichtung einer Familienstiftung würde ein Fortbestehen dieser Bindung garantieren, wurde in den Expertengesprächen jedoch widerlegt. Zwar bietet die Familienstiftung die Möglichkeit, den Familienzusammenhalt und die Tradition beispielsweise durch den Erhalt der Hofstelle als Familienzentrum, die Pflege von Grab- und Gedenkstätten sowie die Finanzierung von Familienfesten zu unterstützen (vgl. Mercker 2005: 330; Löwe 2010: 15; Schiffer/Pruns 2011: 3). Auch erwirkt die Überführung einen dauerhaften Schutz vor Veräußerungen oder Zerschlagung. Damit wird dem Wunsch des Stifters entsprochen, den Betrieb auf „ewig" für die Familie zu bewahren und die Nachkommen aus den Stiftungsgewinnen zu begünstigen. Eine über Generationen fortwährende Aufrechterhaltung einer persönlichen Identifikation der Familienmitglieder mit dem Betrieb erscheint jedoch unrealistisch. Vielmehr ist anzunehmen, dass sich die Familie im Falle der Bewirtschaftung des Hofes durch einen familienfremden Verwalter zunehmend von diesem entfernt (vgl. Nesselrode 2012; Strachwitz 2012). Das Aufrechterhalten einer emotionalen Bindung sämtlicher Familienmitglieder an den Betrieb, besonders auf längere Zeit, ist auch durch die Gründung einer Familienstiftung nicht zu erwarten.

Wie oben ausgeführt, ist dem auf den Anerbengesetzen basierenden landwirtschaftlichen Sondererbrecht hinsichtlich der Privilegierung des Hoferben sowie
der Bewertungsgrundlagen zur Abfindung weichender Erben berechtigte Kritik
entgegenzubringen. Die Ergebnisse der Forschungsarbeit machen dabei deutlich,
dass die Überführung eines landwirtschaftlichen Betriebes in eine Familienstiftung durchaus eine Möglichkeit darstellt, alle Erbberechtigten gleichermaßen zu
bedenken. Es bleibt jedoch zu berücksichtigen, dass den Erben dabei ein Großteil
des Erbes entzogen wird, da sie lediglich Pflichtteilsansprüche geltend machen
können und ihnen darüber hinaus ein direkter Zugriff auf das Stiftungsvermögen verwehrt bleibt (vgl. Moser 2012; Beyme 2012; Truchseß 2012; Strachwitz
2012). Im Hinblick auf die bereits getroffene Feststellung, dass vornehmlich sehr
große landwirtschaftliche Betriebe in der Lage sind, über die Finanzierung eines
Betriebsleiters hinaus entsprechende Ausschüttungen an die Destinatäre vorzu-
nehmen, erscheint es unwahrscheinlich, dass die an die Destinatäre gezahlten
jährlichen Renten kleiner Betriebe ein Äquivalent zu den entgangenen einmaligen
Erbabfindungen darstellen können. Ferner ist die Ungerechtigkeit unter den Erbberechtigten lediglich in dem Generationswechsel, in dem die Stiftung errichtet
wird, genommen. Soll vermieden werden, dass sich der Kreis der Destinatäre in
den Folgegenerationen um die Enkel und Urenkel et cetera des Stifters immens
vergrößerst, so muss die Satzung Regularien aufweisen, die die Anzahl der Be-
günstigten in einem für die Stiftung vertretbaren Rahmen halten. Je nach Ausgestaltung der Satzung kann also davon ausgegangen werden, dass in der Folgegeneration nicht alle Nachkommen gleichermaßen durch die Stiftung bedacht
werden.

Aus der Perspektive der Erbberechtigten kann die Überführung des Betriebes in
eine Familienstiftung nur dann geeignet sein, wenn die an sie gerichteten jährlichen Auszahlungen der Stiftung ein Äquivalent zu dem entgangenen Erbteil
darstellen. Während für die weichenden Erben sogar eine eventuelle Besserstel-
lung zu ihrem Pflichtteil möglich ist, wird der reguläre Hoferbe in der Regel durch
die Stiftungserrichtung stark benachteiligt sein.

Die Stiftung selbst ist in ihrer Handlungsfreiheit durch den satzungsmäßig verankerten Stifterwillen beschränkt. Werden dem Stiftungsvorstand nicht gewisse
Handlungsfreiheiten eingeräumt, kann die Familienstiftung im Hinblick auf sich
verändernde Rahmenbedingungen sehr unflexibel sein.

Allgemein ist zu bemerken, dass die Betriebsgröße ein wichtiges Kriterium zur
Beurteilung der Zweckmäßigkeit einer Nachfolgegestaltung durch die Errichtung
einer Familienstiftung darstellt. Der Betrieb muss wirtschaftlich zumindest in
der Lage sein, sowohl eine ordnungsgemäße Bewirtschaftung des Hofes als auch
die Verwaltung der Stiftung zu garantieren. Darüber hinaus muss ein Überschuss
erwirtschaftet werden, um die Familie in vorgesehener Form zu begünstigen.

Die Überlegung, kleinere landwirtschaftliche Betriebe mit unsicherer Hofnachfolgesituation durch eine Familienstiftung am Leben zu halten, erscheint in der Regel aus ökonomischer und volkswirtschaftlicher Sicht wenig sinnvoll; sie wäre lediglich aus der emotional beeinflussten Perspektive des Stifters zu rechtfertigen.

Die Arbeit macht deutlich, dass es für die Beurteilung der Zweckmäßigkeit und Relevanz von Familienstiftungen als Nachfolgemodell landwirtschaftlicher Betriebe der gleichzeitigen Betrachtung einer Vielzahl von Faktoren bedarf. Hierzu sind sowohl betriebsspezifische Aspekten wie die Betriebsstruktur, Nachfolgesituation oder Pachtpreisverhältnisse als auch die Ausgestaltung der Familienstiftung und die individuellen Attitüden des Stifters und deren Nachkommen zu zählen. Die Variationsmöglichkeiten dieser Faktoren gestalten sich unter den einzelnen Betrieben derartig divergent, dass eine Berücksichtigung sämtlicher Konstellationen nicht zu erbringen ist. Ob die Errichtung einer Familienstiftung eine sinnvolle Lösung für den Betrieb und alle Beteiligten darstellt, bleibt eine Einzelfallentscheidung.

Die Familienstiftung wird vorerst ihre exponierte Stellung als Sonderfall nicht verlieren. Dennoch zeichnet sich ab, dass sich neue Felder entwickeln, in denen dieses Modell einen sinnvollen Lösungsansatz für eine Unternehmensnachfolge in der Landwirtschaf bietet. Die Vermögenssicherung wohlhabender Familien, die Vererbung von Anteilen an landwirtschaftlichen Betrieben beispielsweise in der Rechtsform einer Kapitalgesellschaft oder die Vererbung landwirtschaftlicher Betriebe in Bundesländern ohne landwirtschaftliche Sondererbrechte seien hier als Beispiele angeführt.

Nichtsdestotrotz ist davon auszugehen, dass sich im Hinblick auf das beschriebene Phänomen unsicherer Hofnachfolgen zunehmend Situationen ergeben können, in denen die Familienstiftung eine sinnvolle Alternative zur Zerschlagung oder Veräußerung eines Betriebes darstellt. Bei der Betrachtung derartiger Probleme sollte das Familienstiftungsmodell von den Entscheidungsträgern und ihren Beratern nicht außer Acht gelassen werden.

Literatur

Beyme, S. (2012): Telefoninterview geführt vom Autor. Banteln, 30.10.2012.

BMELV (2012): Ausgewählte Daten und Fakten der Agrarwirtschaft 2012, Herausgeber: Bundesamt für Ernährung, Landwirtschaft und Verbraucherschutz.

BMELV (2011): Agrarpolitische Bericht der Bundesregierung 2011, Herausgeber: Bundesamt für Ernährung, Landwirtschaft und Verbraucherschutz.

Bundesverband Deutscher Stiftungen (2012): Stiftungen in Zahlen – Jahrespressekonferenz des Bundesverbandes Deutscher Stiftungen. URL: http://www.stiftungen.org/fileadmin/bvds/de/Presse/Pressemitteilungen/JahresPK_2012/StiftungenInZahlen20120202.pdf, Abrufdatum: 05.09.2012.

Doll, H. et al. (2001): Agrarpolitik und ländliche Entwicklung – Auswirkungen des landwirtschaftlichen Erbrechts auf den agrarstrukturellen Wandel in Deutschland, in: German Journal of Agricultural Economics – Heft 3/2001 Schwerpunktheft: Landwirtschaft und Agrarpolitik in Deutschland und Frankreich: Auf der Suche nach neuen Wegen S. 163–167, Herausgeber: Deutscher Fachverlag GmbH.

Dreses, G.-W. (2002): Den Hof in eine Stiftung einbringen?, in: Top Agrar 6/2002, S. 46–47, Herausgeber, Landwirtschaftsverlag Münster.

Ellenberg, J. (2012): Stiftungen – Vorbemerkung, in: Beck'sche Kurzkommentare, Palandt – Bürgerliches Gesetzbuch, 71. Auflage, S. 58–64.

Engel, M. (2008): Die unternehmensverbundene Stiftung. S. Roderer Verlag, Regensburg.

Fasterding, F. (2002): Ohne Folge? Die Hofnachfolge und einige Konsequenzen für den Agrarstrukturwandel in Deutschland, in: B&B Agrar S. 134–137, Herausgeber: Auswertungs- und Informationsdienst für Ernährung, Landwirtschaft und Forsten.

Gasson, R./Errington, A. (1993): The Farm Family Business, Herausgeber: CAB International.

Glauben, T. et al. (2004): The transfer of farm familiy business in northern Germany and Austria, Workingpaper, Herausgeber: Christian-Albrecht-Universität Kiel, Institut für Ernährungswirtschaft und Verbraucherlehre.

Grimm, C. (2010): Agrarrecht 3. Auflage – Studium und Praxis, Herausgeber: Verlag C.H. Beck.

Grundmann, B. (2008): § 109 Hoferbrecht, in: Formularbuch und Praxis der Freiwilligen Gerichtsbarkeit, S. 1590–1621, Herausgeber: Carl Heymanns Verlag.

Hundt, D. von (2012): Telefoninterview geführt vom Autor. Banteln, 11.11.2012.

Hüttemann, R./Rawert, P. (2011): Staudinger – Kommentar zum Bürgerlichen Gesetzbuch mit Einführungsgesetzen und Nebengesetzen, Buch 1 – Allgemeiner Teil §§ 80–89 (Stiftungsrecht), Neubearbeitung 2011, Herausgeber: Sellier de Gruyter.

Jeinsen U. von (2008): Landschaftliches Erbrecht und Hofübergabeverträge, Auditorium Celle, Vortragsveranstaltung 23.10.2008.

Jeinsen, U. von (2012a): Stiftungen – Auf lange Sicht, in: Niedersächsische Wirtschaft, S. 24–25, Herausgeber: Industrie- und Handelskammer Hannover.

Jeinsen, U. von (2012b): Interview geführt vom Autor. Hannover, 3.10.2012.

Johannes, M. et al. (2007): Hofübergaben – Inner- und außerfamiliär, Heft 1186/2007, Herausgeber: aid Infodienst, Ernährung, Landwirtschaft und Verbraucherschutz.

Johannes, M. et al. (2011): Hofübergabe und Existenzgründung, Herausgeber: aid Infodienst, Ernährung, Landwirtschaft und Verbraucherschutz.

Köhne, M. (2007): Landwirtschaftliche Taxationslehre, Herausgeber: Eugen Ulmer KG.

Laband, D./Lenz, B. (1983): Like Father, like Son: Toward an Economic Theory of Occupational Following, in: Southern Economic Journal, Vol. 50, No. 2 (Oktober, 1983), S. 474–493, Herausgeber: Southern Economic Association.

Löwe, C. von (2010): Stiftungsratgeber Band 5 – Familienstiftungen Gründung und Gestaltung – ein Leitfaden für Stifter und Berater, Herausgeber: Bundesverband Deutscher Stiftungen.

Mercker, F. (2005): Die Familienstiftung, in: Stiftungen in Theorie, Recht und Praxis – Handbuch für ein modernes Stiftungswesen S. 328–336, Herausgeber: Graf Strachwitz, R., Merker, M., Ducker & Humbolt, Berlin.

Moser, R. (2012): Interview geführt vom Autor. Göttingen, 22.10.2012.

Müller, M. (2011): Die Besteuerung von Stiftungen im nationalen und grenzüberschreitenden Sachverhalt, Beiträge zum transnationalen Wirtschaftsrecht, Heft 13, Herausgeber: Tietje, C./Kraft, G./Lehmann, M., Institut für Wirtschaftsrecht, Martin-Luther-Universität Halle-Wittenberg.

Müller, B. (2009): Die privatnützige Stiftung zwischen Staatsaufsicht und Deregulierung, aus: Schriften zum Vereins- und Stiftungswesen, Herausgeber: Saenger et al., Nomos Verlagsgesellschaft, Baden-Baden.

Müller-Stüler, F. (2012): Telefoninterview geführt vom Autor. Banteln, 25.11.2012.

Nesselrode, H. von (2012): Telefoninterview geführt vom Autor. Göttingen, 11.11.2012.

Pöllath, R./Richter, A. (2009): § 13 Familienstiftung, in: Stiftungsrechtshandbuch, Auflage 3, Seifert, von Campenhausen, S. 453–501, Herausgeber: Verlag C. H. Beck.

Pues, L. (2007): Praxishandbuch Stiftungen – Stiften mit kleinem Vermögen, Herausgeber: Deutscher Sparkassenverlag.

Pues, L./Scheerbarth, W. (2008): Gemeinnützige Stiftungen im Zivil- und Steuerrecht, 3. Auflage, Herausgeber: Verlag C.H. Beck.

Richter, A./Gollan, K. (2011): Privatnützige Stiftungen, in: Landestiftungsrecht, S. 823–847, Herausgeber: Hüttemann, R. et al., Verlag Dr. Otto Schmidt, Köln.

Röthel, A. (2010): Ist unser Erbrecht noch Zeitgemäß? Gutechten A zum 68. Deutschen Juristentag, Herausgeber: Verlag C.H. Beck.

SÄBL (2012): Regionale Ergebnisse der Landwirtschaftszählung 2010, Herausgeber: Statistische Ämter des Bundes und der Länder.

Schiffer, K. (2009): Die Stiftung in der Beraterpraxis, 2. Auflage, Herausgeber: Deutscher Anwaltsverlag Bonn.

Schiffer, K./Pruns, M. (2011): Unternehmensnachfolge mit Stiftungen – ein ganz besonderes Rezept, in: Stiftung & Sponsoring – Rote Seiten, 5/2011, Herausgeber: Stiftung & Sponsoring Verlag GmbH.

Steffen, W./Ernst, J. (2006): Höfeordnung mit Höfeverfahrensordnung – Standardkommentar 2. Auflage, Herausgeber: Agrivola-Berlag GmbH

Strachwitz, R. Graf (2012): Telefoninterview geführt vom Autor. Banteln 30.10.2012.

Thomas, F. (2006): Förderung von Existenzgründung in der Landwirtschaft – Projektbericht, Herausgeber: Universität Kassel.

Tietjen, H. (2003): Hofnachfolgesituation in Deutschland – Eine Empirische Analyse von Querschnittsdaten auf Kreisebene, Working Paper EWP 301, Department of Food Economics and Consumtion Studies, University of Kiel, Herausgeber: Christian-Albrechts-Universität Kiel.

Truchseß, M. (2012): Schriftliche Stellungnahme zu dem Fragebogen. Niederflorstadt 7.11.2012.

Vleth, C. (2011): In fremde Hände – Außerfamiliäre Hofübergabe, in: dlz-Agrarmagazin, Mai 2011, S. 119–121.

Volckens, F. (2012): Interview geführt vom Autor. Göttingen, 5.11.2012.

Wachter, T. (2007): Erbersatzsteuer für Familienstiftungen, in: Handbuch des Internationalen Stiftungsrechts, Richter, A./Wachter, T., S. 541–606, Herausgeber: zerb Verlag.

Weitemeyer, B./Franzius, C. (2011): Reform der Landestiftungsrechte, in: Landestiftungsrecht, S. 34–99, Herausgeber: Hüttemann, R. et al., Verlag Dr. Otto Schmidt, Köln.

Wöhrmann, H. et al. (2008): Das landwirtschaftliche Erbrecht – Kommentar zur Höfeordnung zum BGB-Landguterbrecht und zum GrstVG-Zuweisungsverfahren, 9. Auflage, Herausgeber: Luchterhand.

Autorinnen und Autoren

Anselm Bilgri, geboren 1953, trat 1975 in die Benediktinerabtei St. Bonifaz in München und Andechs ein. Er studierte Philosophie und Theologie in München, Rom und Passau. Er wurde 1980 zum katholischen Priester geweiht und war von 1986–2004 Cellerar (Wirtschaftsleiter) seines Klosters. 2004 schied er aus dem Orden aus. Von 2004–2008 war er Gesellschafter des von ihm mitbegründeten Beratungsunternehmens ‚Anselm Bilgri – Zentrum für Unternehmenskultur'. Er ist freiberuflich als Autor, Vortragender, Coach und Mediator sowie als Dozent an der Hochschule München tätig und hat zahlreiche Publikationen vorgelegt. Sein Interesse gilt vor allem dem Brückenschlag von Philosophie und Religion mit Wirtschaft und Gesellschaft. www.anselm-bilgri.de

Georg Block-Grupe, geboren 1985, studierte im Bachelor und im Master Agrarwissenschaften an der Georg-August Universität Göttingen und schloss 2013 sein Studium erfolgreich ab. Er war bei vielen landwirtschaftlichen Betrieben tätig, zuletzt als Assistent der Geschäftsführung bei Agrovation k.s. in der Tschechischen Republik.

Hubertus A. Jonas, geboren 1940, absolvierte eine Lehre als Großhandelskaufmann und studierte Betriebswirtschaft. 1967 Berufseinstieg bei einer bekannten Wirtschaftsberatung, ab 1971 Stationen bei verschiedenen Unternehmen als Marketing- und Vertriebsleiter sowie Ressortleiter Gesamtvertrieb im In- und Ausland. Seit 1982 ist er selbstständig. 2004 gründete er die Jonas Consulting GmbH, um Menschen in privaten und professionellen Veränderungsprozessen zu begleiten und zu fördern. Im Mittelpunkt steht für ihn das Erleben und Verhalten von Menschen im privaten, wirtschaftlichen und unternehmerischen Kontext. Er ist Trainer, Coach und Unternehmensberater im (Un-)Ruhestand. www.jonasconsulting.de

Kai J. Jonas, geboren 1972, Dr. disc. pol., studierte Sozialwissenschaften und Mathematik an der Universität Göttingen und promovierte dort in Psychologie. Von 2002 bis 2007 war er als Post-Doc und Lehrstuhlassistent an der Universität Jena tätig. Seit 2008 forscht und lehrt er an der Universität von Amsterdam im Fach Sozialpsychologie. Seine angewandten Forschungsschwerpunkte liegen unter anderem im Bereich des Prosozialen Verhaltens und der Erbgestaltung. Seine Forschungen werden durch die DFG und NWO gefördert, 2005 wurde er unter die TOP 5 Nachwuchswissenschaftler in Deutschland von Die Zeit/academics.de gewählt.

Thomas Landwehr, geboren 1958, ist gelernter Bankkaufmann. Er ist Jurist und studierte in Freiburg. Heute ist er Partner bei Madaus Capital Partners in München.

Kuno Ledergerber, geboren 1956, lic. rer. pol, studierte Wirtschaftswissenschaften an der Universität Bern. Anschließend leitete er den Direktionsbereich Personal- und Organisationsentwicklung bei Zürich Versicherung Schweiz. Von 2001–2007 war er Inhaber/Partner einer Unternehmensberatung mit Schwerpunkt Strategisches Management und Human Ressource. Zusätzlich war er Verwaltungsratspräsident einer Sport- und Freizeitanlage, Geschäftsleitungsmitglied einer Raumplanungsgruppe und Mitglied einer Gemeindeexekutive. Seit 2007 ist er Dozent am Zentrum für Human Capital Management, seit 2013 Leiter des Zentrums. Er leitet die Lehrgänge HR Marketing, Personalentwicklung und Leadership. Darüber hinaus ist er wissenschaftlicher Beirat der Studie Best Recruiter. Aktuelle Forschungstätigkeiten thematisieren die Unternehmensnachfolge, die Attraktivität von Arbeitgebern und die Fairness von Entlohnungssystemen.

Andrea Müller, geboren 1971, Dr. rer. nat., studierte Psychologie an der Technischen Universität Dresden. Danach arbeitete sie als Research Consultant in der Marktforschung und war von 2000–2007 wissenschaftliche Mitarbeiterin am Lehrstuhl für Sozialpsychologie an der Universität Göttingen sowie am Lehrstuhl für Empirische Sozialforschung an der Universität Speyer. Seit 2007 ist sie Dozentin für Organizational Behavior und Human Capital Management sowie Projektleiterin am Zentrum für Human Capital Management (ZHCM) der Zürcher Hochschule für Angewandte Wissenschaften (ZHAW). Aktuelle Forschungstätigkeiten thematisieren die Unternehmensnachfolge, die Attraktivität von Arbeitgebern und die Fairness von Entlohnungssystemen.

Beatrice Rodenstock, geboren 1972, Dipl., studierte Soziologie, Betriebswirtschaftslehre und Psychologie an der Ludwig-Maximilians-Universität in München und machte einen Master of Business Administration an der Hochschule St. Gallen. Sie ist geschäftsführende Gesellschafterin der Rodenstock-Gesellschaft für Familienunternehmen mbH in München und Mitgesellschafterin der Familienholding Optische Werke G. Rodenstock GmbH & Co. KG. Darüber hinaus ist sie Beirätin in einigen Familienunternehmen und Dozentin an der Hochschule Aalen und der IHK.

Rupert Graf Strachwitz, geboren 1947, Dr. phil., studierte Politikwissenschaft, Geschichte und Kunstgeschichte an der Colgate University (USA) und in München. Von 1974–1980 war er in Rom und München für den Malteser-Orden und Malteser-Hilfsdienst tätig. Von 1980–1987 war er Präsident der Verwaltung des

Herzogs von Bayern. 1989 gründete er die Maecenata Management GmbH, deren geschäftsführender Gesellschafter er bis 2011 blieb. Seit 1997 leitet er das Maecenata Institut an der Humboldt Universität zu Berlin. Er ist heute freiberuflicher Wissenschaftler, Publizist und Berater, lehrt unter anderem in Berlin, Münster und Jena und hat vielfach publiziert. Sein Interesse gilt vor allem der Zivilgesellschaft und dem philanthropischen und bürgerschaftlichen Engagement. www.strachwitz.info

Victoria Strachwitz, geboren 1978, M.A., studierte Publizistik und Politikwissenschaft an der Freien Universität Berlin und am King's College in London. Sie wurde in einem journalistischen Volontariat zur Redakteurin ausgebildet und ist heute als freie Journalistin und Autorin tätig. vstrachwitz@gmx.de

Miriam Ströing, geboren 1984, M.A., studierte Soziologie, Wirtschaftspolitik und Psychologie an der Westfälischen Wilhelms-Universität Münster. Derzeit ist sie als wissenschaftliche Mitarbeiterin am Lehrstuhl für Sozialwissenschaftliche Bildungsforschung der Universität Potsdam tätig und promoviert zum Thema Reichtum und gesellschaftliche Verantwortung. www.uni-potsdam.de/sozbildung/mitarbeiter/stroeing.html

Felix-Michael Weber, geboren 1976, Dr. rer. pol., studierte Betriebswirtschaft an der Katholischen Universität Eichstätt-Ingolstadt und promovierte an der Universität Witten/Herdecke am Lehrstuhl Kapitalmärkte und Corporate Governance. Er stammt aus einer mittelständischen Unternehmerfamilie und ist seit 2006 geschäftsführender Gesellschafter der Elephant Equity GmbH. Diese in München ansässige Investmentgesellschaft unterstützt und investiert insbesondere in Projekte, Technologien und Unternehmen aus den Bereichen Energie- und Gas, insbesondere Erneuerbare Energien, Landwirtschaft und Handel. Er ist Autor zahlreicher Publikationen zum Thema Entrepreneurship und Corporate Governance. www.elephantequity.com

Christiane Wempe, geboren 1958, PD Dr. phil., Studium der Psychologie an der Freien Universität Berlin, Promotion 1988. Ab 1988 Forschungstätigkeit an der Universität Mannheim, Habilitation 2000. Lehrstuhlvertretungen in Klinischer und Entwicklungspsychologie an den Universitäten Siegen und Kassel, zurzeit an der PH Karlsruhe. Forschungsschwerpunkte: Bedeutung frühkindlicher Sozialisation, Familienbeziehungen im frühen und mittleren Erwachsenenalter, kritische Lebensereignisse im Kindes- und Jugendalter, binationale Familien. Neben der wissenschaftlichen Tätigkeit auch Psychotherapeutin in eigener Praxis, Supervisorin und Dozentin an Ausbildungsinstituten der Verhaltenstherapie.

MAECENATA INSTITUT
FÜR PHILANTHROPIE UND ZIVILGESELLSCHAFT

Band 11
Christian Schreier (Ed.)

25 Years After
Mapping Civil Society in the Visegrád Countries

2015. VI/216 S., kt. € 44,-. ISBN 978-3-8282-0616-8

In 1989 and 1990 citizens' movements in Poland, Hungary and Czechoslovakia were decisive in overturning the political order in Central and Eastern Europe. Arguably, this was one of civil society's finest hours. 25 years later, governments all over Europe would like to see civil society confined to service provision under government regulation, while some researchers tend to believe civil society can only exist in a democratic society. Against this backdrop, one may well ask what has become of civil society in Central Europe 25 years after 1989.

Band 10
Jennifer Eschweiler

Towards A Voice in The Public Sphere?
Deliberation with Muslim Civil Society in Berlin

2013. XIV/274 S., kt. € 49,-. ISBN 978-3-8282-0588-8

This book focuses on Muslim civil society in Berlin and their efforts to gain recognition in the public sphere. Guided by an interest in the democratic function of civil society participation and its emancipatory potential in terms of active citizenship three case studies reveal how Muslim interest organizations are established as actors in the political process.

Band 9
Nora Derbal

Philanthropie in Saudi-Arabien
Bestandsaufnahme und Untersuchung der organisierten wohltätigen Praxis in Djidda

2012. XIV/166 S., kt. € 42,-. ISBN 978-3-8282-0564-2

Eine Kultur des Gebens ist in Saudi-Arabien omnipräsent. Jedoch wird Philanthropie spätestens seit 9/11 im saudischen Kontext zumeist als Instrument fundamentalistischer Ideologisierung und Finanzierung von internationalem Terrorismus dargestellt. Zugleich sind außerhalb der Landesgrenzen Einblicke in die äußerst lebendige wohltätige Praxis rar. Ausgangspunkt dieser Studie ist die Beobachtung, dass Philanthropie ein immer stärker sichtbares und bedeutungsvolles Phänomen in der saudischen Gesellschaft darstellt.

Band 8
Frank Adloff / Eckhard Priller / Rupert Graf Strachwitz (Hrsg.)

Prosoziales Verhalten
Spenden in interdisziplinärer Perspektive

2010. VII/249 S., kt. € 44,-. ISBN 978-3-8282-0507-9

Erstmalig führt dieser Band die unterschiedlichen Zugänge zu dem weithin unerforschten Thema „Warum spenden wir?" zusammen und bindet diese in einen wissenschaftlichen Diskurs ein, der interdisziplinär geprägt ist.

Band 7
Philipp Hoelscher, Thomas Ebermann, Andreas Schlüter (Hrsg.)

Venture Philanthropy in Theorie und Praxis

2010. XII/203 S., kt. € 42,-. ISBN 978-3-8282-0506-2

Venture Philanthropy stößt in Deutschland und Europa zunehmend auf Interesse. Diese Variante der Philanthropie versteht ihre Aktivitäten als soziale Investition in gemeinwohlorientierte Organisationen und greift dazu auf Methoden aus Venture Capital und Betriebswirtschaft zurück. Sie steht damit im Kontext verwandter Konzepte wie ‚Strategische Philanthropie' oder ‚Soziales Unternehmertum'. Der Band liefert eine geistes- und sozialwissenschaftliche Analyse des Konzeptes und beschäftigt sich dabei mit seinen theoretischen Grundlagen, dem Verhältnis zur „herkömmlichen" Philanthropie sowie seinen Auswirkungen auf das Innenleben der Zivilgesellschaft.

"LUCIUS
LUCIUS   Stuttgart

MAECENATA INSTITUT
FÜR PHILANTHROPIE UND ZIVILGESELLSCHAFT

Band 6 ————————————————

Elke Becker, Enrico Gualini, Carolin Runkel, Rupert Graf Strachwitz (Hrsg.)

Stadtentwicklung, Zivilgesellschaft und bürgerschaftliches Engagement

2010. VIII/308 S., kt. € 49,-. ISBN 978-3-8282-0502-4

Was verstehen Politiker, Verwaltungsmitarbeiter und Raumplaner eigentlich unter einer verstärkten Einbindung der Zivilgesellschaft in die Stadtentwicklung, wie sie von vielen Seiten gefordert wird? Welche Rolle soll Zivilgesellschaft in der Stadtentwicklung spielen und welche Rolle schreiben sich die Bürgerinnen und Bürger selbst zu? Vielen Fragen ist das Projekt Stadtentwicklung, Zivilgesellschaft und bürgerschaftliches Engagement von Januar 2009 bis Januar 2010 nachgegangen.

Band 5 ————————————————

Rupert Graf Strachwitz

Die Stiftung – ein Paradox?

Zur Legitimität von Stiftungen in einer politischen Ordnung

2010. X/237 S., kt. € 48 ,-. ISBN 978-3-8282-0501-7

Stiftungen als Instrumente bürgerschaftlichen und hoheitlichen Handelns erleben eine bemerkenswerte Renaissance. Während jedoch begleitende juristische Fachliteratur zum Stiftungsrecht vielfach vorgelegt worden ist, steckt die geistes- und sozialwissenschaftliche Aufarbeitung des Stiftungswesens noch in den Anfängen.

Band 4 ————————————————

Eva Maria Hinterhuber

Abrahamischer Trialog und Zivilgesellschaft

Eine Untersuchung zum sozial-integrativen Potenzial des Dialogs zwischen Juden, Christen und Muslimen

2009. XIV/262 S., kt. € 46,-.ISBN 978-3-8282-0467-6

Nicht erst im Zuge fundamentalistischer Terroranschläge gilt Religion oft als konfliktträchtig. Gerade der interreligiöse Dialog verfügt jedoch über das

Potenzial, positiv auf gesellschaftliche Konfliktlagen einzuwirken, zur wechselseitigen Integration und zum sozialen Zusammenhalt beizutragen. Seine Akteure erfüllen damit originär zivilgesellschaftliche Aufgaben.

Band 3 ————————————————

Thomas Adam / Manuel Frey / Rupert Graf Strachwitz (Hrsg.)

Stiftungen seit 1800

Kontinuitäten und Diskontinuitäten

2009. VIII/204 S., kt. € 42,-.ISBN 978-3-8282-0432-4

Stiftungen sind traditionsreiche Institutionen der Zivilgesellschaft. Seit Jahrhunderten tragen sie zum Gemeinwohl bei. Welche sozialen, wirtschaftlichen und kulturellen Bedingungen müssen gegeben sein, damit es zu einer Stiftungsgründung kommt?

Band 2 ————————————————

Rainer Sprengel / Rupert Graf Strachwitz (Hrsg.)

Private Spenden für Kultur

Bestandsaufnahme, Analyse, Perspektiven

2008. XII/116 S., kt. € 34,-. ISBN 978-3-8282-0430-0

„Der größte Kulturfinanzierer in Deutschland ist der Bürger. Zunächst als Marktteilnehmer, dann als Spender und in dritter Linie als Steuerzahler." Diese Aussage ist vor dem Hintergrund einer Tradition, die stets ‚den Staat' als größten Kulturförderer sieht und das private Engagement in eine Ergänzungsfunktion abdrängen will, ein Paradigmenwechsel.

Band 1 ————————————————

Rainer Sprengel / Thomas Ebermann

Statistiken zum Deutschen Stiftungswesen 2007

2007. VIII/111 S., kt. € 34,-.ISBN 978-3-8282-0422-5

Zum vierten Mal legt das Maecenata Institut einen statistischen Forschungsbericht zum deutschen Stiftungswesen vor. In der im Institut geführten Datenbank sind rd. 12.000 Stiftungen verzeichnet.

₍₎LUCIUS LUCIUS ⊗ Stuttgart

Freiheit und das Recht

von Bruno Leoni

Herausgegeben von Karen Horn und Michael Zöller
Übersetzt von Robert Grözinger

2014. XVI/166 S. € 29,–. ISBN 978-3-8282-0599-4

„Freiheit und das Recht" ist das wohl wichtigste Buch des italienischen Rechtswissenschaftlers und Philosophen Bruno Leoni (1913–67). Nun endlich auch in deutscher Übersetzung vorliegend, liefert es eine systematische Auseinandersetzung mit den Begriffen von Freiheit und Zwang. Diese Abhandlung mündet in die Frage, welche Art von Recht – das in der Tradition „gefundene" oder das kraft politischer Mehrheitsentscheidung „gesetzte" – sich mit dem Schutz der Freiheit am besten verträgt. Entgegen der heute üblichen Haltung, alles demokratisch zustande gekommene politische Handeln als über jeden Zweifel erhaben anzusehen, warnt Leoni, dass die Positivierung des Gesetzesrechts im modernen Parlamentsbetrieb eine stete Zunahme des Zwangs bedeutet, unabhängig davon, wie gut oder notwendig sich ein Gesetz im einzelnen darstellen mag. Wer sich auf dieses Werk einlässt, das auch den großen Ökonomen und Sozialphilosophen Friedrich August von Hayek in seinem rechtsphilosophischen Denken inspiriert hat, muss damit rechnen, dass einige eingeübte Denkgewohnheiten wohltuend durcheinander geraten.

Inhaltsübersicht

Zum Geleit
(Karen Horn und Michael Zöller)

Vorwort
(Udo di Fabio)

Vorwort der dritten englischsprachigen Originalausgabe
(Arthur Kemp)

Einführung

1 Welche Freiheit?
2 „Freiheit" und „Zwang"
3 Freiheit und die Rule of Law

4 Freiheit und Rechtssicherheit
5 Freiheit und Gesetzgebung
6 Freiheit und Repräsentation
7 Freiheit und der allgemeine Wille
8 Analyse einiger Schwierigkeiten

Fazit

LUCIUS et LUCIUS   *Stuttgart*

www.ingramcontent.com/pod-product-compliance
Lightning Source LLC
Chambersburg PA
CBHW060306220326
41598CB00027B/4253